# 자신만의 규칙과 리듬으로 세상에 맞선 자들

세상에 이름을 남긴 사람들이 전부 윤택하고 기름진 삶을 살았던 것은 아니다. 명예와 더불어 출세, 풍요까지 모두 누리는 삶은 드물다. 격동과 전환의 시대였던 20세기 한국사에서는 '선구자'와 '지도자'만 있었던 것도 아니다. 당대에는 인정받지 못하고 별종으로 취급받아도, 계속 새로운 세상을 꿈꾸며 시대와 맞서 싸운 '모험가'와 '소동꾼'들이 있었다.

이들은 일평생 세상과 충돌하고 부딪치며 모험을 감행했다. 이들을 '역사에 불꽃처럼 맞선 자들'이라고 부르고 싶다.

이 책에서 소환하는 인물들이 독자들에게는 낯설고 익숙하지 않을 수 있다. 더러 어떤 인물은 누군가에게는 용납할 수 없는 문제아거나 역사관과 어긋나는 사상과 행동을 보여준 족속들일 수도 있다. 또 이들이 두각을 드러냈던 찰나의 순간을 '흑역사'로 간주해, 영영 꺼내 보고 싶지 않아 하는 사람들도 있을지 모른다. 대한민국의 공식 역사가 애써 감췄거나 굳이 살피지 않아도 된다고 생각했던 인물들의 이름을 다시 꺼내 부르는 행위가 못마땅할 법도 하다.

그러나 단연코 주장하건대, 아무렇게나 잊혀도 무방한 이름은 없다. 이 책이 소개하는 스물다섯 명은 누가 뭐래도 20세기 한국사의 한복판에서 자신만의 규칙과 리듬으로 세상에 맞선 존재들이다. 이들은 주어진 상황에 안주하지 않고, 이 세계의 모순과 부조리를 해결하고자 혼신의 힘을 다했다.

덕분에 세상은 조금씩 바뀌었고 역사의 물줄기도 방향을 틀었다. 어쩌면 한국 사회의 진보와 성숙은 이들의 '무대뽀' 정신을 불쏘시개 삼아 이뤄졌다고 해도 틀리지 않다.

지난 100년 동안 풍진세상을 살아온 낯선 인물들의 이야기가 과연 지금 우리에게 어떤 의미가 있을까. 이들의 삶을 가만히 들여다보면, 이들 역시 우리와 어느 정도 닮아 있다는 것을 알 수 있다. 평범한 사람들이 보기에 범상치 않은 것 같은 이들도 갑작스럽게 맞닥뜨린 시련에 고통스러워하고 불어닥친 불행에 괴로워했다.

여기 소개된 이들 중에는 말년의 안락함을 누리지 못하고 박복하게 생을 마감한 사람도 많다. 어떤 이들은 젊은 시절 추구했던 가치를 끝내 저버리고 훼절과 전향을 감행하기도 했다. 즉, 이들 모두는 때때로 흔들리고, 절망하며, 실패를 경험한 우리와 같은 현실적인 존재들이기도 하다.

그럼에도 불구하고 여기에 등장하는 스물다섯 명의 인물들에게는 하나의 공통점이 발견된다. 투옥이나 죽음을 불사하고서라도 끝내 지키려 한 삶의 원칙이 있었다. 자유와 평등, 여성 해방과 노동 해방, 사회주의와 민주주의 등등. 추구했던 목표는 각자 달랐지만, 자신이 삶의 원칙으로 세운 가치들을 실천하기 위해 평생 노력했다.

곰곰 돌이켜 보면, 모두 공동체의 '사랑'과 '평화'와 '행복'을 위해 자신을 기꺼이 내던진 존재들이었다.

무엇보다 이들은 새로운 도전을 망설이지 않았고 시대와의 불화조차도 두려워하지 않는 열정과 분노를 지니고 있었다. 더구나 어느 때고 동료와 이웃들을 위해 다툴 준비가 돼 있기도 했다. 일평생 세상에 맞서 싸우고, 도전하며, 시류에 영합하지 않는 삶을 살았다.

이들이 더욱 대단해 보이는 까닭은 영욕과 허명에 목매지 않았기 때문이다. 세속적인 성공과 물질적 풍요는 이들이 궁극적으로 원하는 삶의 목표가 아니었다.

지금까지 우리가 20세기 한국사의 주요 인물들을 기억하는 방식은 하나의 기준을 정해 선별하거나 업적을 살펴 급을 나누는 것이었다. 그 기준과 업적은 당연하게도 근대화, 민족독립, 국가건설, 성장과 발전, 민주화에 기여한 정도와 관련돼 있다.

근현대 한국 사회의 주요 과제와 도식화된 선형적 질서에서 조금이라도 비켜선 행보를 보인 이들은 20세기 한국사의 서술에서 자연스럽게 빠지고 누락됐다. 또한 성과주의라는 속된 기준을 적용해 역사 속 인물들 간의 위계와 서열을 정하는 것을 정당화하기도 했다.

가장 뛰어난 업적을 남기지 않았다거나, 혹은 대한민국의 체제와 자본주의 질서를 비판했다거나, 때로는 위험하고 불온한 세계관을 지닌 인물이라고 해서 이들을 더 이상 모른 체할 수는 없다.

이제 20세기 한국사에 숨겨진 존재들의 알려지지 않은 이야기를 채워 넣을 시간이다.

한편 이 책을 읽고 세상을 한바탕 휘젓고 활개 친 이들의 드라마틱한 삶을 엿본 독자들이 조그만 용기와 마음의 위안을 얻길 기대한다. 이 책은 힘차게 도전하고 세상에 맞서 싸운 이들에게 바치는 헌사이기도 하지만, '잊힌 존재'들이 '보통의 존재'에게 보내는 일종의 응원과 격려이기도 하다.

역사란 우리 삶을 성찰하게 하는 거울이자 함께 새로운 세계로 나아갈 힘을 얻게 하는 공감 장치이기 때문이다.

이 책에 실린 글들은 모두 코로나19로 몸과 마음이 고단하고 어지러운 시기에 쓴 원고다. 2020년부터 일상에 영감을 더하는 지식 채널 '아홉시'의 전속작가가 돼, 일주일에 한 편씩 글을 써 독자들에게 내보였다는 사실이 새삼 큰 기쁨으로 기억된다.

채널 '아홉시'를 운영하는 대표이자 인생의 벗이기도 한 유병온에게 감사를 전한다. 누가 볼까 싶은 글들을 먼저 발견해 읽어주고 기꺼이 책으로 묶어준 김형욱 편집자께도 고마운 마음이 크다.

성긴 원고들을 강의로 만들어 학생들과 만날 수 있는 기회를 마련해준 오영진 선생은 내게 큰 은인이다. 성균관대, 인문학협동조합 선생님들과 동료들을 매번 닮고자 노력하는데 그게 잘 안 된다. 황호덕, 천정환, 정우택, 이혜령, 한기형, 오혜진, 허민 등의 글과 말과 삶을 훔쳐보면 나는 언제나 부끄럽기만 하다. 이 원고들을 거의 다 썼을 때 돌아가신 아버지와 여전히 나를 믿고 사시는 어머니, 늘 격려와 응원을 아끼지 않는 양평의 가족들 그리고 아내이자 친구인 혜원에게 정말로 사랑한다고 그리고 고맙다고 말하고 싶다.

목차

# 2부 최초의 도전을 감행한 자들

# 3부 시대와 불화한 열정과 분노

강주룡

정칠성

남자연

주세죽

허정숙

고명자

김학순

이태영

김진숙

# 1부

◆

# 세상에 맞서 싸운 여자들

# 가장 높은 곳에 올라간
# 가장 낮은 자

**한국 최초의 고공투쟁 노동자, 강주룡**(姜周龍, 1901~1931)

'해고자'와 '철거민', '장애인'과 '난민' 같은 이들은 때때로 가장 높은 곳에 오른다. '크레인'과 '공장 굴뚝', '송전탑', '건물 옥상', '한강 다리' 등이 바로 그곳이다. 억울하고 분한 일이 해결되지 않고 앞이 보이지 않을 때, 높은 곳에 올라가야만 비로소 세상 사람들이 눈길을 보내고 귀를 기울여주기 때문이다.

 '가장 높은 곳'에 '가장 낮은 자'들이 올라가게 된 까닭이다. 아슬아슬하고 위태로운 고공농성은 보통 사회적 약자들이 목숨을 걸고 마지막으로 선택하는 투쟁 방법이기도 하다.

우리나라에서 최초로 '고공농성'을 한 사람은 일제강점기 여성 노동자 강주룡(姜周龍, 1901~1931)이다. 그녀는 평양 '평원고무공장' 여공이었다.

1931년 5월 29일 강주룡은 평양의 상징인 대동강 '을밀대'에 올라 농성을 시작했다. 을밀대에서 끌려 내려와 구속된 뒤에도 단식으로 저항하다 석 달도 안 돼 죽고 말았다. 1931년 8월 13일, 그녀 나이 겨우 서른하나였을 때다.

## 식민지 조선 여성의 파란만장한 삶

짧은 삶을 산 강주룡의 생애는 파란만장했다. 많은 이가 여장부라 칭송했지만, 그녀 역시 '식민지 조선의 여성'으로서 불행한 일이란 불행한 일은 모조리 겪었다.

한국 최초의 고공투쟁
노동자 '강주룡'

그녀는 1901년 평안북도 강계(江界)에서 태어났으나, 14세 때 그녀 가족이 가난을 견디지 못하고 간도로 이주한다. 20세 때 서간도 통화현(通化縣)에서 다섯 살 적은 '최전빈(崔全斌)'을 만나 결혼한 뒤, 함께 일제에 맞서 독립운동을 했다.

나이 어린 남편보다 그녀가 더 돋보이는 일이 많았다. 최전빈은 그런 강주룡의 용맹과 열정을 두려워했다. 독립군 부대장 '백광운(白狂雲, 본명 채찬(蔡燦))'과 그녀 사이의 불륜을 의심한 최전빈은 강주룡을 친정집으로 돌려보낸다. 터무니없는 의심이었지만 아내 된 강주룡으로서는 어쩔 수 없이 쫓겨날 수밖에 없었다.

얼마 지나지 않아 최전빈이 병환으로 위독하다는 소식을 듣고, 그녀는 독립군 부대로 돌아간다. 남편을 살리기 위해 손가락을 찢어 피를 받아 먹이기까지 했건만 최전빈은 끝내 죽고 만다.

시댁을 찾아가 남편의 사망 소식을 전하자, 시부모는 강주룡을 "남편 잡아먹은 년"이라 욕하며 그녀를 살인죄로 고소하기까지 한다. 수모를 당하고 다시 집으로 돌아왔지만 친정아버지마저 그녀를 차갑게 대한다.

더는 견디지 못하고 간도에서 조선으로 다시 옮겨간 강주룡은 황해도 사리원(沙里院)에 터를 잡지만, 집주인 영감에게 겁탈당할 위기에 처하는 일도 있었다. 이 소식을 들은 아버지는 그 영감의 재취자리로 그녀를 보내려고 했다.

강주룡은 절망하며 평양으로 떠난다. 이후 평양 평원고무공장에 들어가선 노동조합에 가입해 노동운동가의 길을 걷는다. 핍진한 삶을 살아왔던 식민지 조선 여성에서 굳센 여성 노동운동가로 변신한 것이다.

강주룡은 여공들의 저임금과 공장 내 성추행 문제에 적극적으로 대응했다. 그녀는 노조의 단체교섭권을 가장 중요하게 생각하

고, 그것만이 노동자의 권리를 찾을 수 있는 유일한 방법이라고
여겼다.

## 을밀대 지붕 위에 올라가 외친 구호

1929년 조선고무공업계는 세계 대공황의 여파로 휘청거린다. 공
장주들은 불황을 타개하고자 임금 인하를 단행한다. 하루에 열다
섯 시간을 넘게 일해도 고무신 한 켤레 값도 못 되는 일당을 받던
노동자들에게는 너무나 가혹한 처사였다.

　1930년 8월 사용자 연합이었던 '평양고무공업조합'이 기존 임
금에서 17%를 삭감하겠다는 방침을 노동자들에게 일방적으로 통
고한다. 더 이상 참을 수 없게 된 노동자들은 일제 권력과 결탁한
자본가들을 비판하며 반대 투쟁을 일으킨다.

　1년이 다 되도록 이어진 투쟁에도 결과를 얻어내지 못하자,
1931년 5월 16일 평원고무공장 여공들은 단체 단식 파업에 돌입
한다. 평양 전체 2,300명이 넘는 고무직공들을 대표해 평원고무
공장 여공들이 앞장서 투쟁을 전개한 셈이다.

　단식 파업을 주도하던 강주룡은 일제 경찰의 파업해제 조치로
여공 20여 명과 함께 공장에서 쫓겨난다. 그녀는 내몰린 신세였
지만 주저앉지 않았다. 어떻게 해야 무산자들의 단결과 노동생활

의 안정을 이끌어낼 수 있을까에 대해서만 고민했다.

그녀는 평양의 이름난 2층 누각 을밀대 지붕 위에 올라가 평양 시민들에게 호소하기로 마음먹는다. 앞이 보이지 않는 어두컴컴한 새벽, 광목을 찢어 줄을 만들고 아무도 모르게 을밀대 지붕 위로 줄을 던져 올렸다. 줄타기하듯 간신히 올라간 지상 12미터 을밀대 지붕 위에 앉아 아침 해가 떠오르기를 기다렸다.

날이 밝자 사람들은 낯선 풍경에 깜짝 놀랐다. 웬 젊은 여자가 을밀대 지붕 위에 올라 앉아 있으니 놀랄 수밖에. 그렇게 몰려든 사람들에게 강주룡은 "여성 해방, 노동 해방" 구호를 목이 터지도록 외쳤다.

신문은 이날의 사건을 대서특필했다. '을밀대 옥상에 올라가 파업선동의 연설'(<매일신보>, 1931년 5월 30일), '아사동맹을 지속, 을밀대에서 철야 격려'(<조선일보>, 1931년 5월 30일), '평양 을밀대에 체공녀 돌현, 사십여 척 고공에서 연설까지'(<동아일보>, 1931년 5월 31일) 등 기사가 쏟아졌다.

<동아일보>는 강주룡이 '무산자의 단결과 고용주의 무리를 타매하는 연설을 하였다'고 전한다. 잡지 <동강>(1931년 7월호)은 '끝까지 임금 감하를 취소치 않으면 나는 근로대중을 대표하여 죽음을 명예로 알 뿐'이라는 강주룡의 연설 내용을 보도했다. 이후 강주룡은 '여류 투사 강여사'와 '평양의 히로인' 등으로 불렸다.

그중 '체공녀(滯空女)'라는 별칭이 가장 유명했는데, '공중에 떠

을밀대에서 고공농성을 하다 체포된 뒤, 감옥에서 단식을 이어가다 죽은 강주룡을 소개하는 기사(<동아일보>, 1933년 3월 25일)

있는 여자'라는 뜻이었다.

강주룡이 처음 선보인 고공농성은 일제 치안 당국을 발칵 뒤집어놓았다. 가부장제 관념이 강했던 조선 사회에서 말 그대로 '암탉'이 '지붕' 위에 오른 셈이었고, 건장한 남성 운동가도 하지 못한 일을 여성의 몸으로 처음 해낸 대단한 사건이었다. 어떤 이들은 탄식했지만, 다른 이들은 경탄했다.

강주룡은 "누구든지 이 지붕 위에 사다리를 대놓기만 하면 나는 곧 떨어져 죽을 뿐"이라고 외쳤다. 하지만 일제 치안 당국은 을밀대 지붕 위에서 끝까지 버티던 그녀를 강제로 끌어내려 수감했다. 그녀는 감옥에서도 단식을 실행하며 농성을 이어갔다. '겁박'과 '투옥'도 그녀의 뜻을 굽힐 수 없었다. 그녀는 "대중들을 위해 희생하여 얻은 명예가 내가 배운 최고의 지식"이라고 말했다.

## 감옥에서도 단식 투쟁 이어가다

당시 일제는 만주 침략을 준비하기 위한 전쟁 체제에 돌입해, 조선의 산업과 경제 사정은 나날이 피폐해져 갔다. 저임금 노동을 강요하고, 노조에 대한 사상 검속을 강화했다. 평양고무공장 노동자들은 직격탄을 맞았다. 평양의 여공들은 자신들의 투쟁을 세상에 알리고 여론을 환기할 필요성을 절감했다. 그렇게 한국 최초로 노동자 고공투쟁이란 획기적인 사건이 일어난 것이다.

'을밀대'라는 평양의 상징과도 같은 건축물의 가장 높은 곳에 올라 '노동 해방' 구호를 외치는 여성 노동자의 모습은 사람들에게 충격을 줬다. 처음에는 여성의 몸으로 야음을 틈타 을밀대 지붕 위까지 어떻게 올랐는지가 관심사일 터였겠지만, 강주룡은 왜 자신이 그런 행동을 했는지에 대해 사람들이 궁금해하길 바랐다.

평양을 넘어 조선의 많은 사람에게 고무공장 여공들의 가혹한 노동 조건과 저임금 상황을 알리고자, 그녀는 우리나라 최초의 '체공녀'가 됐다. 강주룡을 공중으로 올라가게 한 원동력은 단식 투쟁을 함께 이어가고 있던 동료 여공들이었다.

땅 위에서 밥을 굶고 있는 동료들을 위해 공중에서 강주룡은 크게 외치고 더 뜨겁게 부르짖었다. "무산자여 단결하라! 임금삭감 취소하라! 노동여건 개선하라!" '공중'과 '지상'에서 함께 굶던 여공들은 모두 동지가 돼 결사 항전했다. 강주룡이 을밀대 지붕 위에

일제강점기 조선의 명소로 소개된 을밀대(1925)

서 끌려 내려와 연행됐을 때, 그녀와 그녀의 가족을 돌봐준 이들
도 동료 여공들이었다.

강주룡은 수감된 뒤에도 계속 단식으로 저항했고, 감옥 밖에서
도 30여 명이나 되는 동료 여공들이 기꺼이 함께 굶어가며 그녀
의 석방을 호소했다. 하지만 강주룡은 옥중에서 무리하게 단식을
이어가다 '신경쇠약'과 '탈진'으로 쓰러지고 만다. 을밀대에 오르기
전부터 계속 굶어 몸이 약해질 대로 약해진 그녀를 경찰은 재판정
에 세우기도 전인 6일 만에 보석했다. 그녀가 감옥에서 '아사(餓死)'
라도 하면 더욱 나빠질 여론이 염려됐기 때문이었다.

가뜩이나 강주룡 구속 이후 언론에서 달려들어 취재 열기가 뜨
거웠고, 경찰서 밖은 여공들의 연대 시위로 시끌벅적했다. 줄기찬

단식 저항과 동료들의 단합에 힘입어 풀려나긴 했지만, 그녀는 감옥 밖으로 나와서도 초인적인 단식을 이어갔고 끝내 건강을 회복하지 못하고 죽고 말았다.


## "저기 사람이 있다"


강주룡의 고공농성과 죽음은 1930년대 식민지 조선 사회에 큰 반향을 불러왔다. 노동자의 임금 문제가 무산자 대중의 생존권 문제와 맞닿아 있으며, 인간 취급을 받지 못하던 여공도 당당한 사회의 구성원이란 사실을 각인시켰다.

평양과 경성을 비롯한 전 조선의 공업지대에서 궁지에 몰린 노동자들이 하나둘씩 단결해 거센 투쟁을 시작했다. 동맹파업, 단식투쟁, 고공농성 등 강도 높은 저항이 이어졌다. 1930년대는 소비문화가 꽃피는 '모던 조선의 시대'이기도 했지만, 노동자 무산대중의 생명권과 기본권을 지켜내기 위한 끊임없는 '싸움의 시간'이기도 했다.

지난 2017년부터 2019년까지 서울 목동 '파인텍(스타플렉스)' 공장 굴뚝 위에서 노동자들의 투쟁이 이어졌다. '고용보장'과 '임금단체협약' 같은 대한민국의 노동법이 보장하는 가장 기본적인 권리가 지켜지지 않아서였다.

그럼에도 불구하고 사측은 "어떤 손해를 입더라도 절대 합의는 없다"며 굴뚝 위 노동자들의 외침에 귀 기울이지 않았다. 정부 역시 중재에 나서기는커녕 미온적으로 대처했기 때문에 파인텍 사태는 해결이 요원해 보였다.

다행스럽게도 굴뚝 위로 올라간 노동자들을 살려야 한다는 시민들의 관심과 연대 덕분에 이들은 고용을 보장받고 426일 만에 굴뚝 위에서 내려올 수 있었다. 그러나 안타깝게도 한겨울 찬바람과 한여름의 뜨거운 햇볕을 맞으며 지낼 수밖에 없었던 이들은 몸이 많이 상해버리고 말았다.

강주룡을 소재로 박서련 작가가 쓴 소설 『체공녀 강주룡』(한겨레출판, 2018)이 지난 2018년 제23회 '한겨레문학상'을 수상했다. 그동안 강주룡이라는 여성 노동운동가가 사람들에게 거의 알려지지 않았는데, 가뭄에 단비 같은 소식이다. 이 작품은 '오래 주렸다'라는 첫 문장으로 시작하고, '저기 사람이 있다'라는 마지막 문장으로 끝난다.

# 3.1 운동이 배출한
# 최고의 '아웃풋'

**관상용 꽃이 되길 거부한 열혈 독립운동가, 정칠성**(丁七星, 1897~?)

## 수많은 사람의 인생을 바꾼 3.1 운동

'3.1 운동'은 실패한 거사였다. 기획 주체에서 행동 단위로 이어지는 치밀한 각본이 마련된 체계 잡힌 운동이 아니었다. 일제의 억압에 분노한 수많은 군중이 저마다의 정념을 폭발시킨 '종잡을 수 없는 운동'의 성격이 강했다.

고종의 인산(因山)을 애도하는 노인들과 국외 유학생들의 '2.8 독립선언'에 고무된 학생들, 지주에게 고리를 뜯겨 화가 난 소작농, 일자리를 빼앗긴 노동자, 주재소의 일제 경찰에게 얻어맞은 무지렁이, 시끌벅적한 광장을 지나칠 수 없었던 혈기 왕성한 청년들까지. 각양각색의 사람들이 거리로 쏟아져 나왔다.

'중구난방'과 '좌충우돌'은 당연했다. 만세 운동은 결국 일제 경찰에 의해 진압됐다. 민족이 염원하던 독립을 얻어내지 못했고, 운동에 참여한 많은 조선인은 고통스러운 처벌을 받아야만 했다. 이렇듯 결과론적 시각에서 보면 3.1 운동은 식민지 조선인들에게 큰 좌절과 시련을 안겨준 사건이었다.

하지만 3.1 운동을 마냥 실패한 운동으로만 치부할 순 없는 중요한 사정이 있다. 만세 운동에 참여한 수많은 사람의 사연과 처지는 그 숫자만큼이나 제각각이었지만, 3월 1일은 그 다양한 에너지가 한데 모여 분기하는 전환점이었다.

이날의 만세 사건은 실제적인 차원에서 우리나라 대중 '민주주의' 운동의 시작을 알리는 순간이었고, '공화주의(共和主義)'를 향한 도저한 첫발을 내딛는 광경이었기 때문이다. 게다가 3.1 운동을 계기로 창설한 '대한민국 임시정부'는 현재 우리가 몸담고 있는 대한민국 '법통'과 '체제'의 헌법적 기원이기도 하다. 한국 근대 민주주의 체제의 실효적 시작을 1919년으로 손꼽는 이유다.

3.1 운동은 무단통치 일변도였던 일제의 지배 방식에도 변화를 야기했다. 조선인들의 폭발적인 저항을 목격한 일제는 크게 당혹스러워했다. 해방을 꿈꾸는 조선인들의 응축된 힘과 대단위의 열

정을 처음으로 목격했기 때문이다.

일제에게 피식민자의 정동(情動, Affect)은 이해와 공감이 불가능한 항목이었기 때문에, 만세 부르는 조선인은 그저 체포하고 구금해야 할 대상으로만 간주됐다. 지배하고 통치하려는 자들에게는 피지배자들이 함께 모여 이야기하고 행동하는 것에 대한 공포심이 존재한다. 성난 군중들이 한데 모여 봉기하면, '체제'를 전복하고 '규율'을 무너뜨릴 정도로 그 파급력이 대단하다는 사실을 알고 있기 때문이다.

역사적으로 권력은 군중의 시위와 집회를 조속히 해산하려 했고, 어떻게든 군중이 모이지 못하게 만들고자 골몰했다. 흔히 사회를 보호하려는 조치라고 말하지만, 실상 위기를 감지하는 데에만 특화돼 있는 지배자들의 특성을 보여주는 행위다.


## "기름에 젖은 머리 비어 던지고"

1919년 3월 1일 들불처럼 번진 만세 운동의 현장에는 '정금죽(丁錦竹)'이 있었다. 그녀는 경성의 '한남권번' 소속 기생이었다. '기생조합' 혹은 '기생학교'라고 불렸던 '권번(券番)'에 속해 있는 기생들은 신분과 지위가 천차만별이었다.

역할과 위상에 따라 '일패', '이패', '삼패'로 나뉘어 불리기도 했다. '기'와 '예'를 다루는 전통적인 기생은 '일패'라 불렀다. 연회나 의례에 참여하는 관기의 내력을 이어받은 이들이었다. 정금죽은 대구를 주름잡고 경성으로 진

기생 시절 정칠성의 모습

출한 이름난 '일패' 출신 기생이었다.

잡지 〈삼천리〉(1931년 7월호)에 따르면 "정 여사는 장안을 울리던 명기였다. (대구에서 활동하다) 뒷날 서울에 올라오매 가무 잘하고 버들잎같이 기름한 아름다운 그 얼굴은 3.1 당시까지 경국(傾國)의 소리를 들었다."

화류계의 기생이 만세 운동에 참여하니, 사람들은 그녀를 "사상(思想) 기생"이라고 부르기도 했다. 물론 이 호칭에는 양가적인 의미가 담겨 있다. '만세 부르는 기생'에 대한 '놀람'과 '비꼼'이 혼재된 별명이었다.

3.1 운동은 정금죽에게 자기 존재를 증명할 수 있는 순간이자 폭발적 성장의 계기를 제공한 전환점이었다. 수많은 사람과 함께 "조국 독립"과 "민족 해방" 구호를 외친 경험은 그녀에게 벅찬 감동을 선사했다. 정금죽은 "흥분에 넘치는 뜨거운 눈물을 흘리며 시

위에 참여했다. 기름에 젖은 머리를 탁 비어 던지고 일약 민족주의자가 됐다"고 스스로 말한다.

그날 이후 그녀는 더 이상 기생 이름을 사용하지 않고, 자신의 본명인 정칠성(丁七星, 1897~?)으로 돌아가기로 결심한다. 기생에서 사회운동가로 변모한 그녀를 사람들은 흥미롭게 지켜봤다.

'3.1 당시! 그때는 누구나 정치객이었다. 노인들도 어린 아이들도 누구든지 국가와 민족을 말하고 또한 흥분하여서 열이 올랐었다. 백마를 타고 은편(銀鞭)을 마복(馬腹)에 호화롭게 던지며 장안 네거리 좁다 하고 돌아다니던 정 여사의 가슴속에도 정치의 불이 붙기 시작하였다. 그 호화롭던 생활을 하루아침에 헌신짝같이 차버리고 동경(東京)에 내달아 기예학교를 마치고 난 정칠성 여사의 비약은 실로 일세를 놀래기에 충분했다.'('현대 여류 사상가들', 〈삼천리〉, 1931년 7월호)

그 시절 황금정(지금의 을지로)에서 승마를 즐길 정도로 호화로운 생활을 누리던 정칠성이 거친 독립운동의 세계로 뛰어들었으니 사람들이 눈길을 주지 않을 리 없었다. 그러나 당시 정칠성에 대한 세간의 관심은 여성 독립운동가를 향한 차별적인 시선을 은연 중에 드러낸다. 만세 운동에 참여한 뒤 열혈 민족주의자로 변신한 그녀의 행동과 실천에 대한 정당한 평가보다 기생 이력을 밝히는 데 혈안이 돼 있었기 때문이다.

사회운동가로 변모한 뒤에도 기생 출신이라는 낙인은 그녀를 따라다녔다. 심지어 50년이나 지나도 언론은 그대로였다. 그녀를 "실연(失戀) 끝에 단발미인(斷髮美人) 여학생이 된 기생"(근세풍물 야화-기생, 〈경향신문〉, 1978년 8월 28일)으로 세평하고 있을 정도이다. 하지만 그녀는 대범하게도 자신의 출신을 부끄러워하지 않고 오히려 자원으로 삼아 세상에 힘껏 맞섰다.

'이 사회를 알고 또 이 사회에 대한 나의 지위와 의무를 깨달은 뒤부터는 생리적 조건 같은 것은 아무 문제가 아니 되었습니다. 여자라고 사내들이 할 일을 못 하란 법이 어디 있습니까. 우리의 당면한 일은 사내가 더 잘하고 여자가 더 못하란 법이 없는 그런 엄숙한 일이외다. 그리고 돈은 있어 무얼 하며 또 없으면 어떠합니까. 모든 것은 우리 앞에 문젯거리가 아니 됩니다. 있어도 살고 없어도 살겠지요. 다만 피 있는 인간이면 누구라도 뛰어들고야 말 그 일에 우리 몸을 바칠 생각만이 있을 뿐이겠지요.'('내가 다시 태어난다면', 〈삼천리〉, 1929년 6월호)

3.1 운동 참여 이후 10년간 여성운동과 독립운동에 투신했던 자신의 삶을 소회하는 정칠성의 고백은, 그녀가 페미니즘에 입각한 민족지도자로서의 '덕성'과 '자질'을 훌륭히 갖추고 있음을 알게 해준다.

## '조선인 자립' 위해 '여성 해방' 선결돼야

근우회 회보 창간호 표지

3.1 운동 이후 정칠성은 1922년 일본 도쿄로 유학을 떠나 '영어강습소'에서 근대 학문을 수학하고, 1년 뒤 조선으로 돌아와 '물산장려운동'에 참여했다. 1923년 10월에는 '대구여자청년회' 창립을 주도하며 집행위원으로 활동하기도 했다. 1924년 5월에는 우리나라 최초의 전국적 여성운동단체인 '조선여성동우회'를 결성하는 데 기여했다.

민족의 독립을 이루기 위해서는 먼저 조선인의 자립이 필수적이며, 조선인이 자립하기 위해서는 여성들의 해방이 선결 조건이라는 사실을 냉철하게 깨달았다. 그녀에게 조선 여성의 해방은 무산자 여성의 사회주의 혁명을 뜻하는 것이기도 했다. 그리하여 1926년에는 '삼월회' 간부 자격으로 〈조선일보〉에 '진정한 신여성은 불합리한 환경을 모두 거부하고 강렬한 계급의식을 지닌 무산여성'이라는 주장을 담은 글을 발표했다.

1927년 '신간회'의 자매단체인 '근우회' 결성에 참여해 중앙집행위원이 됐다. 이 시기 정칠성은 전국을 순회하며 여성의 계급의식을 고취시키는 강연을 했고, 그 때문에 일제 경찰에 여러 차례 체포되는 수난을 겪기도 했다.

## 급진적 여성주의자, 진보적 연애주의자

정칠성은 강인한 자립정신과 선명한 계급의식을 지닌 여성만이 모든 불합리한 환경을 개선할 수 있다고 생각했다. 그녀는 논설과 강연을 통해 여성이 경제적으로 자립할 수 있어야만 남성과 가정으로부터 독립할 수 있다고 역설했다. 여성이 경제력을 갖추려면 가정을 벗어나 직업을 가져야 한다는 현실적인 처방을 내리기도 했다.

피상적인 차원에서 '여성의 자유'를 요구하던 당대의 다른 여성주의자들과는 차별화된 행보였다. 가정에서 벗어나고 결혼 제도에서 이탈하는 것이야말로 진정한 여성 해방이라는 주장이었다. 그저 여성이 자유를 요구하는 행위로 그쳐서는 '모던걸' 혹은 '여학생' 담론을 넘어서기 어렵다는 자각 때문이었다.

사회주의 여성 운동가 중에서도 정칠성은 유독 급진적인 주장

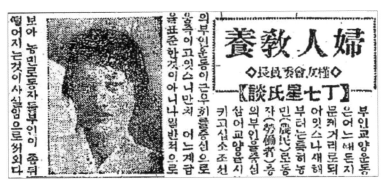

부인운동 주도하는 정칠성을 소개하는 신문기사(<동아일보>, 1930년 1월 2일)

을 많이 펼치곤 했다. 그녀는 부녀자들에게 '가정'이라는 울타리를 뛰쳐나오라고 권유했다. 당시 여성들에게 주입된 '가족주의'는 여성의 희생과 고난을 먹고 자라는 괴물처럼 보였다. 가정과 가족을 강조하는 문화는 전통적 가부장제를 수호하려는 남성 기득권에서 비롯된 결과라는 것이다.

　사회주의자들의 혁명과 급진적 연애를 다뤄 조선 사회는 물론 전 세계 독자들에게 큰 충격을 줬던 알렉산드라 콜론타이의 『붉은 연애』라는 작품을 대상으로 열린 "적연(赤戀)' 비판, 콜론타이의 성도덕에 대하여'(<삼천리>, 1929년 9월호)라는 대담에 참여하기도 한다.

　'연애'와 '성욕'과의 관계를 묻는 기자의 질문에, "사회운동을 하느라 연애하기 힘든 상황에서 필요에 따라 성욕을 해소해야 한다"며 "성욕과 연애는 당연히 갈라져야 하겠지요. 그리고 결혼의 자유, 이혼의 자유가 아주 완전하게 없는 곳에서는 그렇게밖에 더 어떻게 하겠습니까?"라고 말하기도 했다.

정칠성은 당시 동료 여성 사회주의자 '정종명(鄭鍾鳴)'의 전 남편 '신철'과 사귀어 상당히 진보적인(?) 연애를 실천하기도 했다. 물론 정칠성과 정종명은 개인적인 연애 문제와 상관없이 사상적 동지 관계를 계속 유지했다. 정종명도 이혼 후 자신을 바라보는 삐딱한 시선에 개의치 않고, 남성 사회주의자들과 연애를 거듭했다. 여성 사회주의자들의 자유로운 연애사는 당시 조선 사회주의 진영의 분방한 면모를 보여준다.


## 끊임없이 차별받다, 월북 후 숙청당해

1945년 8월 15일 정칠성이 그토록 바라던 해방을 맞았다. 하지만 한반도는 곧 분단된다. 미국과 소련이 남과 북을 분할통치하는 군정이 시작된 것이다. 일제로부터 해방되었으나, 진정한 독립은 이루지 못한 셈이었다.

그녀는 해방과 동시에 경성으로 올라가 박헌영의 '조선공산당 재건파'에 참여했다. 해방 다음 날인 8월 16일부터는 '건국준비위원회'에서도 활동을 시작한다. 미군정하의 서울에서 좌익 운동에 나섰으니 고난이 뒤따르는 것은 불 보듯 뻔한 일이었다.

하지만 그보다도 더욱 괴로웠던 것은 평생을 끊이지 않았던 멸

시와 조롱이었다. 당시 '조선공산당'은 밖에서 "봉건유제 타파하여 여남평등 이룩하자!"며 구호를 외쳤지만, 내부적으로는 기생 출신 정칠성을 '천민'이라 칭하며 철저하게 차별하고 배제했다. 3.1 운동 당시부터 평생 그녀를 따라다닌 '사상 기생', '분칠한 독립운동가', '술자리 사회주의자'라는 멸칭도 그런 맥락 속에서 사용됐음은 물론이다.

정칠성은 1948년 4월 통일 정부 수립을 모색하기 위한 '남북협상'에 참가한 뒤, 그해 8월 미군정의 좌익 탄압을 피해 월북했다가 다시 남쪽으로 내려오지 않았다. 북에서는 '조선민주주의인민공화국' 정부 수립에 참여했다.

1948년 8월 제1기 최고인민회의 대의원으로 선출됐고, 1948년 10월에는 조선민주여성동맹 중앙위원, 1955년 민주여맹 부위원장, 1956년 4월 조선로동당 중앙위원회 후보위원을 역임한 것으로 알려져 있다. 그러다 1958년 북한의 김일성 유일 지도체제 확립 과정에서 벌어진 종파투쟁 때 국내파 공산주의자로 몰려 숙청됐다.

기생 출신으로 시작해 대표적인 여성 사회주의 지도자로 성장하기까지 그녀가 겪었을 시련과 고통은 일일이 말로 다 설명하기 어렵다. 어느 여성 사회주의자가 그렇지 않았겠냐마는, 그녀의 삶은 유난히 고달프고 서러웠다.

식민 지배와 전쟁, 이데올로기 투쟁과 같은 안팎의 수난을 겪으면서도 그녀가 견결하게 지켜내고 싶었던 것은 오로지 '민족 자립'과 '여성 해방'의 정신이었다. 기생으로 활동할 당시 '경국지색'으로까지 불렸지만, 정칠성은 '관상용 꽃'이 되길 거부하고 스스로 '붉은 사회주의자'가 되는 길을 선택했다.

3.1 운동은 그녀의 삶을 변화시킨 가장 중요한 계기였다. 실패했기 때문에 성공했다고도 말할 수 있는 아이러니한 3.1 운동 경험을 통해 그녀는 전 존재를 변환하는 도전을 감행했다. 저마다의 사정과 이해관계에 따라 만세 운동에 참여한 군중들은 서로 치열하게 대결했으나, 상대를 격리하거나 추방하지 않았다.

3.1 운동은 '신분'과 '계급'이 만들어낸 오랜 갈등을 뛰어넘어, 새로운 미래 공동체의 가능성을 발견하게 된 역사적 순간이었다. '적대를 넘어서는 차이의 연대'는 그렇게 생겨났다. 우리나라는 3.1 운동을 통해 '대중 민주주의에 대한 가장 치열한 모색과 실험'을 실천했으며, 추상적으로만 얼핏 알고 있었던 '공화주의적 평화와 해방'의 모델을 기획해볼 수 있었다. 정칠성과 같은 '유니크'한 인물이야말로 3.1 운동이 배출한 최고의 '아웃풋'이 아닐까 싶다.

# 세 손가락의
# 여장군

조선 독립운동가들의 숨겨진 리더, 남자현(南慈賢, 1872~1933)

## 가려진 존재, 여성 독립운동가들의 운명

'사회적 가치의 권위적 배분', 정치에 대한 고전적 정의 중 하나다. 시카고대학교 '데이비드 이스턴' 교수의 말이다. 사람들은 대부분 이 문장에서 '사회'와 '가치'와 '배분'이라는 어휘 중 하나를 골라 '정치'의 개념을 설파하곤 한다. 자신의 정치적 입장이나 태도를 대변하기 위한 일종의 전유(專有)이다.

하지만 이 설명 항에서 실상 가장 중요한 의미는 '권위'란 말에 담겨 있다. '권위'란 단순히 우월적 지위나 힘을 지시한다기보다, 집단과 조직의 방향과 행동을 결정하는 '권한'이자 '책임'을 뜻한다.

어느 조직에나 '리더'는 필요하다. 정당한 권위를 확보한 '리더'와 그렇지 못한 '리더'의 운신의 폭은 다를 수밖에 없다. '리더'는 주인공이 아니라 '주인공'을 만들어 세우는 사람이다. 고로 '리더'는 때로 잘 드러나지 않는다.

훌륭한 '리더'는 묵묵히 책임을 수행하며, 자신을 따르는 이들을 더 돋보이게 만든다. 신망이 높고 존경받는 '리더'의 삶은 때로 고독하며, 큰 희생을 감수해야 하는 자리이기도 하다.

일제강점기 조선 독립운동 조직에도 '리더'와 '주인공'은 나뉘어 있었다. 독립운동의 결사 '윤봉길', '안중근'을 알고 있는 사람은 많다. 하지만 이들이 거사를 행할 수 있도록 조력하고 헌신적으로 뒷받침했던 사람들은 잘 알려져 있지 않다.

특히 독립운동을 배후에서 지원하고 힘을 보탰던 '여성 독립운동가'들은 그 이름이 전혀 남아 있지 않은 경우가 많다. 이들은 한 시대의 '영웅' 뒤에 숨겨진 '그림자'일 따름이었다.

임시정부의 부엌살림을 맡고, 독립군의 의복을 제작하고, 전장에서 아이들을 낳고 길러내는 역할을 맡았던 수많은 여성 독립운동가들이 있었다. 하지만 이들의 희생과 헌신은 제대로 평가받지 못했다.

실제로 대한민국 국가보훈처에서 발표한 '독립유공자 포상현

황'(2022년 3월 1일 기준)에 따르면 훈장과 포장을 받은 독립유공자 17,285명 중에 여성은 567명(3.28%)밖에 되지 않는다. 지나친 불균형이다. 역사의 기록마저 이럴진대, 평생 '조력자' 혹은 '조연'으로 살아갈 처지의 소시민들은 낙담할 수밖에 없다. '주인공'이 아닌 삶이 의미 없게 느껴질 수도 있기 때문이다.

한편 역설적으로 국가가 인정한(?) 이 소수의 여성 독립운동가들은 다른 어느 누구도 따라갈 수 없을 정도로 혁혁한 공적을 남긴 인물들이라는 점도 주목을 요한다. 100에 하나둘에 드는 이들이었으니, 당시에도 도드라지게 눈에 띄는 존재였거나 빛나는 성취를 남긴 인물들일 수밖에 없다.

## "나는 조선의 총구다"

일제의 심장을 겨눈 여성 독립투사, 남자현(南慈賢, 1872~1933)을 소개하는 평전(이상국, 『나는 조선의 총구다』, 세창미디어, 2012)의 제목이다. 남자현은 현재 우리나라 여성 중에서 가장 높은 등급의 독립유공자 훈장(1962년 건국훈장 대통령장, 2등급 공적)을 추서받은 인물이다.

독립운동가의 공로를 등급으로 평가한다는 게 삿된 일이기는 하지만, 그녀보다 높은 등급의 훈장을 받은 사람은 우리나라 전체에 열 명밖에 되지 않는다. '민영환', '최익현', '안창호', '김구', '안중근', '윤봉길' 등이다. 하나같이 명망이 높고 민족의 위인으로 평가받는 인물들이다.

남자현 초상

남자현과 같은 등급의 훈장을 받은 이로는 '신채호', '김좌진', '이봉창', '김상옥' 등을 들 수 있다. 이들 역시 독립운동 하면 떠오르는 대표적 인물들이다. 여성으로는 유일하게 남자현이 여기에 속해 있다.

심지어 우리가 잘 알고 있는 여성 독립운동가의 대명사 '유관순'조차 남자현보다 한 등급 아래의 훈장을 받았을 정도다. 독립운동가로서 그녀의 위상을 짐작할 만하다.

하지만 남자현은 지금까지도 거짓말처럼 사람들에게 전혀 알려져 있지 않은 인물이기도 하다. 쉽게 말해 인지도가 낮다. 오죽하면 지난 2018년 국회 국정감사장에서 한 의원이 "역사 검정교과서에도 여성 독립운동가를 잘 다루지 않는다"고 지적하며, 교육부 차관에게 "여성 독립운동가 남자현에 대해 아느냐?"며 질문을 한 일도 있었다. "여성 독립운동가는 유관순 외에 잘 알지 못한다"는 차관의 대답이 구설에 오르기도 했다.

궁색한 답변을 한 차관을 옹호할 생각은 없다만, 누구나 비슷한 처지였을 것이다. 다만, 2015년에 개봉해 흥행한 〈암살〉이란 영화에 나오는 '안옥윤'(전지현 역)의 실존 인물이 남자현이었다는 사실이 알려지며 세간의 관심을 잠깐 얻었다. 그렇게나마 알려진 게 다행인 것 같기도 하고, 한편으로 뒷맛이 썩 개운치만은 않은 것도 사실이다.


## 독립운동 조직 통합 위해 '단지'도 마다하지 않다

경북 안동(혹은 영양)에서 태어난 남자현은 어린 시절 학자 아버지 남정한(南珽漢)으로부터 글을 배웠다. 열아홉 되던 해에 아버지가 아끼던 제자 '김영주(金永周, 1862~1896)'와 혼인했다. 김영주는 대한제국 시기 '을미사변'을 겪고, 의병을 일으켜 일본군과 싸우다 1896년 전사했다. 남자현은 스물네 살에 과부가 된 셈이다.

이후 그녀는 유복자를 홀로 키우며 시부모도 극진히 모셨다. 남편이 죽은 뒤에도 20년이 넘도록 영남 양반가의 며느리와 한 아이의 어머니로서 전통적인 여성의 직분에 어긋남 없이 살았다.

남자현이 양반집 '규수'에서 독립운동 '투사'로 극적 변화한 계기는 '3.1 운동' 경험이었다. 성인이 된 아들과 함께 경성으로 거처를 옮긴 직후 참여한 '만세 운동'은 그녀의 삶을 송두리째 뒤흔들었다.

이미 중년의 나이를 넘어선 그녀였지만 만세 운동 이후 조국의

남자현과 시댁 가족사진(동그라미 속의 인물이 남자현이며 유복자 김성삼을 안고 있다. 1번은 시아버지, 2번은 시동생. 남편 김영주는 의병활동으로 죽은 뒤라 사진에 없다)

독립을 향한 열정이 가슴속에 불타올랐다. 3.1 운동은 한 가문의 어머니이자 며느리로만 살아왔던 그녀의 삶 자체를 새롭게 일구고 변혁시킬 정도로 강렬한 동기를 제공한 전환점이었다.

이후 남자현은 47세 나이에 만주로 건너가 독립운동의 길에 본격적으로 나선다. 중년 여성의 마음에 큰 파문을 일으킨 만세 운동의 불씨를 품고 결행한 이주였건만, 만주의 독립운동 상황은 처참했다.

만주 독립운동 조직은 항상 인력난과 물자난에 시달렸다. 만주로 이주한 조선인들은 제국 일본인들에게는 피식민자로 차별받고 만주 원주민들에게는 이주민으로 핍박받는 '이중 억압' 상황에 처해 있었다. 하지만 그보다 더 최악은 조선 독립운동 단체가 난립해 서로 간의 반목과 갈등이 끊이지 않았다는 것이다. 이런 상황에서는 어떤 일도 제대로 될 리 없었다.

　그녀는 마침내 손가락을 잘라 조선인 각 단체의 단합과 협력을 요청하는 혈서를 쓰기에 이른다. 그녀의 결기와 실천은 만주 독립운동가 모두를 깜짝 놀라게 했다. 1920년과 1922년 두 번의 단지(斷指)를 통해 그녀에게는 '세 손가락의 여장군'이라는 별명이 생겼다.

## 여성들이 독립운동 전면에 나설 것을 촉구하다

남자현은 1926년부터 "여성이 독립투쟁 활동을 해야 한다"며 '여의군(女義軍)'을 창설하기도 한다. 당시 여성 독립군들은 후방 지원이나 남성 독립군들의 뒤치다꺼리만 떠맡았는데, 남자현은 여성들이 그렇게만 쓰이는 것이 못내 안타까웠다.

　그녀는 먼저 모범을 보이고자 조선 총독 '사이토 마코토(齋藤實)'를 직접 처단할 계획을 세우고 경성으로 잠입한다. 영화 〈암살〉에서 '안옥윤'이 조선주둔군 사령관 '카와구치 마모루'와 친일파 '강인국'을 암살하고자 동지들과 만주에서 경성으로 넘어가는 설정이 바로 이 내용이다.

　하지만 그녀의 암살 계획은 예기치 못한 변수를 만난다. 일본군부와 경찰의 경비와 검속이 유례없이 강화된 것이다. '송학선'이라는 독립운동가가 엉뚱한 사람을 총독으로 착각해 함부로 칼을 휘둘러 죽이려다 발각됐기 때문이다. 순종 인산에 맞춰 조문을 온 '사이토 마코토'를 저격하려던 계획은 이렇게 허무하게 실패하고 만다. 조소앙(趙素昻, 1887~1958)이 쓴『여협(女俠) 남자현 전(傳)』(1934)을 보면 '1925년 남자현 선생이 단원 4명을 이끌고 사이토 마코토 총독의 암살 사건을 주도했다가 실패한 뒤 가까스로 탈출했다'고 적혀 있다.

다시 만주로 돌아온 남자현은 독립운동계의 좌우합작을 위한 노력을 지속한다. 당시 일제는 만주에서 활동하는 조선 독립운동가들의 최대 통합 조직이라 할 수 있는 '대한독립단'을 와해시키려고 눈에 불을 켠 상태였다. 큰 조직을 흩트리고 조선인을 분열시켜야만 독립운동이 약화될 것이 분명했기 때문이다.

일제는 대한독립단 소속 '안창호'를 비롯해 47명의 조선인 인사들을 공산주의자로 몰아 전원 검거하기에 이른다. 이를 독립운동사에서는 '길림 사건'이라 부른다. 이때 투옥된 이들을 옥바라지하며 석방운동을 주도적으로 이끈 이가 바로 남자현이다. 그녀는 '상해 임시정부'와 소통하며 '중국 북경정부', '길림성 당국'과 교섭해, 투옥된 이들을 풀어주기 위해 애썼다. 그녀의 노력에 힘입어 이들은 3주 만에 무사히 석방될 수 있었다.

만주의 독립운동가들은 자신들을 구하기 위해 동분서주한 그녀를 '독립군의 어머니'이자 '큰누이'라고 부르기 시작했다. 남자현은 그렇게 조선 독립운동가들 사이에 존경받는 '리더'가 됐다.


## 시급히 발굴해야 할 여성 독립운동가들의 역사

남자현은 1932년 일본이 세운 만주국 괴뢰정부로 '국제연맹 조사단'이 방문할 거라는 소식을 듣는다. 국제사회에 조선의 독립 의지를 알려야 한다는 생각에 그녀는 또다시 손가락을 자른다. '朝鮮女人恨 朝鮮獨立願(조선여인한 조선독립원)'이라고 쓴 혈서와 함께 잘라낸 손가락을 동봉해 조사단이 머무는 호텔로 보냈다.

독립군의 화합을 위해 이전에 손가락 두 개를 잘라낸 뒤라 하나를 더 잘라내는 것을 주변에서 극구 만류했지만, 그녀는 "내 손가락을 아끼지 말고, 동포를 아끼시오. 나라를 아끼시오."라고 말하며 단지를 결행했다고 한다. 환갑이 넘은 나이가 무색할 만큼 단호한 정신이었다.

할머니로 불릴 나이가 된 이후에도 그녀는 독립운동의 최전선에 나서기를 주저하지 않았다. 1933년에는 재만(在滿) 전권대사인 '부토 노부요시(武藤信義)'를 암살하기 위해 직접 나섰다가 일제 경찰에 체포된다. 의열단원 행세를 하면서 250명이나 되는 독립운동가를 사지로 몰아넣었던, 악명 높은 밀정 '이종형(李鍾馨,

1895~1954)'의 밀고 때문
이었다.

하얼빈 남감외인묘지에 있었던 남자현의 묘

'만주를 유일한 무대로
조선 독립운동에 종사하
던 남자현은 감옥에 구금
되었다가 단식 9일 만인
지난 17일에 보석 출옥
했다. 연일 단식을 계속
한 결과 22일 상오 12시
반경에 당지 조선여관에
서 영면하였다.'(<조선중
앙일보>, 1933년 8월 27일) 1933년 8월 22일, 61세의 나이였다.

남자현은 죽기 직전 아들 '김성삼'과 손자 '김시련'에게 소중히
보관해온 행낭을 내밀었다. 거기에는 '249원 80전'이 들어 있었
다. 그녀는 이 돈을 조선이 독립했을 때 '독립축하금'으로 쓰라는
유언을 남겼다. 실제로 이 돈은 해방 후 1946년 '3·1절 기념식'에
서 김구와 이승만 대통령에게 전달됐다. 그녀는 중국 하얼빈 '남강
외인묘지'에 묻혔지만, 이후 개발로 인해 무덤이 이장되면서 현재
는 유해의 행방조차 알 수 없다.

2017년 법무부는 광복절 72주년을 맞이해 중국에서 살고 있던
남자현의 후손들에게 대한민국 국적을 부여했다. 특별한 조치였

다. 문재인 정부는 출범 초기 '보훈정부'라 불릴 정도로 숨겨진 애국지사의 발굴 및 포상에 힘썼다. 전임 대통령 탄핵 이후 좌우로 극렬하게 분열된 국론을 통합하기 위해서였든, '역사 바로 세우기'의 일환이었든 바람직한 조치였다고 본다.

여성으로서 '권위'를 갖춘 조선 독립운동가들의 '리더' 남자현 외에도 아직 제대로 대접받지 못한 300여 명의 여성 독립운동가가 더 남아 있다. 가부장제 전통 아래서 남성 독립운동가에 가려 기록조차 제대로 남아 있지 않은 수백 수천 명의 여성 독립운동가들도 잊지 말아야 할 것이다.

---

**남자현의 무명지**(無名指)

구한말의 여자가 다 이리 잠들었을진대
동포여, 무엇이 그리 바쁘뇨
황망한 발길을 잠시 멈추시고
만주벌에 떠도는 남자현의 혼백 앞에
자유 세상 밝히는 분향을 올리시라
그때 그대는 보게 되리라
'대한여자독립원'이라 쓴
아낙의 혈서와 무명지를 보게 되리라
경북 안동 출신 남자현,

열아홉에 유생 김영주와 혼인하여

밥짓고 빨래하고 유복자나 키우다가

딱 깨친 바 있어

안동땅에 자자한

효부 열녀 쇠사슬에 찬물을 끼얹고

여필종부 오랏줄을 싹둑 끊으니

서로군정독립단 일원이 되니라

북만주벌 열두 곳에 해방의 터를 닦아

여성 개화 신천지 씨앗을 뿌리며

국경선 안과 밖을 십여성상 누비다가

난공불락, 왜세의 도마 위에

섬섬옥수 열 손가락 얹어놓고 하는 말

천지신명 듣거든 사람세상 발원이요

탄압의 말뚝에 국적 따로 있으리까

조선여자 무명지 단칼에 내리치니

피로 받아 쓴 대한여자독립원

아직도 떠도는 아낙의 무명지

　　　　　　　　　　-고정희(高靜熙, 1948~1991)


*고정희 시인은 '한국여성사연구 시리즈' 세 번째 인물로 남자현을 택해 그녀의
생애를 시로 남겼다.

# 붉은 사상 혁명가의
# 곡절 많은 이역만리 일생

**조선공산당 여성 트로이카 ① 주세죽**(朱世竹, 1901~1953)

## 심훈 소설 『동방의 애인』의 주인공

심훈의 장편소설 『동방의 애인』에는 '김동렬'과 '강세정'이라는 사회주의 혁명가 연인이 등장한다. 중국 상하이에서 조선 사회주의 혁명을 위해 활동하던 청춘 남녀의 사랑을 그린 이 소설은 실존 인물을 모델로 삼아 쓴 것으로 알려져 있다. 그 주인공은 바로 '박헌영'과 '주세죽'이다.

이 소설은 당시 〈조선일보〉(1930년 10월 29일~12월 10일)에 연

재됐는데, 사회주의
사상을 다루고 있었기
때문에 일제의 검열로
연재가 중단되는 사태
를 맞기도 했다. 작품
은 끝내 미완성으로
남았다.

모스크바에서 찍은 가족사진, 주세죽-박헌영-비비안나

박헌영(朴憲永)은 일
제강점기에는 고려공
산당 책임비서였고 해
방 이후에는 남로당 부위원장과 북한 정권의 부수상 겸 외무상 자
리에까지 오른, 한국 사회주의 계열 정치 지도자의 상징과도 같은
인물이다. 주세죽(朱世竹, 1901~1953)은 그의 첫 번째 부인이자 식
민지 시기 여성 사회주의 운동의 기수였던 '여성 트로이카' 중 한
명에 속하는 인물이기도 하다.

둘은 1921년 상하이에서 함께 유학 생활을 했고, 같은 학교를
다녔던 심훈과 박헌영은 서로 매우 친했다. 식민 지배의 고통과
자본주의의 모순을 극복하고자 사회주의 혁명의 길을 선택하고
실천하고자 노력했던 연인이자 부부인 두 사람의 모습이 심훈에
게 큰 영감을 줬던 모양이다.

## 아름다운 여성 혁명가의 대명사

최근 들어 '아름답다'는 평가처럼 복잡미묘한 감정을 촉발시키는 말이 또 있을까. 외모에 대한 언급이 '폄하'와 '혐오'의 가능성을 품고 있다는 염려 때문에, 어떤 경우에도 대상을 외적인 요소만으로 판단하지 않으려 하는 분위기가 우리 사회에 자리 잡고 있다.

더구나 여성에게 '아름답다'는 수식어를 사용할 때 발생하는 오해와 한계에 대한 이해가 명확해지면서, 이제 함부로 외모를 지적하지도 섣불리 평가하지도 않게 되었다. 그럼에도 어떤 대상이나 인물을 설명할 때, '아름답다'는 술어를 사용하지 않을 도리가 없는 경우와 맞닥뜨리곤 한다. 인물의 성격과 특징을 설명하는 다채롭고 풍성한 표현들을 놔두고, 굳이 민감하게 받아들여질 수 있는 '아름답다'는 말을 골라 집어들 수밖에 없는 대상이 있다.

주세죽이 그렇다. 그녀의 삶을 소설로도 남긴 심훈이 '대리석으로 깎은 얼굴'이라고 표현할 정도로 그녀는 당시 조선 사회주의 운동가를 대표하는 미인이었다. 사람들은 '동양화 속에서 고요히 빠져나온 듯한 수려한 미인'이라 일컫기도 했다. 그녀의 아름다움은 혁명가의 기품과 지성을 겸비해 더할 나위 없는 품격으로 빛났다.

그런데 어쩐지 조선의 이름난 여성 혁명가를 설명할 때, 아름답다는 말로 서두를 장식하는 것은 큰 결례처럼 느껴진다. 용감한 혁명가로서 그녀의 삶을 온전히 설명하는 데 방해가 되는 것도 같다.

그럼에도 여전히 사람들은 주세죽을 '조선 최고의 미인'으로 부르는 데 익숙하다. 그녀를 파란만장한 삶이 담긴 역사 드라마의 주인공으로 생각하기 때문이다. 식민과 해방, 분단 그리고 전쟁의 역사 한복판을 관통하며 헤쳐나간 미모의 사회주의 혁명가. 주세죽의 곡진한 삶의 행로는 한 편의 영화와도 같다.

## 상하이에서 허정숙에게 소개받은 박헌영

주세죽은 1901년 함경남도 함흥의 양반 지주 가문에서 태어났다. 그녀의 고향은 척박한 오지였으나, 신분과 위세 덕분에 부족하지 않은 형편으로 성장할 수 있었다. 그런데 조선이 일제의 식민지가 된 이후 시행된 토지조사 사업으로 조선인은 점차 살기가 힘들어졌다. 그러던 중 열아홉 살이라는 비교적 늦은 나이에 함흥 영생여학교에 입학한다. 선교사들이 설립한 영생여학교는 당시 관북 지역에 최초로 설립된 여학교였다.

주세죽이 고등과 2학년 재학 시절인 1919년에 3.1 운동이 일어난다. 당연히 주세죽도 만세 운동에 동참했다. 장날이기도 했던 함흥 장터에는 만세를 외치는 조선인들이 구름처럼 모여들었다. 평소 얌전하고 별로 튀는 일도 없던 늦깎이 모범생 주세죽이 만세 운동에 앞장서자 동급생들도 따라나섰다.

그녀는 만세 운동을 주도했다는 이유로 일제 경찰에 체포돼 한 달 동안 함흥경찰서 유치장 신세를 져야 했다. 학교에서는 퇴학 처분이 내려졌다. 늦은 나이에 어렵게 들어간 학교였건만 졸업을 할 수 없다는 사실은 뼈아팠다. 평소 자유로운 행동과 책임 있는 태도를 강조하며 웬만한 일로는 학생을 벌하지 않고 보호하느라 힘썼던 외국인 교장도, 그때만큼은 주세죽을 감싸줄 수 없었다. 일제의 처벌 의지가 그만큼 완강했기 때문이다.

학교에서 제적된 이후 주세죽은 '제혜병원'에 들어가 일을 시작했다. 제혜병원 역시 선교사들이 세운 근대적 의료 기관이었다. 당시 많은 조선 여성이 그랬던 것처럼 주세죽도 교회에 다니며 새로운 지식과 교양을 배울 수 있었다. 주세죽은 선교사들에게 피아노를 배우고 자유와 평등, 해방과 같은 근대 사상에 대해서도 귀담아들었다. 피아노 연주에 재능이 있다는 사실을 알게 된 뒤, 피아노를 더 깊이 배우기 위해 중국 상하이로 유학을 떠났다.

주세죽은 상하이 옌미씨(晏鼎氏) 여학교에서 피아노를 배우며 영어를 공부했다. 그곳에서 '허정숙'을 만난다. 허정숙은 유명한 독립운동가 '허헌'의 딸로 집안도 좋고 유능했다. 선입견 없이 사람을 대했고 성격도 자유분방했다. 서양 문화와 사상에 두루 밝았고, 음악을 좋아하는 것도 서로 잘 맞았다.

둘은 금방 친해져 자주 어울렸다. 훗날 이 둘은 고명자와 함께 사회주의 혁명가 '여성 트로이카'로 불릴 정도로 뜨거운 우정과 붉은 사상을 함께 나눴다. 1921년 말 허정숙은 주세죽에게 한 사람을 소개해 줬는데 그가 바로 박헌영이었다. 박헌영은 이미 유명 인사였다. 조선에서 가장 앞서가는 사회주의자였다. 그즈음 박헌영은 상하이에서 '고려공산당' 대표로 활동하고 있었다. 일제의 억압과 감시를 피해 독립운동과 사회주의 혁명 활동을 수행하기 위해 상하이로 모여든 것이다.

'조선공산당 여성 트로이카',
고명자-주세죽-허정숙(1925년 8월 청계천)

　당시 상하이는 조선 독립운동을 주도하는 국외 기지이자, 전 세계 사회주의 운동가들과 함께 연대하여 지식과 사상을 공유할 수 있는 국제적인 거점이기도 했다.

　주세죽은 곧 박헌영과 사귀고 고려공산당원들과도 어울리며 사회주의 사상에 깊이 빠져든다. 고려공산당 아지트는 주세죽에게 별천지처럼 느껴졌다. 아지트 탁자 위에는 마르크스의『공산당선언』이나 레닌의『무엇을 할 것인가』같은 책들이 놓여 있었다.

강연과 토론이 하루가 멀다 하고 열렸다. 고려공산당 청년회 기관지 <올타>의 편집도 도맡아 하는 등 열정적으로 생활했다.

온전하게 모두 이해할 수는 없었지만 사회주의 운동에 평생을 투신하는 것도 인생의 중요한 길이겠구나 싶은 생각이 들 정도였다. 사회주의 혁명만이 답답한 식민지 현실을 극복하고 자본주의의 모순으로 발생하는 차별을 철폐할 수 있는 방법인 것 같았다.

상하이 유학을 마친 뒤 1922년 5월 귀국한 주세죽은 박헌영과 결혼했다. 성경책 대신 독일어판 『자본론』 장정 위에 손을 얹고 부부의 맹세를 했다. 1924년 5월에는 한국 최초의 사회주의 여성단체인 '조선여성동우회' 조직에 앞장서 집행위원이 되었다.

농촌과 공장을 방문해 여성 해방과 인간 평등 의식을 고취하는 강연을 열었다. 조선 최대 여성단체인 '근우회'에서 중심인물로 활약하기도 했다. 사회주의 혁명가의 행보를 시작한 것이다.

## 소련 망명을 위한 머나먼 여정

주세죽은 지금껏 박헌영의 아내이자 보조원 노릇을 한 사람으로만 인식됐다. 실제로 박헌영은 그녀에게 크게 의지했으며, 그녀 덕분에 더 크게 빛나는 존재가 되었던 것도 사실이다. 그가 사회주의 사상범으로 구속돼 감옥에 들어갔을 때 헌신적으로 옥바라

1927년 11월 22일 박헌영이 출옥할 때 모습. 주세죽(왼쪽)과 박헌영(중앙)

지 한 것도 그녀였고, 고문 후유증으로 폐인이 돼 풀려났을 때 그를 맞이하고 돌봐준 것도 그녀였다. 박헌영은 '요주의 인물'이었기 때문에 면회조차 허락되지 않았지만, 주세죽은 끈질기게 청원을 넣어 면회를 허락받고 그에게 용기와 희망을 불어넣었다.

박헌영이 형 집행 정지로 풀려났을 때 제대로 걷지도 못하고 말도 못하는 그를 두고 세상 사람들 모두가 "이제 박헌영도 끝났다"고들 했지만, 주세죽은 포기하지 않고 곁에서 재활을 도와 그를 다시 이전의 열혈 혁명가 모습으로 되돌아갈 수 있게 했다.

주세죽의 헌신으로 박헌영은 점차 회복했고 박헌영이 스스로 다시 걸을 수 있게 되자 곧 경성을 떠날 결심을 한다. 경성 혜화동에서 박헌영의 고향인 평안남도 신양으로 이주했다가 얼마 안 돼 주세죽의 고향인 함흥으로 옮겨갔다. 이렇게 이사를 거푸 반복한 이유는 단순히 박헌영의 요양을 위해서만은 아니었다. 소련으로 망명하기 위해 점차 국경 가까운 곳으로 이동한 것이다.

두 사람에 대한 일제 당국의 감시가 매서웠기 때문에 요양 핑계를 대며 이주할 수밖에 없었다. 1928년 가을 둘은 함경선 개통 기념열차에 올라타 두만강을 건넜다. 당시 만삭이던 주세죽은 청진을 지날 무렵 기차 안에서 딸 '비비안나'(한국명 박영(朴影))를 낳았다.

강행군이었다. 경성에서 신양으로 그리고 함흥에서 두만강을 건너 블라디보스토크까지 이어지는 망명길은 목숨을 내놓은 여정이었다. 다행히 중간 경유지 블라디보스토크에서 소련 사회주의자들로부터 '조선 혁명가 부부'로 크게 환대받는다.

주세죽은 한 달 남짓 산후조리를 한 후 시베리아 횡단열차에 몸을 실었다. 그들의 최종 목적지는 모스크바였다. 해산한 지 한 달밖에 되지 않은 임산부에게 시베리아의 겨울 날씨는 몹시도 가혹했다. 1928년 겨울 둘은 모스크바에 겨우 도착할 수 있었다.

모스크바에는 전 세계 사회주의자들의 중앙본부 격인 '코민테른'이 있었다. 코민테른의 명령에 따라 둘은 혁명 교육 과정에 들어간다. 주세죽은 '동방노력자공산대학(東方勞力者共産大學)'에 입학했다. 코민테른이 설립한 이 대학은 사회주의 지도자를 키워내는 정치학교였다.

주세죽은 '조선에서 온 여자'란 뜻의 '코레예바(Корее́ва)'라는 새로운 이름을 얻는다. 졸업 후에는 '한 베라'라는 이름으로 살았다. '베라(Вера)'는 러시아어로 '믿음' 혹은 '신념'을 뜻한다. 사회주의의 본고장 모스크바에서 시작한 새로운 삶은 주세죽과 박헌영이 새로운 희망과 기대를 품게 했다.

## 다시 상하이로, 김단야와의 재혼

1932년 1월, 주세죽은 다시 상하이로 돌아온다. 코민테른이 '국제 레닌학교'를 졸업한 박헌영을 상하이로 파견했기 때문이었다. 딸 비비안나는 국외로 파견될 혁명가들의 자녀를 위해 세워진 '스타소바 육아원'에 맡겼다. 밀정이 득시글거려 일제로부터의 체포 위험이 도사리는 상하이에 딸을 데려갈 순 없는 노릇이었다.

상하이에 다시 돌아온 이들은 기관지 〈꼼무니스트〉를 발행하고 '조선공산당 재건 운동'에 나선다. 하지만 이듬해 7월, 박헌영은 조선공산당 재건 사건으로 다시 체포돼 구속된다.

주세죽과 박헌영은 이 사건을 계기로 영영 헤어지고 만다. 박헌영이 구속된 지 얼마 지나지 않아, 김단야(金丹冶)와 함께 모스크바로 귀환하라는 명령을 받기 때문이다. 감옥에 간 박헌영이 걱정됐으나, 코민테른의 명령을 거부할 수 없었다.

모스크바로 돌아온 그녀는 대학으로 돌아가 잠시 공부한 뒤, 외국인노동자출판부 교정원으로 취직한다. 박헌영의 소식은 끊긴 지 오래였다. 심지어 그가 이미 죽었다는 소문이 파다했다. 어린 나이에 생이별했던 딸 비비안나는 훌쩍 자라 있었고, 어렵게 재회했지만 엄마 얼굴을 잘 알아보지 못했다. 성장한 비비안나는 모스크바 발레학교에 들어가 대학에서 무용을 전공하고, 훗날 무용학과 교수가 되었다.

이후 주세죽은 박헌영의 혁명 동지
이며 자신의 또 다른 절친이자 트로이
카 중 한 명인 고명자의 전남편이기도
했던 김단야와 재혼한다. 주세죽과 김
단야의 재혼 소식은 조선 사회주의자들
사이에 큰 파문을 불러일으켰다.

모스크바로 다시 돌아온 뒤의
주세죽과 딸 비비안나

당시 사회주의자들이 제아무리 자유
연애를 신봉하는 급진적 사상가들이었다지만 동지의 전처, 절친
의 전남편과 재혼하는 것에 대한 윤리적인 비난이 따를 수밖에 없
었다. 하지만 주세죽은 뭇사람들의 갖은 성토를 모두 감수하며 크
게 반발하지 않았다.

죽은 줄만 알았던 박헌영도 출옥 후에 주세죽의 재혼 소식을 들
었지만 가타부타 아무 말도 하지 않았다고 한다. 하지만 박헌영이
훗날 모스크바로 돌아왔을 때, 딸 비비안나는 찾아 만났지만 주세
죽은 끝내 보지 못했다.

## 카자흐스탄 크질오르다에서의 유형 생활

모스크바에서 주세죽과 김단야는 위축된 생활을 이어간다. 조선
사회주의자들에게 배척당했고 러시아 사회주의자들의 환대 분위

기도 식어갔다. 설상가상으로 스탈린이 권력을 잡은 뒤, 레닌 시절의 혁명가들을 숙청한다는 소문이 자자했다.

결국 김단야는 1937년 일제의 밀정으로 내몰려 체포된 후 스탈린 정권에 의해 1급 범죄자로 취급돼 재판도 제대로 받지 못하고 사형당했다. 주세죽이라고 무사할 리 없었다. 1938년 3월 김단야의 아내라는 이유로 체포돼, 카자흐스탄 유배 5년 형을 선고받는다. 이미 스탈린 측으로부터 '위험한 종파분자'로 낙인찍힌 뒤라 손쓸 방법이 없었다.

주세죽은 노동형에 처해져 1938년 5월 22일부터 카자흐스탄 '크질오르다'의 집단농장과 피혁공장, 봉제공장 등지에서 고된 노역 생활을 이어갔다. 김단야와의 사이에서 낳은 아들 '비딸라이'는 유형 생활 중 병사했다. 주세죽은 당시 스탈린 정권하에 중앙아시아로 강제 이주당한 17여 만 명의 조선인들 중 하나였다.

1943년 5월 22일 형기는 끝났지만 주세죽의 유배는 해제되지 않았다. 2년이 지나 식민지 조선은 독립에 성공했으나, 주세죽에게는 남의 일이나 마찬가지였다. 그토록 간절히 원하는 조국의 독립이었지만, 이역만리로까지 해방의 기운이 전해지기 쉽지 않았다.

크질오르다에 줄곧 머물던 주세죽은 1946년 봄 어느 날, 박헌영이 '조선공산당 중앙위원회 총비서'가 되었다는 신문 기사를 접한다. 그가 죽었다고 생각한 지 10년도 더 지났건만, 살아 있었던 것이다. 주세죽은 이내 스탈린에게 손수 '청원서'를 쓴다.

## 청원서

스탈린 동지에게

저는 조선공산당 중앙위원회 총비서 박헌영 동지의 처입니다. 본인 한 베라는 1901년 조선의 한 가난한 농가에서 출생했습니다. 1922년 저는 박헌영 동지에게 시집가서 딸 박 비비안나를 낳았는데, 그녀는 현재 17세로 모스크바에서 발레학교에 다니고 있습니다. 1922년에서 1934년까지 저는 남편 박헌영 및 김단야와 함께 조선에서 비합법활동에 종사했습니다. 그러던 중 1934년 제 남편 박헌영은 일제 경찰에 체포되었습니다. 남편이 체포된 후 저는 김단야와 함께 일제 경찰의 야수와 같은 추적을 피해 소련으로 망명하지 않을 수 없게 되었습니다. 모스크바에서 저는 김단야와 함께 외국인노동자출판부에서 책임교정원으로 일했습니다. 1937년 11월 5일 김단야가 체포되었고 그 뒤를 이어 저는 카자흐스탄으로 5년간 추방되었습니다. 저는 이곳에서 1943년에 유배 형기를 마쳤습니다. 한편 저는 12년 동안 제 남편 박헌영이 어디에 있는지 전혀 알 수가 없었습니다. 주변 상황은 저로 하여금 김단야와 함께 살지 않을 수 없게 했습니다. 그런데 저는 올해 1월에 〈프라우다〉 신문을 통해 제 남편 박헌영이 살아 있으며 감옥에서 석방되어 다시 혁명 활동에 종사하고 있다는 사실을 알게 되었습니다.

친애하는 스탈린 동지! 제 남편 박헌영을 통해 저에 대해 확인하셔서 제가 조선에서 다시 혁명 활동에 종사하게끔 저를 조선으로 파견해주실 것을 간청하는 바입니다. 저는 진정 충실하게 일할 것이며 제 남편을 이전과 같이 보필할 것입니다. 제 요청을 받아들여주시기를 간곡히 빕니다. 만일 제가 조선으로 가는 것이 불가능하다면, 모스크바에서 살며 제 딸을 양육할 수 있도록 허락해주실 것을 빕니다. 제 딸 박 비비안나는 지금 제 136학교에서 제9학년 과정을 밟고 있습니다. 다시 한 번 제 요청을 거절하시지 말 것을 간절히 빕니다.

1946년 5월 5일 한 베라

주소: 크질오르다 보스따니냐가 48번지, 한 베라
딸의 주소: 모스크바, 모이시예프 발레연구소, 차이코프스키 발레과 박 비비안나

하지만 청원서는 무소용이었다. 주세죽의 청원은 번번이 기각됐다. 끝내 유배는 해제되지 않았다. 시간이 지나 1953년 스탈린이 죽은 뒤, 주세죽은 박헌영이 북한에서 '미제의 간첩'으로 몰려 처형됐다는 소식을 듣는다. 잔인한 운명이었다.

그 무렵 주세죽도 폐렴으로 몸이 성치 않았다. 자신의 목숨이 곧 다할 것을 직감한 주세죽은 곧장 딸 비비안나를 만나기 위해 모스크바로 떠난다. 크질오르다에서 모스크바까진 기차로 엿새가 걸리는 여정이었다. 가까스로 모스크바에 도착했으나, 때마침 순회공연을 떠난 딸을 끝내 만나지 못하고 쓸쓸하게 죽고 만다.

여성 트로이카 세 사람을 표현하는 상징적인 이미지가 된 단발 차림 청계천 탁족 사진은 비비안나가 평생 간직했던 어머니의 유품이었다.

## "어머니 주세죽은 행복한 사람"

주세죽은 누구보다 치열한 혁명가의 삶을 살았으나, 현실 사회주의 정치 권력은 끊임없이 그녀의 삶을 가로막았다. 조선에서 가장 유명했던 남성 사회주의자 두 명의 부인이기도 했던 그녀는 '붉은 사상'에 어울리는 '붉은 연애'의 실천가이기도 했다.

주세죽이 자신에게 주어진 운명의 굴레를 감내하고 숱한 비난을 참아냈던 모습을 두고 순종적이거나 수동적이라고 평가하는 건 적절치 않다. 그녀는 사회주의 혁명의 이상과 민족 해방의 꿈을 실현하고자 자신이 어떤 방식으로든 쓸모 있길 바랐을 뿐이다.

그녀의 희생과 헌신을 낮잡아보는 시각은 아주 오랫동안 주세

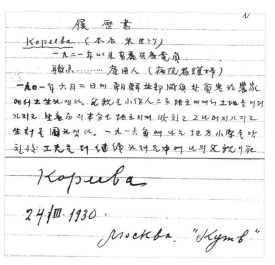

주세죽의 서명이 담긴 편지(성균관대 사학과 임경석 교수 제공)

죽에게 덧입혀진 역사적 폭력이었다. 그녀는 사회주의가 추구하던 혁신과 변화를 누구보다 순수하게 믿고 실천하려 했던 혁명가였을 뿐만 아니라, 여성 해방과 조국 독립을 위해 자신의 모든 것을 내던진 강인한 여성이기도 했다.

지난 1991년 어린 시절 자신을 보육원에 맡기고 혁명 과업에만 매달린 어머니에게 서운한 감정을 가지고 있던 딸 비비안나가 한국을 방문해 주세죽의 복권과 명예 회복을 위해 노력하던 모습은 많은 생각을 떠오르게 한다. 그때까지만 해도 비비안나는 한국어를 단 한마디도 할 줄 몰랐다.

어느덧 소련은 해체되고 동구권도 붕괴했으며, 비비안나도 무용과 교수직에서 은퇴한 뒤 할머니가 됐다. 그만큼 시간이 많이 흘렀고, 세상도 바뀌었다. 비비안나는 새삼 어머니가 대단한 삶을 살았다는 것을 깨달았다. 순탄치 못했던 어머니의 삶과 격동의 한국 근현대사에 대해서도 어느 정도 이해하게 됐다.

1989년 고르바초프의 개혁 이후 러시아에서 주세죽이 복권된 뒤, 비비안나는 어머니의 무덤을 찾아 아버지 박헌영의 고향에서 가져온 흙을 뿌렸다. 지난 2007년 대한민국 정부는 독립운동에 기여한 공로를 인정해 주세죽에게 건국훈장 애족장을 추서했다. 그녀의 치열했던 삶이 뒤늦게나마 빛을 발했다.

물론 "빨갱이에게도 훈장을 주느냐?", "북한 부수상의 처에게까지 포상을 하는 이유가 뭐냐?"며 시비를 거는 사람들도 있었다. 이런 논란을 무릅쓰고 딸 비비안나가 훈장을 대신 받았다. 이때는 비비안나도 드문드문 한국어를 섞어 감사의 인사를 전할 정도가 됐다. "어머니 주세죽은 행복한 사람"이라고 남긴 소감이 큰 화제가 됐다. 어머니를 대신해 훈장을 받고 몇 해 뒤, 2013년 주세죽의 딸 비비안나도 세상을 떠났다.

# 평생 단발로 산
# 급진 여성 해방주의자

**조선공산당 여성 트로이카 ② 허정숙**(許貞淑, 1902~1991)

예나 지금이나 인간이 머리카락을 자르는 행위는 많은 의미를 담고 있다. 정해진 기간마다 머리를 손질하는 일은 상례에 해당하겠으나, 정도 이상의 머리카락을 갑자기 잘라낸다는 건 굳은 결심을 드러내거나 어떤 사태에 개입 혹은 단절을 선언하기 위한 의지 표명인 경우가 많다.

목표를 향해 정진한다는 뜻을 전달하기 위해, 애달픈 이별을 겪고 상처를 치유하기 위해, 또는 속세를 떠나 세상과 절연하기 위해. 이렇듯 사람들은 저마다의 이유로 머리카락을 기꺼이 자른다.

물론 이런 행동들은 보통 지극히 개인적인 차원에 국한돼 이뤄지는 일들이다.

하지만 머리를 자르는 행위가 사회적 의미를 크게 지니는 경우도 있다. 대표적으로 1920년대 여성의 '단발(斷髮)'을 들 수 있다. 당시 여성의 단발은 전근대적 유교 풍습에 대한 저항이자, 자신이 스스로 신여성임을 적극적으로 드러내는 행위였다. 그즈음 단발 소동으로 가장 유명한 사건이 바로 조선공산당 여성 트로이카의 '공개 단발'이었다.

## 1920년대 여성 단발 유행의 시초

'우리 3인은 본래 동지로서 친구로서 단발하기로 작정하기는 이미 오랜 일이었습니다. 서로 깎기로 언약하고 곧 머리를 풀고 긴 것만 추려서 집었습니다. 자르고 나니 머리숱이 퍽 많아 보였습니다. 3인 중에서 제일 먼저 자른 사람은 나였습니다. 머리를 잘리우는 그 자신은 쾌활한 용기를 내어가지고 아무렇지도 않았으나 손에 가위를 들고 남의 머리를 자르는 그때는 이제까지 잠재하였던 인습의 편영(片影)이 나타나며 몹시 참담하고 지혹(至酷)한 느낌을 아니 가질 수 없었습니다. 삽시간에 3인은 결발(結髮)의 신여성으로부터 단발낭자 송락(松絡)* 머리가 되어버렸습니다. 다 깎은 뒤에 서로서로 변형된 동무의 얼굴을 쳐다보며 비장하고도 쾌활미가 있는 듯 웃어버렸습니다. 웬일인지 서로 아지 못한 위대한 이상과 욕망이나 이룬 듯이 무조건 기뻤습니다.'(허정숙, '나의 단발과 단발 전후', 〈신여성〉, 1925년 10월호)

1920년대 여성이 단발을 한다는 것은 전례 없는 사회적 파문을 일으키는 행위였다. '모던걸(modern girl)'을 단발과 엮어 음차해 '모단(毛斷)걸'로 부를 정도로, 여성이 자발적으로 머리를 자르는 행위는 새로운 사상이나 문화를 받아들여 신여성으로 존재의 변화를 감행한다는 의지를 담고 있는 표현이었다.

물론 과감하게 단발한 신여성들은 세상으로부터 쉽게 환영받지 못했다. '모던걸'이 '모단걸'이 되었다가 '못된 걸'에서 '못된 년'으로까지 지칭하는 방식이 격하되는 등 단발 여성에 대한 세간의 평가는 차갑다 못해 가혹할 지경이었다.

그럼에도 불구하고 1920년대 여성의 단발은 유행처럼 번졌다. 신여성이라면 혹은 여성 해방운동을 하는 사회활동가라면 응당 단발은 필수적인 의례였다. 단발을 한 여성과 단발을 옹호하는 이

---

● 여성의 쪽진 머리
● 소나무 가지로 엮은 모자

들이 단발을 하는 표면적 이유로 든 것
은 '갓든(거뜬)하고 간편'할 뿐만 아니라
'시원하고 편리'하기 때문이었다.

그러나 실상 단발은 그런 실용적 목
적 외에도 더 많은 사회적 의미를 내포
하고 있었다. 여성의 단발은 가부장제
하의 사회제도, 관습, 도덕 등에 대한
반감과 저항의 태도를 보여주는 일이
었다. '재래의 인습에 대한 저항'이나

단발한 여성을 표지 이미지로
내세운 잡지 <신여성>

'여성 해방의 유일한 조건'으로 단발을 꼽은 여성 운동가들이 많았
던 것은 바로 이 때문이다.

그래서 주세죽, 고명자와 함께 실행했던 1925년의 '공개 단발'
은 신문에 날 정도로 크게 화제가 됐다. 이때의 단발 소동은 앞으
로 허정숙이 이 세상과 어떻게 맞서고 투쟁하며 살아갈지에 대한
예고편에 해당하는 사건이기도 했다. 급진적 여성 해방주의자 허
정숙(許貞淑, 1902~1991)은 그렇게 자신의 존재를 세상에 알리기
시작했다.

## 스승이자 동지이며 극복의 대상이었던 아버지

허정숙은 독립운동가들의 변호를 도맡아 당대 최고의 민족 변호사로 이름을 날린 '허헌(許憲)'의 둘째 딸로 태어났다. 허헌은 훗날 북한의 최고인민회의 의장과 김일성대학 총장을 역임했다. 그는 어린 시절부터 남다르게 총명하고 어느 자리에서도 기죽지 않는 딸 정숙을 특히 아꼈다.

허정숙과 동년배인 다른 혁명가들이 학교나 모임 같은 사회적 관계 속에서 사회주의를 처음 접하고 공동체의 울타리 안에서 사상과 지식을 교류했다면, 허정숙은 남보다 일찍 개화한 진보적인 아버지 덕분에 어린 시절부터 자유와 해방, 평등과 같은 사상에 눈을 뜰 수 있었다.

허정숙은 영어와 일본어 같은 외국어 실력이 뛰어난 것으로도 유명했는데, 이 역시 세상 이치에 밝았던 아버지가 일찍부터 외국어를 가르치고 국외 유학을 선뜻 보내줬기 때문이다. 훗날 허정숙은 아버지를 가족 관계를 뛰어넘는 사상적 동지로 여겼다.

하지만 역설적으로 허정숙에게 아버지는 가부장제의 모순을 체험케 한 가장 가까운 존재이기도 했다. 그녀는 사회 활동과 변호사 일에만 매진하느라 집안을 돌보지 않았던 아버지에게 불만이 많았다.

바깥에서는 자유와 평등 같은 혁명적인 사상을 설파하는 아버지였건만, 집안에 돌아온 아버지는 전근대 습속에 젖어 있는 조선 사회의 여느 가부장과 크게 다르지 않았다. 생계를 꾸리고 가족을 돌보는 가사노동은 온전히 어머니 몫이었다.

허정숙은 아버지를 통해 당시 조선 남성 사회주의자들이 보여줬던 모순적인 행동과 기만적 태도 등을 가장 가까운 거리에서 목격했다. 이런 경험 때문에 여성 해방을 위한 첫째 단계로 '가정'이라는 울타리를 무너뜨려야 한다는 생각을 하게 된다.

'가족'이라는 제도 자체를 해소해야만 진정한 여성 해방이 가능하다는 걸 깨닫는다. 즉, 허정숙에게 아버지는 사상적 스승이기도 했지만 가장 먼저 타도해야 할 혁파 대상이기도 했던 셈이다. 실제로 허정숙과 허헌은 북한에서 같은 시기에 정치가로 활동하면서 때로는 협력하고 때로는 치열하게 논쟁하고 충돌하기도 했다.

## 가장 급진적인 여성 해방론 주창자

'여자 해방은 경제적 독립이 근본이다. 우리는 남의 아내와 남의 며느리가 되어가지고 한갓 그 집안 시부모와 그 남편 한 사람만을 지극히 정성으로 받들고 공경하는 것보다도 오히려 사람으로서의 우리의 개성을 살리우고 우리의 인권을 차지하는

것이 무엇보다도 먼저 우리 눈앞에 급박한 큰 문제이다. 만일
에 우리가 사람에게 의뢰하여 사는 기생충이 아니고 완전한 사
람이며 한 세상의 인간살이가 남을 위함이 아니고 오직 나를
위함이라 하면 우리는 먼저 남과 같이 완전히 자유롭게 살 것
을 요구할 것이며 노력할 것이다. 그리하여 요사이 선각자인
신여성들의 맹렬히 부르짖음이 있고 굳세게 싸움이 있다.'(수가
이(秀嘉伊, 허정숙의 필명), '여자 해방은 경제적 독립이 근본', 〈동아일보〉,
1924년 11월 3일)

허정숙의 여성 해방론은 자못 급진적인 측면이 있었다. 여성 스스
로 경제력을 갖춰야만 사회적 영향력을 확보할 수 있다고 봤다.
문화적 상징 차원에서 자유와 해방을 외친 동시대 다른 여성주의
자들과 분명하게 다른 행보다. 사회 구조의 원리와 역학 관계를
정확하게 꿰뚫고 있었기 때문에 가능한 주장이었다.

허정숙은 사회주의와 여성 해방의 사명을 깨달은 뒤에, 어린 시
절 배운 개화사상과 신문물의 배경이 되었던 기독교와 교회를 단
숨에 버렸다. 당시 기독교에서 내세웠던 '박애'와 '믿음'과 같은 교
리는 그저 자본주의 확산의 첨병 노릇을 하며 남성 기득권을 강화
하는 데 기여한다고 생각했기 때문이다.

허정숙은 기독교가 여성을 남성의 노예로, 노동자를 자본가의
도구로 만든다고 여겼다. 일찍이 기독교에 대한 환멸감을 느끼고

내쳐버린 허정숙은 평생 다른 어떤 종교도 믿지 않았다. 당시 교회는 신문물 교육을 담당하고 새로운 사상을 공급하는 기지였는데, 허정숙에게는 그런 교회조차도 진정한 여성 해방에는 도움이 되지 않는 기관이라고 판단했다.

'이제부터의 여성 해방운동은 예전 같은 문화운동만을 배경으로 한 피상적 운동이 아니요, 근본문제로 들어가서 경제적으로 계급적으로 절실한 해방운동을 비롯하여 군과 같은 남성을 반역하는 운동에까지 이를 것이다.'(허정숙, 「신여성들에게」를 읽고, 〈시대일보〉, 1924년 10월)

당시 허정숙의 여성 해방론은 오늘날 급진적인 페미니스트들의 주장보다 한 걸음 더 나아간다. 위의 글은 '강촌생'이라는 남성 저자가 쓴 기고문 「신여성들에게」에 대한 날카로운 반론의 일부이다. 「신여성들에게」는 혼자 세상 걱정을 다 하는 것처럼 당대 신여성들의 행동과 문화 따위를 나무라며 전형적인 '맨스 플레인'을 늘어놓은 '남성 꼰대'의 글이었다.

허정숙은 "여성이 이전의 모든 철쇄로부터 벗어나 자유로이 새 삶의 길을 찾으려 노력하는 것을 싹으로부터 유린하고 말살시키려는 그 악행은 자본주의 시대의 그 죄악보다 더 큰 죄악이다"라고 쏘아붙였다. 허정숙에게 적당히 타협하고 어느 선에서 멈춘다는 것은 상상할 수 없는 일이었다. 여성 해방을 위해서는 남성 기득권을 적으로 상정하고 날선 공격을 퍼부어야 한다고 생각했다.

사회주의 혁명의 이상을 실현하기 위한 선결 조건으로 여성 해방을 과제로 삼은 까닭은, 조선 사회의 뿌리 깊은 가부장제 인습을 타파해야만 새로운 세계가 열릴 가능성을 만들어낼 수 있다는 신념 때문이었다.

## 누구보다 자유롭게, 남들과는 다르게

허정숙은 배화여고를 졸업한 이후 일본, 중국, 미국 등지에서 유학 생활을 했다. 일본어, 중국어, 영어 모두에 능숙했던 이유다. 고베, 상하이, 모스크바, 뉴욕 등지의 이름난 학교를 다닐 수 있었던 것은 뿌리 깊은 명문가 출신으로 형편이 넉넉했기 때문이기도 했지만, 새로운 세계를 경험하고 자유를 누리고자 하는 허정숙의 의지가 크게 작용했다.

그녀는 유학 생활 중 모범생처럼 학교만 다니지 않았다. 허정숙에게 유학 시절은 사회주의 사상에 마음껏 취하고 전 세계 젊은 혁명가들과 교유할 수 있는 기반을 다졌던 시기였다.

하지만 허정숙은 엄격한 규칙과 지루한 공부를 견디지 못했다. 고베에 있던 간사이신학교에서는 까다로운 생활 규정을 적용하는

일제 주요감시대상 인물카드에 실린 허정숙

기숙사 생활에 염증을 느끼고 중간에 그만두기도 했다. 이후 경성으로 돌아와 〈녀자시론〉 잡지 편집일을 하며 박헌영과 교분을 쌓는다.

　중국 상하이외국어학교 유학 중에 만난 이름난 사회주의자 '임원근(林元根)'과는 연인 사이로 발전하기도 했다. 상하이에서 활동 중이던 박헌영을 주세죽에게 소개해준 것도 이때의 일이었다. 이들 넷은 사회주의 활동을 함께하며 깊이 어울렸다.

　상하이 유학 이후 1922년 임원근과 박헌영이 경성으로 잠입해 사회주의 활동을 하다 검거되었을 때, 허정숙은 주세죽과 함께 옥바라지를 했다. 1년 6개월 복역 후인 1924년, 출소한 임원근과 결혼식을 올린다. 아버지 허헌에게 결혼하겠다고 간단하게 통고만

조선여성동우회가 1924년 5월 23일 발회식을 했다는 기사(<동아일보>, 1924년 5월 25일)

한 뒤에 내린 결정이었다. 허헌 역시 딸의 결혼 결정에 반대할 생각이 없었고, 딸은 자신의 결혼이 아버지의 허락을 구할 일이 아니라고 생각했다. 지금 봐도 대단하고 '쿨'한 부녀지간인데, 당시로서는 모두가 놀랄 만한 행동이었다.

결혼식을 올리고 임원근의 아이를 임신한 상태에서 1924년 5월 주세죽과 함께 조선 최초의 사회주의 여성단체인 '조선여성동우회'를 결성하고 '경성여자청년동맹'을 조직한다. 이때 이화학당 출신으로 이제 막 스무 살이 된 야심찬 여성 혁명가 '고명자'와도 함께 활동하는데, 사람들은 허정숙, 주세죽, 고명자 세 사람을 '조선공산당 여성 트로이카'로 불렀다.

1925년 1월 허정숙은 <동아일보> 기자로 취직하기도 했다. <동아일보> 최초의 여기자였다. 임원근도 같은 신문사 사회부 기자로 함께 근무했다. 잡지사에는 드문드문 여기자를 볼 수 있었지만, 신문사 여기자는 희귀했다. 그러니 부부가 같은 신문사 기자로 일하는 것이 당시로서는 큰 화젯거리였다.

허정숙은 본인의 외국어 능력을 십분 발휘해 외신 기사를 번역해 싣기도 하고, 궁벽한 농촌 현장에까지 직접 취재를 다녀오기도 했다. 남자 기자들에게 지지 않으려 했고 특별대우를 바라지도 않았다.


## 살아남은 자가 강한 것

허정숙 하면 남성 편력을 먼저 떠올리는 사람들이 많다. 임원근이 조선공산당 사건으로 또다시 구속돼 복역하게 되었을 때, 허정숙은 그를 옥바라지하면서도 동시에 유명 사회주의자였던 '송봉우(宋奉瑀)'와 동거하기도 했다. 결국 송봉우의 아이를 낳기까지 했다. 허정숙의 이런 행보는 대중들에게는 물론 사회주의자 사이에서도 크게 논란이 됐다.

하지만 그녀는 전혀 개의치 않았다. 스스로를 콜론타이식 '붉은 연애'의 실천가로 생각했다. 놀랍게도 허정숙은 임원근, 송봉우 외에도 다른 남자들과 동거와 결혼, 이혼을 거푸 반복했다. 평생 동안 공식적으로 알려진 것만 해도 여섯 번의 결혼 상대가 있었다.

허정숙의 이런 반복적인 이혼과 결혼 행보는 훗날 사회주의 진영 내의 갈등이 발생했을 때, 상대 파벌에게 정략적 공격의 빌미를 제공하기도 했다. 급진적 여성 해방론을 반격하려는 유교주의자들도 허정숙에게 부정(不淨)한 여성이라는 평가를 덧입혀 그녀가 주장하던 여성 해방론의 기세를 꺾으려 했다.

여러 곳에서 꼬투리를 잡으려 했지만 허정숙은 아랑곳하지 않았다. 무엇보다 스스로가 수많은 연애와 반복된 결혼을 대수롭지 않게 생각했다. 평소에도 연애와 결혼은 별개이며, 심지어 정신적 사랑과 육체적 사랑은 별무 관계라는 '연애 유희론'을 주장하던 터였다.

허정숙에게 이론과 행동은 서로 다른 차원이 아니었다. 자유연애와 자유결혼은 전 세계 사회주의자들과 여성주의자들이 내세운 공통된 주장이자 이론이었으니, 그것을 실제로 당당하게 실천한 것뿐이었다.

그녀에게 몇 번의 동거와 결혼을 반복했느냐는 아무런 문제가 되지 않았다. 조선 사회에서 결혼이라는 제도 자체가 지닌 봉건적 속성을 깨뜨리는 것이 가장 중요한 목표였다.

결혼이라는 행위를 통해 구성되는 '가족'이라는 제도 자체를 와해시키려 했던 급진적 여성 해방론자의 최소한의 자기 실천이 아니었나 하는 생각이 들 정도이다. 그녀에게 남편은 가부장이 아닌 자신이 꿈꾸던 사회주의 혁명 활동을 함께 이어갈 남성 파트너 그 이상도 이하도 아니었다.

1948년 9월에 찍은 조선민주주의공화국 내각 구성원들 사진. 하단 정중앙이 수상 김일성, 가장 오른쪽 끝이 문화선전상 허정숙(미국 국립문서기록관리청(National Archives and Records Administration, 1953~1958))

　해방 이후 분단 국면에서 허정숙은 북한의 단독 정부 수립에 깊이 관여한다. 사회주의자의 정체성을 평생 내려놓지 않은 입장에서 월북과 북한에서의 정치 참여는 자연스러운 행보였다.

　허정숙은 1948년 9월 조선민주주의인민공화국 정부가 수립되었을 때 문화선전상으로 입각한다. 북한 초대 내각 유일의 여성 각료였다. 이후 그녀는 내각사법상, 최고재판소장을 거쳐 최고인민회의 대의원과 상설회의 부의장, 당 중앙위 정치국 비서, 조선민주여성동맹 대표단장 등을 두루 맡았다.

　북한에서의 정치 활동에 있어 허정숙이 대단한 점은 정세 판단에 능했으며 현실 정치의 장 안에서 과감하게 행동했다는 것이다. 위기를 맞았을 때, 수권자 김일성과 경쟁 관계에 있었던 연안파의 주역이자 전남편이기도 했던 '최창익(崔昌益)'의 정치 노선을 맹렬하게 공개 비판하면서까지 살아남으려는 노력을 보여줬다.

인간적인 고뇌가 뒤따랐으나 입지가 제한적일 수밖에 없었던 여성 정치가가 자리에서 밀려나지 않기 위해서는 어쩔 수 없는 선택이었다. 냉정했던 정치 행보 덕분이었을까. 그녀는 아흔을 넘겨 천수를 누리다 갈 때까지 당정의 고위직책을 유지할 수 있었다.

한국 사회에서 허정숙을 언급하는 것은 아주 오랫동안 금기시됐다. 북한 정권에서 높은 직책을 맡고 있었기 때문이다. 허정숙과 동시대에 활동했던 여성 해방론자 '나혜석(羅蕙錫)'이 주목받은 것에 비하면, 허정숙은 도리어 감춰지고 숨겨진 인물에 가까웠다.

허정숙은 누구보다 맹렬하고 뚝심 있게 사회주의 사상을 현실에 펼친 혁명가였다. 논쟁의 자리와 토론의 현장에서 내로라하는 남성 지식인들조차 그녀를 상대하기 어려워했다. 그녀가 사회주의자 남성들의 허위의식과 모순된 행동들을 집요하게 공격했기 때문이다.

허정숙은 북한에서 노회한 정치가가 될 때까지 여성 해방의 목표를 실천하기 위해 노력한 역사의 주인공이었다. 그녀는 죽을 때까지 평생을 단발로 살았다.

# 젊은 시절 불꽃처럼 살았던
# 강인한 혁명가

조선공산당 여성 트로이카 ③ 고명자(高明子, 1904~?)

1920~30년대 식민지 조선에서는 사회주의가 크게 유행했다. 사회주의는 식민 지배의 문제와 자본주의의 모순을 해결할 유력한 사상이자 쓸모 있는 지식으로 간주됐다. 사회주의자들은 조국의 미래를 이끌어갈 선구자이자 엘리트로 인정받았다. 이들이 꿈꿨던 사회주의 혁명은 조선의 자주 독립과 무산대중의 해방을 목표로 하고 있었다.

  일제 경찰과 사법당국은 조선인 사회주의자들을 철저하게 감시하고 처벌했다. 사회주의자들은 식민지 통치 질서에 균열을 일으키고 사회적 소요(騷擾)를 일으킬 수 있는 위험 인물들이었기 때문이다.

## 자유연애, 여성 사회주의자들의 가장 급진적 행보

대중의 눈에 사회주의자들은 열악한 상황에 놓여 있으면서도 원대한 이상을 포기하지 않는 모험가이자, 행복을 쟁취하기 위해 기꺼이 시련을 극복해나가는 드라마의 주인공처럼 보였다. 사회주의자들의 연애와 결혼 소식은 대중들 사이에 많은 화제를 모았다. 잘나고 멋있는 사람들 사이의 사랑 이야기는 어느 시대에나 흥미로운 관심사였다.

이들의 연애, 결혼 그리고 이혼에 관한 소식이 하루가 멀다 하고 신문과 잡지에 소개됐고, 유명 사회주의자들의 활동과 동정은 오늘날 인기 아이돌의 스케줄처럼 일거수일투족 낱낱이 공개됐다.

특히 '조선공산당 여성 트로이카'로 불리던 고명자, 주세죽, 허정숙에게 쏟아지는 관심은 폭발적이었다. 이들은 김단야, 박헌영, 임원근 같은 당대 최고의 사회주의자로 평가받는 남성들과 사귀었다.

안타깝게도 여성 사회주의자들을 향한 대중의 호기심은 가십거리를 만들어내는 데 불과한 경우가 많았다. 젊고, 아름답고, 당찬 여성 사회주의 혁명가의 삶은 그들이 주장한 사상이나 보여준 활동으로 정당하게 대접받지 못했다.

사람들은 여성 사회주의자들이 누구를 만나 연애하는지에 더 많은 호기심을 보였다. 만나는 파트너의 위상과 지위에 따라 여성 사회주의자의 위치를 가늠하고 평가했다. 불행한 일이지만 남성 사회주의자들도 여성 사회주의자들을 피와 땀을 나눈 동지라기보다 치열하게 수행한 혁명 활동의 보상으로 여기는 경우가 있었다.

여성 혁명가의 사회적 입지가 불완전한 상황에서 이들의 연애와 결혼은 그저 값싸게 소진될 수밖에 없었다.

여성 사회주의자의 삶과 글쓰기를 연구하는 장영은은 '혁명이라는 공(公)을 앞세워 연애라는 사(私)를 지배하고 통제하면서 사회주의 안으로 사랑을 포획시키려 했던 남성 사회주의자들과 달리, 여성 사회주의자들은 연애라는 사(私)를 매개로 사회주의라는 공(公)을 전유하면서 혁명을 구체화시켜 나갔다'고 주장한다. 즉, 남성 사회주의자들이 연애를 혁명 활동의 부산물로 인식했다면, 여성 사회주의자들은 연애를 혁명 활동 그 자체로 생각했다는 말이다.

여성 사회주의자들에게 연애는 단순한 사적 감정의 교류만이 아니었다. 전통적인 의미의 '가족 만들기'를 준비하는 과정도 아니

---

• 장영은, '아지트 키퍼와 하우스 키퍼 – 여성 사회주의자의 연애와 입지', 「대동문화연구」, 2008.

었다. 그들에게 연애는 배워 알게 된 사상과 이론을 실천하기 위해 선택한 가장 급진적인 투쟁 방법이자 사회주의 혁명가로서 변신을 감행하기 위한 도전이나 마찬가지였다.

여전히 사회 곳곳에 전근대적 가부장제의 유습과 혼례 관행이 남아 있던 시절, 자유롭게 연애하고 주체적으로 남편을 고르고 또 이혼조차도 두려워하지 않는 여성 사회주의자들의 행보는 그 자체로 근대적 파격이자 혁명적 행동이었다.


## 여성 트로이카의 막내, 혁명가들의 아지트키퍼

고명자(高明子, 1904~?)는 조선공산당 여성 트로이카 세 명 중 나이가 가장 어렸다. 주세죽과 허정숙을 언니라 부르며 따랐다. 언니들과 함께 나들이에 나서고, 강연장에 들어설 때마다 기자들이 따라붙었다.

일제 경찰의 눈을 피해 몰래 참여했던 조선공산당 조직 회의는 언제나 두근거렸다. 언니들이 자유롭게 연애하는 모습을 보며, 고명자 역시 남성 사회주의자들과 분방하게 어울렸다. 주변의 마뜩잖은 시선도 당돌하게 이겨냈다. 자주독립의 선행 조건이 부녀자 해방이며, 부녀자 해방의 첫 발걸음이 바로 자유연애라고 생각했다.

고명자는 일제강점기 법조인이었던 아버지 고의환(高宜煥)의 딸

젊은 시절 고명자의 모습

로 태어났다. 고의환은 대한제국 시기 통감부 서기로 근무하다 대한제국이 식민 병합된 1910년 일제에 의해 통감부 재판소 재판관으로 임명된다. 일제강점기 내내 조선인이 판사로 임용된 사례는 극히 드물었다. 판사 아버지 덕분에 고명자는 비교적 넉넉한 형편에서 성장할 수 있었다.

해방 이후 그녀의 아버지는 내무국 관료로 자리를 옮겨 승승장구한다. 격동의 한국 근현대사에서 '친일'에서 '반공'으로 갈아타기에 성공한 대표적인 인물이었다. 고의환은 2009년 민족문제연구소가 발행한 『친일인명사전』사법 부문에 이름을 올렸다.

고명자는 1925년 대구에서 신명여학교를 졸업한 뒤 총독부에서 운영하는 조산부양성소에 입학했다. 그러나 적성에 맞지 않아 곧 자퇴하고 이화여자전문학교에 입학한다. 사회주의를 접하고 깊이 빠져든 것도 이때부터였다.

곧 '경성여자청년동맹'에 가입해 중앙집행위원으로 활동하기 시작했으며, 조선공산당 청년위원회 여성회원들이 '조선여성동우회'를 조직할 때 힘을 보태기도 했다. 주세죽, 허정숙과의 인연은 이때 시작됐다. 이후 함께 '공개 단발'을 단행할 정도로 친밀한 동지 관계로 발전하고, 이들 셋은 '여성 트로이카'로 불리며 경성을 주름잡았다.

고명자는 부유한 가정환경에서 성장했기 때문에 노동의 고단함이나 생계의 어려움 따위를 전혀 경험해본 적이 없었다. 저임금의 고통에 시달리는 노동자와 억압받는 하층 계급 여성들의 삶에 깊이 공감하기 어려웠던 것은 당연했다. 그런 연유로 항상 스스로가 투쟁심과 절실함이 부족하다 느꼈고 운동가로서 자격지심을 갖지 않을 수 없었다.

열심히 이론을 익히고 운동에도 적극적으로 나섰으나, 끝내 미진한 느낌을 떨쳐버릴 수 없었다. 고명자는 본격적인 사회주의 혁명가의 길을 걷기 위해 더 큰 세상을 경험할 결심을 하기에 이른다. '고려공산청년회'가 전도유망한 조선의 혁명 자원을 골라 모스크바로 유학을 보냈는데, 이때 고명자는 '김명시(金命時)', '김조이(金祚伊)' 등과 함께 선발돼 유학길에 오른다.

1925년 모스크바에 도착한 고명자는 곧 코민테른이 정해준 '동방노력자공산대학'에 입학했다. 모스크바는 신세계이자 별천지였다. 일제의 감시와 처벌이 걱정돼 쥐죽은 듯 행동해야 했던 경성의 상황과는 딴판이었다. 이곳에서 사회주의는 마음껏 토론하고 행동해도 아무렇지 않은 적격의 사상이었기 때문이었다.

게다가 그토록 선망하던 동료이자 친자매와도 같던 주세죽과 허정숙도 그곳에 있었다. 조선 사회주의 혁명가 '투 톱'으로 불리던 '박헌영'과 '김단야'도 가까이서 볼 수 있었다. 고명자는 김단야와 금방 연인 관계가 됐다.

1929년 5월 모스크바에서 대학을 졸업한 뒤, 그해 10월 와해된 조선공산당을 재건하기 위해 다시 경성으로 돌아온다. 코민테른의 명령에 따른 잠입이었다. 1929년 9월부터 경성에서 총독부가 주최하는 조선박람회가 열리는 중이어서 경찰의 경계와 감시가 더욱 삼엄해진 상황이었다.

고명자의 파트너였던 혁명가 김단야
(공훈전자사료관 제공)

모스크바에서 시베리아 횡단열차를 타고 블라디보스토크에 도착한 뒤, 국경을 넘고 청진과 함흥을 거쳐 경성으로 들어왔다. 모스크바에서 경성으로 함께 파견된 김단야와 마포에 방을 얻어 동거를 시작했다. 식을 올리지는 않았지만 김단야와는 모스크바에서부터 부부처럼 지냈던 터였다.

고명자와 김단야가 함께 살았던 집은 곧 조선공산당 재건을 위해 활동하는 경성 사회주의자들의 아지트가 됐다. 하루가 멀다 하고 사회주의자들이 모여 회의를 열고 혁명 활동을 모의했다.

얼마 지나지 않아 조선공산당 재건 움직임을 눈치 챈 일제 경찰에게 마포 아지트가 발각된다. 김단야는 재빨리 몸을 피했으나, 고명자는 1930년 4월 일경에게 체포돼 경찰서에 감금됐다.

조선공산당 재건 운동 사건으로 고명자가 3년 형을 언도받았다는 신문
기사(<동아일보>, 1931년 10월 17일)

경성 사회주의자들에게 가장 중요한 거점이었던 아지트가 발
각됐으니, 도망간 사회주의자들도 곧이어 줄줄이 붙잡히는 신세
가 됐다. 연이어 체포된 조선공산당원들의 수는 100명을 상회했
으며, 강압적인 수사와 고문을 통해 얻은 정보로 인해 줄줄이 엮
여 구속된 인원만 300여 명에 이르렀다.

이때 박헌영을 비롯한 권오직, 김응기 등 이름난 사회주의자들
거의 모두가 붙잡혀, "경성 하늘 아래 사회주의자들의 씨가 말랐
다"는 말이 돌 정도였다.

'조선공산당 재건 사건' 이후 조선 사회주의 운동은 합법 영역
에서 완전히 차단됐고, 사회주의 혁명 활동은 비합법 지하 운동의
형태로만 존재하게 된다. 고명자 역시 경성지방법원 재판을 통해
징역 3년 형을 언도받고 복역한다. 극렬분자로 분류된 '김철수(金

일제 감시대상 인물카드에 활동명이던 '고사찰(高四察)'이란 이름으로 등재된 고명자

鐵洙)' 같은 남성 사회주의자가 10년 형을 언도받은 것에 비하면 상대적으로 가벼운 처벌이었다.

흥미로운 점은 이 시기 고명자는 사회주의자들에게 활동 근거지를 제공한 '아지트키퍼(Agit keeper)'로 언론에 소개됐다는 것이다. 함께 사회주의 운동에 나섰지만 여성 사회주의자는 남성 사회주의자의 보조 임무를 수행한 것으로 판단했다.

'정상 가족' 제도하에서 여성이 '하우스키퍼(House keeper)' 역할을 하는 것처럼, 여성 사회주의자의 임무를 '아지트키퍼'로 한정한 것이다. 남성 사회주의자들은 투옥되고 여성 사회주의자들이 옥바라지하는 전형적인 후일담 구도가 만들어진 것도 이때부터다.

연애에 있어서도 활동에 있어서도 심지어 처벌에 있어서까지도 사회주의 공동체에서 남녀 간의 차별 구조는 넘어서기 어려운 문제였다. 이것이 바로 자유와 평등을 앞세우고 여성 해방을 중요한 과제로 생각한 조선 사회주의 운동의 현실이었다.

여성 사회주의자는 이러한 아이러니와 모순을 견뎌야만 했다. 국제 사회주의 조직과 긴밀하게 연대해 공산당 활동을 수행하던 당시 상황에서, 조선 사회주의자들의 본부이자 보금자리이기도 했던 아지트를 지키고 관리하는 일은 혁명 활동의 시작과 끝이라고 할 수 있을 정도로 중요한 임무였다. 이 세상은 여성 사회주의자의 '아지트키퍼' 활동을 전통 가정에서의 아내와 부인의 역할로만 소극적으로 인식했다.

고명자, 주세죽, 허정숙 세 사람을 주인공으로 한 역사소설『세 여자』(한겨레출판, 2017)를 쓴 조선희 작가는 "소설을 쓰는 동안 한 시대를 탐사하느라 즐거웠지만 비통한 일들에 많이 울었다"고 작가의 말에서 고백한 바 있다.

여성 사회주의자들의 삶을 재현하는 일이란 비가시적이었던 역사를 끊임없이 소환해 눈에 보이도록 증명하는 행위에 가까웠을 것이다. 여성 사회주의자들은 누구보다 치열하게 혁명 전선에 뛰어들었으나 언제나 감춰지고 숨겨져야 했던 존재들이기도 했다. 혹은 대의를 수행하기 위한 보조적 역할이나 수동적 존재로 격하되는 것도 기꺼이 감수해야만 하는 처지이기도 했다.

# '오하라 아키코'가 된 고명자의 친일 행적

고명자는 주세죽이나 허정숙과 비교해도 상대적으로 덜 알려져 있다. 민주화의 진전에 따라 '역사 바로 세우기' 작업이 이뤄지면서 뒤늦게나마 주세죽은 건국훈장이 추서돼 독립운동의 공로를 인정받았다. 허정숙은 북한 현실 정치의 장에서 오랫동안 고위직책을 유지했다. 하지만 고명자는 1920~30년대 독립운동에 기여한 노력과 부녀자 해방을 위해 투쟁한 이력이 거의 지워져 있다시피 하다.

물론 고명자가 1930년대 말 전향을 통해 친일 협력의 방향으로 급속히 기울었기 때문에 이 같은 역사적 평가는 자업자득이라 할 수도 있다. 고명자는 1939년에 창간된 친일 잡지 〈동양지광(東洋之光)〉의 기자로 활동하고, '대동아 전쟁 국민총동원 운동'을 독려하는 등 식민지 시기 말 일제의 총력전 체제에 깊이 협력했다.

친일에 앞장선다는 증표로 '오하라 아키코(大原明子)'로 창씨개명하기도 했다. 전직 사회주의자들 중에는 전향 이후 다른 누구보다 더 강도 높게 체제에 협력한 경우가 있었는데 고명자가 이에 해당한다.

사회주의자였던 자신의 과거 흔적을 지우기 위해 고명자는 더 열렬히 친일에 앞장섰다. 이 같은 전향의 아이러니는 지금 우리 주변의 정치권에서도 목격하기 어렵지 않다.

고명자는 해방 이후 다시 좌익 운동의 선봉에 나서 서울과 평양 등지에서 활동했다. 대한민국 단독 정부 출범 직후 '남로당 사건'으로 체포돼 구속된 뒤, 그녀의 행적은 전혀 알려진 바가 없다. 한국전쟁 시기에 처형됐다는 소문도 있고, 노동운동 지하 조직으로 들어가 잠행을 했다는 말도 전한다.

어찌 됐든 한국 근현대사에서 그녀가 갑작스럽게 자취를 감춘 것만은 분명한 사실이다. 최근 대구 지역에서 고명자의 복권을 위해 그녀의 행적을 재평가하려는 시도가 있었다. 하지만 아직까지 사람들이 이 같은 움직임에 깊이 공감하지 못하고 있다.

고명자가 젊은 시절 불꽃처럼 살았던 혁명가였다는 것은 명확한 사실이지만, 결국 한고비를 넘기지 못하고 친일에 가담했던 그녀의 행적도 분명 지울 수 없는 역사적 사실이기 때문이다.

그녀는 여전히 누군가에게는 '빨갱이', 다른 누군가에게는 '친일파'로 불리고 있다. 젊은 시절 누구보다 강인한 혁명가였던 고명자에게는 안타까운 평가가 아닐 수 없다.

# 위안부 참상을
# 최초로 공개 증언한 여성

**일본군 전쟁 범죄 피해자의 용기 있는 증언, 김학순**(金學順, 1922~1997)

## 한일 갈등의 역사적인 배경

한일(韓日) 간 현안에 있어 갈등을 빚을 때마다 과거 문제가 소환된다. 식민 지배에 대한 철저한 반성을 요구하는 우리의 주장과 조선의 근대화를 앞당기고 한국전쟁 이후 경제 개발에 큰 도움을 줬다는 일본의 주장이 팽팽히 대립한다. 국가의 역사와 민족의 자존심이 걸려 있는 일이라, 어느 한쪽이 쉽게 양보하거나 얼렁뚱땅 넘어갈 수 있는 것도 아니다. 이럴 때면 한국과 일본 사이에는 건널 수 없는 깊은 강이 흐르고 있다는 생각이 들기 마련이다.

쉽게 말해 한국은 일본을 향해 제국주의 시절 우리 민족을 강압적으로 통치했던 역사적 과오에 대한 진지한 반성을 촉구하는 쪽이고, 일본은 아시아의 공동 번영을 위해 자신들이 적극적으로 나선 것일 뿐이라는 주장이다. 한국은 피해자와 가해자의 구도로 한일 관계와 양국의 역사를 바라보고 있고, 일본은 시혜자 모델의 관점에 입각해 자신들의 과거를 정당화한다.

갈등이 쉽게 봉합될 리 없다. 한국과 일본 사이에 깊게 파인 감정의 골을 역사적인 배경에서 이해해야 하는 이유다.

그럼에도 감정 대립을 뛰어넘어 한일관계를 윤리적으로 사고하는 건전한 상식의 시민들도 양국에 모두 존재한다. 일본의 지배 권력층과 주류 질서에 속하는 사람들은 잘못을 전혀 인정하지 않고 있지만, 다행스럽게도 과거 식민지 지배 역사에 대해 진솔한 반성을 표하는 일본의 정치인과 지식인, 활동가들이 등장하고 있다.

무라야마 도미이치(1995년), 간 나오토(2010년) 전 총리가 공식적인 사과 담화문을 발표했고, 일본의 대표적인 지성으로 꼽히는 와다 하루키(도쿄대 명예교수), 다나카 히로시(오사카대 교수)도 계속 사과해야 한다고 주장하고 있다. 이에 호응해 한국에서도, 일본의 진지한 사과가 선행된다면 우리도 과거의 앙금에만 너무 매몰되지 말고 일본과 미래를 협력적으로 모색하자는 의견을 내는 사람들이 있다.

## 일본의 전쟁 범죄 고발, 전 세계 피해 여성들의 연대

한일 양국에서 윤리적 시민들이 출현한 배경에는 위안부 할머니들의 고발과 증언이 자리하고 있다. 이전까지 일본군 위안소 운영과 정신대의 존재에 대해서는 소문으로만 무성했다. 가해자는 당연히 자신의 비윤리적 행위를 숨기기에 급급했고, 일본의 국가 폭력에 의해 성적 학대를 당한 피해 여성들 역시 자신의 비참한 과거를 쉬쉬하는 형편이었다.

1991년 8월 14일 김학순(金學順, 1922~1997) 할머니는 자신의 위안부 피해 사실을 세계 최초로 공개 증언했다. 침착하고 낮은 목소리였지만, 절절하고 힘찬 결기가 느껴지는'사회적 고백'이었다.

김학순의 증언이 있기 전까지 일본의 파렴치한 범죄는 베일에 가려져 있었다. 식민지 지배와 전쟁의 책임을 논하는 자리에서 일본이 내세우는 가장 큰 방어 논리는 20세기 근대화의 책무를 대표격으로 짊어지다 저지른 과오라는 것이었다. 하지만 김학순 할머니의 증언은 일본의 논리를 허물어뜨리는 중요한 계기가 됐다.

일제가 식민지 조선 여성의 신체를 착취해 남성 군인들을 위한 위안소를 운영했다는 사실은 한일 양국은 물론 전 세계의 건전한 시민들 모두에게 공분을 샀다. 인간이라면 해서는 안 될 가장 비윤리적인 행위를 국가가 주도해 저질렀다는 피해자의 직접 증언은 일본이 그간 주장해온'근대화로 둔갑한 제국주의'의 실체가 무

戰線의 노리개 "짓밟힌 17세"

挺身隊로 끌려간 金學順할머니 눈물의 폭로

칼막이받서 하루 서너명 상대
치떨리는 만행…국내 첫 소개

김학순 할머니가 광복 후 처음으로 위안부 피해 사실을 공개했다(<경향신문> 1991년 8월 15일)

엇인지를 명명백백하게 드러냈다.

증언 이전까지 김학순 역시 수천 명의 침묵하고 있던 조선인 위안부 피해자 중 하나였다. 한 여성이 위안부였던 자신의 과거를 공개적으로 드러내는 일이란 엄청난 용기를 필요로 하는 행동이었다.

그녀가 먼저 증언에 나선 이후 많은 위안부 할머니도 함께 목소리를 낼 수 있었다. 중국과 필리핀 등지에서도 위안부 여성들의 고발이 잇따랐다. 일제에 의해 피해를 당한 아시아 여러 나라의 여성 피해자들이 함께 연대에 나선 것이다.

위안부로 끌려갔던 여성들은 피해 사실을 입 밖으로 내는 것을 수치스럽게 여겼다. 고발은커녕 가족에게조차 비밀로 숨기고 죽을 때까지 입을 닫고 살겠다는 사람이 대부분이었다. 한국 특유의 고지식한 정절 문화가 피해자를 옭아매는 족쇄로 작용했다. 여성이 성적 착취를 당한 피해 사실을 말하는 순간 스스로가 죄인이 되는 사회 분위기였다. 가해자에게 책임을 묻는 것이 아니라 피해자를 손가락질하는 비뚤어진 정조 관념이 자리하고 있었다.

다른 나라의 사정도 한국과 크게 다르지 않았다. 성범죄 피해 여성들이 숨죽여 지내야 하는 처지는 전 세계의 공통적인 현상이었다. 김학순의 등장은 한국은 물론 전 세계의 국가 성범죄 여성 피해자들이 사회적인 보호와 관심이 필요한 존재라는 점을 각인시킨 사건이었다.

## 세계 최초로 공개 증언한 위안부 피해 사실

1991년 한국 위안부 단체가 도쿄의 재판소에 위안부 운영을 이유로 일본 정부를 고발했다. 일본 정부는 자신의 안방에서 위안부 문제의 가해자로 지목돼 법정에 세워졌다. 하지만 피해자의 직접 증언 없이 간접 증거들만으로 일본 정부의 책임을 규명하는 데에는 한계가 있었다.

일본 정부는 위안부 운영을 뜬소문이나 조작된 사실로 치부했다. 섣불리 피해자가 등장하지 않을 것이란 절대적 믿음에 근거한 강공이었다. 일본의 의도대로 재판은 지지부진했다. 바로 그때 예상치 못하게 김학순이 등장한 것이다. 어느 누구도 자신이 피해자

1994년 도쿄지방법원에서 세계 최초로 위안부 피해 사실을 공개 증언한 김학순

라고 나서지 못하고 있던 상황에서 김학순의 출현은 재판의 흐름을 역전시키는 전환점이 됐다.

김학순은 1994년 6월 6일 도쿄에서 열린 제9차 재판에 출석해 위안부 피해 사실을 직접 증언했다. 일본군이 위안부들에게 저지른 가혹한 폭력과 성적 학대 사실을 폭로했다. 피해 당사자 김학순에 의해 일본 정부는 명백한 가해자였음이 드러났다. 이전까지 일본은 유야무야 과거사의 책임을 회피하기 급급했다면, 김학순의 증언과 고발 이후 전범 국가가 저지른 비윤리적인 행위에 대한 역사적 책임을 피할 수 없게 된 셈이다.

또한 김학순의 공개 증언은 일본에서의 재판을 넘어 국제사법재판소로까지 위안부 문제를 가져갈 수 있게 했다. 일본의 위안부 운영이 한국인 여성들만의 특수한 피해가 아니라, 전범 국가들이 피지배국 여성들을 성노예화한 사상 최악의 국가 폭력이었음을 드러내는 시발점이 됐다.

일본은 재판 내내 김학순의 증언이 허황된 거짓말이라고 공격했다. 김학순의 경험담은 한국 정부의 사주에 의해 지어낸 이야기에 불과하다는 주장이었다. 하지만 재판부는 김학순의 증언이 일관되고 구체적이며 피해 당사자가 아니면 재연할 수 없는 생생한 이야기라는 점을 인정했다. 일본 정부가 위안부 문제의 면책 사유로 끊임없이 내세운 '피해자 부재의' 논리를 일거에 뒤집어엎는 쾌거였다.

이 때문에 일본 정부는 김학순의 법정 출석을 막기 위해 입국을 방해하는 등 갖은 애를 쓰기도 했다. 하지만 양심 있는 일본 지식인들을 비롯 전 세계의 시민들이 힘을 모아 김학순의 증언이 순조롭게 이어질 수 있도록 도왔다.

미국의 〈뉴욕타임즈〉를 비롯한 자유 언론과 한국의 시민단체도 일본 정부가 김학순의 증언을 훼방할 수 없도록 감시했다. 세계의 윤리적인 시민들 모두가 또 다른 김학순이 되어, 전범 국가 일본의 잘못을 문책했다.

## "정정당당하게 사죄하고 배상해라"

김학순은 증언 이후 죽기 전까지 일본 정부의 사과를 꾸준하게 요구했다. 일본 정부는 공식적인 책임을 회피하면서도, 민간 차원의 보상을 통해 위안부 문제 피해자들의 입막음을 시도했다.

이런 상황에서 김학순은 사과에 이어 '보상'이 아닌 일본 정부의

'배상'을 요구하기도 했다. 위안부 문제의 책임 소재를 명확히 해 국가의 책임 문제로 공론화하는 데 크게 기여한 셈이다.

김학순

이처럼 한일 간의 갈등을 해결할 수 있는 열쇠는 바로 '사과'와 '배상'에 있다. 진정성 있는 사과와 국가의 공식적인 배상이야말로 엉킨 실타래를 풀 수 있는 유일한 방법이다. 가해자였던 일본이 피해자의 말에 귀를 기울여 먼저 응답해야 하는 까닭이 여기에 있다. 하지만 일본은 여전히 사과는 하지 않고 보상의 논리로만 과거사 문제를 풀려고 한다.

1950년대 한국전쟁 당시 후방을 지원하고 1960~70년대 산업화 시기 차관을 제공한 것으로 과거의 잘못은 충분히 해소됐다는 입장이다. 더구나 한일 양국 간에는 보상이 완료됐다는 국가 간 합의(박정희 대통령과 박근혜 대통령 시절 각각 한 번씩)를 이뤘으므로, 과거사를 언급하는 일은 더 이상 온당하지 못하다는 주장이다. 이것이 일본이 생각하는 과거 문제 해결의 본질이다.

하지만 한국의 피해자들에게는 돈보다 마음을 담은 사과와 상징적이나마 일본 정부의 공식적인 배상이 더 필요했다. 일본이 주장하고 있는 국가 간 합의라는 것도, 한국 정치사에서 민주시민들에게 정당성을 인정받지 못하고 있는 군사독재 권위주의 정권이거나 과거 친일 잔존 세력들의 후예들이 옹립한 정부에서 이뤄진 일들이다.

정작 피해자의 뜻은 반영하지 않고 국가의 체면이나 위신만을 먼저 생각하는 이들이 성급히 화해를 논했다. 제 주머니를 채우기 급급한 사람들이 말장난처럼 만들어 놓은 이름뿐인 위안부 협정은 피해자들을 전혀 위로하지 못했다.

일제에 의해 강제징용과 징병된 희생자들과 독립운동가 그리고 위안부 피해자들은 일본과 맺은 합의에 전혀 동의하지 않고 있다. 피해자의 동의 없는 화해란 성립 자체가 불가능하다.

김학순의 증언 이후 우리 사회는 위안부 문제의 본질과 실체가 무엇인지 알게 됐다. 식민 지배와 전쟁의 참상이 여성들에게 얼마나 잔인한 사회적 경험으로 남게 되었는지도 이해할 수 있게 됐다. 김학순 이후 용기를 얻은 많은 위안부 할머니가 저마다 자신의 끔찍한 과거를 증언하기 시작했다.

김학순은 한국 근현대사를 통틀어 가장 헌신적이고 열정적인 여성 활동가였다. 김학순의 생애와 공개 증언은 최근 〈허스토리〉(민규동 감독, 2018)라는 영화를 통해 재현된 바 있다. 김학순 이후 세상과 맞서 싸울 힘을 얻은 다른 위안부 할머니들의 삶은 〈낮은 목소리〉(변영주 감독, 1995)라는 다큐멘터리 영화를 통해 살펴볼 수 있다.

2017년 문재인 정부는 김학순이 최초로 위안부 피해 사실을 공개 증언한 날을 기념해, 8월 14일을 '위안부 기림의 날'로 지정하

김학순의 생애와 공개 증언을 재현한 영화    위안부 할머니의 삶을 다룬 다큐멘터리
<허스토리>                                    <낮은 목소리>

기도 했다. 김학순은 죽기 전까지 한시도 쉬지 않고 과거 위안부 경험을 증언하고 기록했다. "일본군이 사람 죽이는 것을 너무 많이 봤거든", "기가 막히고 가슴 아프고 말이 안 나와", "너무 분하고 억울하고 원통해 죽겠어", 그녀가 남긴 '낮은 목소리'들은 지금까지도 20세기의 가장 가슴 아픈 역사로 남아 있다. 위안부 피해자는 이제 거의 죽고, 현재 12명만 생존(2022년 3월 기준)해 있다.

# '시기상조'란 말과 싸운
# 늦깎이 여성 법률가

한국 최초의 여성 변호사, 이태영(李兌榮, 1914~1998)

## 세상의 온갖 시기상조

1865년 흑인 노예제를 폐지해야 한다는 외침에 미국 남부 농장주들은 "아직은 시기상조"라고 반대했다. 1928년 여성에게도 투표권을 줘야 한다는 주장에 영국의 신사들은 "아직은 시기상조"라며 찬성하지 않았다.

1945년 식민지 조선이 해방되었을 때, 미국과 소련은 한국의 독립국가 건설이 "아직은 시기상조"라며 군정을 실시했다. 1979

년 전두환 신군부는 유신정권 이후 권력의 민정 이양이 "아직은 시기상조"라며 쿠데타를 일으켜 정권을 장악했다.

2003년 한국에서 최초로 주5일 근무제를 도입하려 했을 때, 많은 경제 전문가와 사용자 연합은 "아직은 시기상조"라며 나라가 망할 것처럼 걱정했다. 2010년 학생에게 물리적 체벌을 금지하자는 법안을 발의하려 했을 때, 일선 학교의 교사들은 "아직은 시기상조"라며 반발했다.

2020년 일본계 여성 방송인 후지타 사유리(Fujita Sayuri)가 자발적 비혼 출산 소식을 전했을 때도, 한국에서는 비혼 여성에게 시험관 수정 출산 권한을 주는 것이 "아직은 시기상조"라며 반대했다.

이처럼 '세상의 온갖 시기상조'들은, 돌이켜보면 대개 쓸데없는 걱정이거나 자신의 이득과 권한을 잃게 될 것을 염려하는 기득권의 마지막 발버둥이기도 하다.

## 자의 반 타의 반, 최초의 여성 변호사

이태영(李兌榮, 1914~1998)은 평생을 '시기상조'와 싸워온 여성 법조인이다. 1946년 33살 늦깎이로 서울대 최초의 여대생으로 입학하고, 1949년 최초의 여성 법대생으로 졸업한 뒤, 1952년 최초의 여성 사법고시 합격자가 됐다. 당시 이승만 대통령은 "여성판

가정폭력 및 여성 문제를 해결하기 위해 상담소를 운영했던 이태영이 상담 건수를 살펴보고 있다

사는 아직 시기상조"라며 이태영이 판사가 되는 것을 끝까지 반대했다.

이태영은 모든 자격 조건을 갖추고도 결국 판사에 임명되지 못한다. 여성은 판사 직분에 어울리지 않으며 고결한 재판관의 임무를 수행하기에 적합하지 않다는 봉건적 사고가 팽배하던 시절이었다. 서울대 법대에 처음 들어갔을 때에도 여성이 서울대에서 법학을 공부하는 것이 "아직은 시기상조"라는 말을 귀에 못이 박히도록 들었던 터였다.

'시기상조'를 앞세운 온갖 반대와 알력 때문에 이태영은 자의 반 타의 반으로 대한민국 최초의 여성 변호사가 된다. 이후 그녀는 평생 가정폭력과 유교적 인습으로 피해받는 여성의 인권을 보호하는 일에 앞장섰다.

한국 사회에서 남녀차별을 정당화하는 법률적 근거였던 호주제를 폐지하는 운동에도 적극적으로 나섰다. 한편 이혼 여성의 재산권과 양육권을 찾아주는 활동을 하기도 했다. 또한 소외된 여성 노동자들에게 법률 상담을 해주고 편모 가정의 어려운 형편을 개선하기 위해 평생 노력했다.

여성에 대한 법률 보호가 열악하고 사회적 인식 수준조차 낮았던 당시 상황에서 그녀의 행보는 모두 시기상조로 폄훼당했다. 물론 지금에 와서는 그녀가 보여준 활동이야말로 시대를 앞선 선구적인 것이었으며 누군가는 해야 할 올바른 선택과 결정이었다고 평가받는다.

## 고명딸에서 늦깎이 민주 투사로

이태영은 평안북도 운산(雲山)에서 광산업을 하던 집안의 막내딸로 태어났다. 위로는 오빠가 둘 있었다. 고명딸로 귀하게 자랄 수 있었지만, 그녀가 두 살이었을 때 아버지가 일찍 돌아가시는 통에 이후 집안 형편은 녹록지 않았다.

자식들을 위해 헌신적이며 남보다 일찍 깨인 어머니는 '아들이든 딸이든 공부만 잘하면 대학에 보내주겠다'고 생각하는 사람이었다. 이런 어머니를 둔 덕분에 이태영은 당대 최고 명문인 이화여대 가사과에 입학해 졸업할 수 있었다.

이태영은 '최고'의 엘리트 코스를 '최초'라는 수식어를 달고 밟아온 여성이다. 이런 점이 그녀가 일평생을 기름지고 윤택하게 살아왔을 것이라는 편견을 갖게 만든다. 하지만 실상 이태영은 항상 남보다 뒤늦게 시작하고 여러 고난도 끈덕지게 견뎌내야 했던 풍파가 많은 인물이다.

어린 시절 광산업을 통해 번 돈으로 독립운동 자금을 대던 아버지 때문에 그녀의 가족은 일제로부터 고초를 겪기도 했다. 그마저 아버지를 일찍 여읜 뒤로는 집안 사정이 더욱 어려워졌다. 3.1 운동이 일어났을 때에는 다섯 살밖에 안 된 이태영이 동리에 사는 일본인 지주의 아들에게 대거리하다 경찰에게 붙잡혀 간 일도 있었다.

3.1 운동의 의미가 무엇인지 이해하기 어려운 어린 나이였으나, 일본 때문에 조선인들이 힘들어졌다는 생각이 들어 일본인에 대한 막연한 반감을 표출했던 것이다.

게다가 훗날 법 공부에 뜻을 두고 서울대 법학과에 입학한 때는 이미 결혼하고 자식까지 둔 서른셋의 나이였다. 고등고시에 합격한 것도 마흔이 다 되어서였다. 변호사 활동을 하며 꾸준히 학업을 이어가 「한국 이혼 제도 연구」로 서울대 박사학위를 받은 것은 쉰다섯 살 때였다. 물론 그 사이 민주화 투쟁을 이끌다가 감옥에 다녀오기도 하고 변호사 자격을 박탈당하기도 하는 등 여러 어려움을 겪기도 했다. 파란만장 늦깎이 일생이었다.

## 한국판 케네디 가문

이태영의 남편 정일형(鄭一亨, 1904~1982)은 일제강점기 독립운동과 해방 이후 민주화운동에 투신한 열혈 정치인이다. 이승만, 박정희 정권 시절, 야당 국회의원으로서 한국 민주화운동을 이끌었다.

이승만이 이태영의 판사 임용을 반대한 이유 중에는, 그녀가 정치적 라이벌이자 야당 지도자이기도 한 정일형의 부인이었던 내력도 작용했다. 정일형은 이태영의 사회 활동과 뒤늦게 시작한 학업을 적극 지원했다. 언제 어느 때에도 그녀가 원하는 일과 공부를 할 수 있도록 도와줬다. 이태영은 학위를 받을 때마다 남편과 함께 찍은 사진을 기념으로 남겼다.

정일형은 제2대 국회의원으로 당선된 뒤, 강성 야당이었던 신민당의 부총재를 역임한 제8대 국회까지 내리 7선을 지낸 다선 의원이기도 했다. 그는 한국 현대사의 엄혹한 시절 독재 권력과 맞선 정치지도자였다. 1971년 대통령 선거에서 박정희의 최대 경쟁자였던 김대중의 선거대책위원장으로 활동하기도 했다.

이태영과 정일형의 아들 정대철(鄭大哲, 1944~ ) 역시 정치인으로 성장했다. 아버지를 이어 제9대 국회의원 보궐선거에서 당선된 뒤, 2015년 정계 은퇴를 하기 전까지 총 다섯 번이나 국회의원을 했다. 현역 시절 서울 종로와 중구를 대표하는 정치인이었다.

정대철은 어머니 이태영과 아버지 정일형의 후광 아래서 정치 생활을 시작했지만, 훗날 야당의 유력한 대선 후보로까지 언급되는 등 중량급 정치인이 됐다. 정치 활동 말년에 당권을 둘러싼 경쟁 때문에 몽니를 부리며 말썽을 피우기도 했지만, 김대중-노무현

이태영-정일형-정대철 가족사진

대통령 시절까지 민주화 진영을 대표하는 주자였다.

이태영은 자식들 중에서도 아버지를 뒤이어 정치인으로 발돋움한 정대철을 유독 아꼈는데, 1996년 제15대 총선에서 아들이 낙선하자 깊은 실의에 빠지기도 했다. 이후 이태영은 병세가 급격히 악화되고 치매 증세가 나타나 아들을 비롯해 가족들도 못 알아보다 84세의 나이로 세상을 떠났다.

이태영의 가족 전체가 일제강점기에는 독립운동에 적극적이었고, 해방 이후에는 한국의 민주화운동에도 투신한 셈이다. 이런 연유로 사람들은 이태영의 가족을 '한국의 케네디 가문'이자 '정치명문가'라고 불렀다. 선대에서부터 후대에 이르기까지 대한민국의 지도자로서 역사적 소임을 다한 가족이었기 때문이다.

물론 그 가문의 중심에는 이태영이 자리하고 있었고, 그녀 역시 초월적인 노력과 빛나는 성취로서 '가문의 영광'을 이어가는 데 큰 역할을 했다.

# 몸 사리지 않는 여성 인권 운동가

이태영이 "아직은 시기상조"라는 이유로 판사가 되지 못했을 때, 그녀의 판사 임용을 재차 청원한 이는 초대 대법원장 김병로(金炳魯, 1888~1964)였다. 김병로는 이승만에게 이태영의 판사 임용 재가를 건의했지만 끝내 기각됐다.

이처럼 이태영을 위해 힘을 보탠 김병로였건만, 이태영이 여성 인권 향상을 위한 법률 활동에 적극 나설 때는 그마저도 그녀의 행보를 못마땅하게 여겼다. 변호사 시절 이태영이 남성의 권리만을 편협하게 보장하는 가족법의 개정을 요구하는 진정서를 들고 대법원에 찾아갔을 때, 김병로는 "1,500만 여성들이 불평불만 없이 살고 있는데 법률깨나 공부했다고 건방지게 법을 고치라 마라"라며 노발대발했다고 한다. 대한민국 민주 공화정의 법통과 체계를 정립한 것으로 알려진 김병로조차도 당시 여성 인권에 대한 태도와 관념만큼은 수구적이었던 셈이다.

이태영은 여성의 인권 향상을 위해서는 가정 내에 존재하는 차별과 폭력 문제를 해결해야 한다고 믿었다. 당시 여성에 대한 사회적 처우도 몹시 열악했지만, 가정에서 발생하는 빈번한 학대와 폭력은 어디에 드러내놓고 말하지 못할 정도로 쉬쉬하는 심각한 문제였다.

이태영은 법률이 가정 내 여성 인권을 지킬 수 있는 최후의 보

여성들에게 법률 상담을 해주고 있는 이태영의 모습

루 역할을 해야 한다며 가정법원의 설립을 청원했다. 또한 여성에게 족쇄가 되는 가족법을 개정하고 호주제를 폐지하자는 운동을 벌이기도 했다.

태어나면 아버지에게 귀속되고 결혼하면 남편에게 옮겨가는 한국의 호적제는 지극히 가부장적이었다. 한국의 가족법하에서 여성은 친권 및 재산상의 권리를 주장하기 매우 어려웠다. 법률적 주체로 설 수 없으니 제도적인 보호를 기대할 수도 없었다.

이태영은 여성을 억압하는 폐습과 고정관념을 고치려고 끊임없이 노력했다. 여성의 사회 활동에 제약을 가하는 온갖 악법들을 없애거나 개정하려고도 애썼다. 전통이라는 미명하에 가부장제에 복무하는 한국의 가정 법률과 남성 중심의 가족 관념을 모두

혁파하려 했다. 미혼모를 양산하는 원인이기도 했던 동성동본 혼인금지 제도의 폐지도 주장했다.

교육 수준이 낮고 고된 육체노동에 내몰린 여성 노동자들의 권리와 복지를 향상하기 위한 상담과 법률적 구제에도 적극적으로 나섰다. 그녀가 '한국가정법률상담소'를 열자 가정주부를 비롯해 이혼녀, 미혼모 등이 줄을 이어 상담을 신청했다. 이후 한국가정법률상담소는 한국 여성 인권운동을 상징하는 기관이 됐다.

이태영은 한국 여성운동계의 든든한 대들보로서 진자리 마른자리 가리지 않고 나섰다. 5.16 군사쿠데타 이후 의원직을 상실하고 폐인처럼 지내던 김대중에게 자신의 후배이자 비서이기도 했던 이희호와 결혼을 주선한 것도 이태영이었다.

이태영이 김대중, 이희호와 맺은 인연은 아주 깊고도 오래된 것이었다. 1977년에 일어난 '3.1 민주구국선언(3.1 명동사건)'은 유신정권하에서 구속된 민주 인사들에 대한 석방과 박정희 대통령의 하야를 요구했던 사건이었다.

이태영은 김대중, 이희호와 함께 이 사건을 주도했다가 구속되고 변호사 자격을 박탈당하기도 했다. 그녀는 이 사건의 대표변호사였다. 남편 정일형 역시 이 사건에 연루돼 의원직을 상실했다. 이처럼 이태영은 한국 민주화운동의 최대 후견인이자 어느 자리에서도 몸을 사리지 않았던 인물이기도 하다.

지난 2009년 첫 발행된 5만 원권 화폐 도안에 넣을 인물을 공

한국가정법률상담소 개소식에서의 이태영(가장 오른쪽)

모했을 때, 이태영은 신사임당에 이어 두 번째로 높은 지지율을 얻었다. 현대 여성 인물로서는 유일하게 전 국민으로부터 전폭적인 선택을 받은 셈이다.

이태영은 여성으로 태어난 운명을 스스로 저주하지 않았다. 자신과 자신이 속한 여성 공동체의 운명을 개척하기 위해 한 발 한 발 발걸음을 내디뎠다. 그녀가 평생에 걸쳐 보여준 진취적이고 선구적인 행보들은 견고한 성채와도 같은 가부장제와 남성 중심적으로 구성된 세계를 향해 던진 돌팔매였다.

늘 '시기상조' 취급을 받던 그녀의 사회적 호소가 지금은 너무나 당연한 의견으로 받아들여지고 있는 것처럼, 오늘 우리에게 '시기상조'처럼 보이는 새로운 담론과 주장들도 곧 익숙해지는 그날이 올 것이다.

# 가장 뜨거운
# 이름을 가진 노동자

**해고자로 죽을 순 없다, 김진숙(1960~ )**

## 유일하게 복직되지 않은 노동자

한진중공업 노조위원장 '김주익'은 2003년 10월 17일 크레인 난간에 목을 매 숨졌다. 노동자 해고와 임금 삭감에 항의하기 위해 85호 크레인에 오른 지 129일째 되던 날이었다.

직전까지 '참여정부'는 더 이상 "죽음이 투쟁의 수단이 될 수 없다"며 절대 합의를 종용하지 않겠다고 선언했다. 또 지금껏 단 한 번도 해고노동자를 복직시키지 않았던 것으로 악명 높은 '한진중공업' 사측의 태도 역시 완강했다.

크레인에 오른 지 넉 달이 넘었지만, 합의는커녕 손배소 압류 절차가 들어와 퇴로마저 막힌 김주익이 스스로 선택한 최후의 투쟁 방법은 죽음밖에 없었다.

김주익의 자살 소식이 전해지자 흩어졌던 노조원들이 다시 모이고 많은 이가 농성 대열에 합류했다. 지리멸렬하던 투쟁에 힘이 붙었다. 연이어 노조원 '곽재규'의 투신자살이 발생하자 '민주노총'은 거센 총파업에 들어가고, 끝까지 버티려던 정부와 한진중공업은 항복을 선언하고 만다. '해고자 전원복직'과 '정리해고 철회', '임금 인상'이라는 결과를 얻어냈다.

그런데 이때 단 한 명의 해고자 '김진숙(1960~ )'만은 구제되지 않는다. 사측은 "외압이 너무 강하다"는 석연치 않은 이유를 대며 끝내 민주노총 부산본부 지도위원 김진숙의 복직을 거부한다.

이후 김진숙은 김주익이 129일 동안 머물렀다 끝내 죽어서야 내려올 수 있었던 85호 크레인에 다시 오른다. 유례가 없던 309일간의 고공농성이 시작되는 순간이다.


## 한진중공업 선각공사부 선대조립과 용접1직 사번 23733

김진숙은 1981년 10월 한진중공업의 전신인 '대한조선공사주식회사'에 입사한다. 스물한 살의 나이에 대한민국 최초의 여자 용접공이 됐다. '버스 안내양'이나 '미싱 시다'보다는 그래도 대기업이 낫지 않겠냐는 생각에 무작정 뛰어든 용접 일이었다.

한진중공업 선각공사부 선대조립과 용접1직 사번 23733. 용접공 초년병 시절의 김진숙(민주노동 금속노조 부산양산지부 제공)

난생처음 본 여성 용접 기사를 선배 남성 노동자들이 가만 놔둘 리 없었다. 처음부터 자신들의 입맛에 맞게 길들이려고 야코를 죽였다. 신체를 접촉하는 짓궂은 장난이나 음담패설로 그녀를 못살게 굴었다. 지금 같으면 성범죄로 처벌될 일도 서슴지 않았던 시절이다.

김진숙은 더 센 농담으로 대응했다. 당시로서는 그녀가 할 수 있는 최선의 방법이었다. 남자 선배들은 용접일도 가르쳐주려고 하지 않았다. 김진숙은 당당하고 꿋꿋하게 버텼다. 더 많이 웃고 큰 소리로 말하며 먼저 나서 그들과 하나가 됐다.

지금에 와서 돌이켜보면 그때 왜 남성 노동자들의 성희롱과 성폭력을 비판하지 못했는지 후회가 남지만, 당시 이런 정도의 길들이기는 김진숙에게 아무것도 아닌 것처럼 느껴졌다. 더 심각한 문제들이 도처에 널려 있었기 때문이다. 그토록 선망하던 대기업이었지만, 공장 상황은 처참할 정도로 끔찍했다.

5,000명이 넘는 노동자가 일하는 곳에 화장실이 하나도 없었

고, 점심은 도시락으로 나온 '차게 식은 꽁보리밥'을 '냄새나는 공업용수에 말아' 짠지와 함께 먹어야만 했다. 동료들은 일을 하다 땀을 너무 많이 흘리면 '가마니에 손을 쑤셔 넣어 소금 한 주먹을 꺼내 먹었고', 당분이 떨어져 망치나 스패너를 들 기력도 없을

'한진중공업 도시락 거부 투쟁' 당시 김진숙이 작성한 '삐라'

정도가 되면 '설탕물을 퍼먹어'야만 했다. 그곳은 '희망의 일자리'가 아니라 '절망의 공장'이었다.

1980년대 한진중공업 생산 현장은 한국 노동의 열악한 조건을 압축하고 있던 지옥도였다. 꼬박꼬박 월급에서 공제해 사 먹는 도시락은 사람이 먹을 수 있는 수준의 음식이 아니었다.

1986년 김진숙이 주도해 벌인 '도시락 거부 투쟁'은 회사와 동료들 사이에 그녀의 이름을 각인시켰다. 뒤에서 불평불만만 할 뿐 아무도 나서지 않았던 일에 유일한 여성 용접공 김진숙이 앞장서니 그녀를 대하는 동료들의 태도가 달라졌다.

회사도 풋내기 여공이 대표가 돼 들고 일어났으니 적지 않게 당

황했다. 동료들 사이에서는 멋진 리더가 되었지만, 사측에게 미운털이 단단히 박히게 된 순간이었다.

김진숙은 '뭘 좀 바꿔보자고', '잘못된 게 있으면 고쳐야겠다'는 생각으로 노조 활동을 시작했다. 김진숙은 1986년 처음으로 노조 대의원대회를 다녀온 후, 노조 집행부의 어용성에 대한 비판적 소회를 적은 글을 썼다. 그리고 이 글을 적은 유인물 150여 장을 만들어 배포했다가 부산경찰서 대공분실에 연행돼 조사를 받고 징계 해고당했다.

문제가 됐던 A4용지 한 장 분량의 유인물은 '노조 집행부가 노조 공개운영 방안 등에 미온적 태도를 보였다'는 내용으로, 노조 대의원으로서 앞으로 이런 문제를 해결하기 위해 '최선을 다하겠다'는 다짐을 담고 있다. 지극히 평범하고 당연한 내용을 담고 있는 이 유인물 때문에 그녀는 해고됐다.

노조 활동을 원천적으로 차단하려는 사측의 의지였다. 2009년 '민주화운동 관련자 명예회복 및 보상심의위'가 이를 민주화운동으로 인정하고 부당해고로 확인해줬지만 회사는 복직권고를 수용하지 않았다.

한 사람을 복직 고용하는 데 드는 비용보다 훨씬 더 많은 과징금과 벌금을 내게 되었지만, 한진중공업은 김진숙을 절대로 회사 안으로 한 발자국도 못 들여놓게 했다. 훗날 사측은 김진숙에게 공장에 나와 일을 하지 않아도 좋으니 복직 투쟁만 그만두면 다달이 200만 원씩 급여를 주겠다고 회유했으나, 그녀는 제안을 받아들이지 않았다. 일을 하지 않고서 돈을 절대로 받을 수 없다고 답했다.

김진숙은 언제 어느 자리에서도 복직을 하면 "용접을 하고 싶다"라고 망설임 없이 말했다. "끌려 나오는 것이 아니라 내 발로 걸어 나오고 싶습니다. 작업복을 입고, 내 의지로 내 발로 당당하게 공장 정문을 걸어 나오고 싶습니다. 37년의 꿈입니다."

## 노동자의 가장 아름답고 서러운 뒷모습, 소금꽃나무

"한진중공업 다닐 때, 아침 조회 시간에 나래비를 쭉 서 있으면 아저씨들 등짝에 하나같이 허연 소금꽃이 피어 있고, 그렇게 서있는 그들이 소금꽃나무 같곤 했습니다. 그게 참 서러웠습니다. 내 뒤에 서 있는 누구가는 내 등짝에 피어난 소금꽃을 또 그렇게 보고 있었겠지요. 소금꽃을 피워내는 나무들. 황금이 주렁주렁 열리는 나무들. 그러나 그 나무들은 단 한 개의 황금도 차지할 수 없는…… 무슨 말이 하고 싶은 건지는 아시겠지요?"

ㅡ『소금꽃나무』 중에서

김진숙의 오랜 싸움은 37년을 훌쩍 넘기고 말았다. 그 시간 동안 한국 경제는 크게 도약하고 발 빠르게 성장했다. 그녀가 몸담았던 조선업계도 세계 1위의 기술력과 생산량을 자랑하게 됐다. 물론 그러는 사이 숱하게 많은 노동자가 다치거나 죽었다.

한편에서는 거대한 배를 만들면서 또 한편에서는 인간다운 권리를 찾기 위한 싸움이 계속됐다. 그러는 사이 사측의 회유에 돌아서거나 동료를 배신하고 제 살길만 찾아 나선 약삭빠른 이들도 있었다. 하지만 김진숙만은 공장 밖에서도 끝까지 그들의 가장 든든한 벗이자 믿음직한 동료가 되어줬다.

김진숙의『소금꽃나무』(후마니타스, 2007)는 이 시대 가장 뜨거운 이야기를 담고 있는 노동자의 수기이자 어려운 여건 속에서도 끝내 살아내려고 분투한 한 인간의 절창이기도 하다. 그녀는 이 책을 쓰기 전까지 자신에게 글재주가 있는 줄 전혀 알지 못했다. 먹고 살기 힘들었던 시절 글을 쓸 형편도 안 됐고 글을 쓴다고 누가 봐주는 것도 아니었기 때문이다.

그녀는 우유배달, 신문배달을 하던 유년 시절부터 한진중공업에 용접공으로 입사하고 함께 노동운동을 하던 그 시절의 이야기를 담담하게 술회했다. 그녀는 늘 의연했으며 어떤 어려운 상황에서도 해학의 정서를 잃지 않았다.

이 책에는 수려하고 아름다운 문장은 없지만, 노동 현장에서 직접 경험한 사람만 보고 느끼고 쓸 수 있는 처연하고 파토스 넘치는 문장들로 빼곡하게 채워져 있다. 그래서 이 글을 읽는 사람은 누구나 가슴이 먹먹해지고 눈물이 울컥하는 경험을 하게 된다.

이 책은 1980년대 구로공단 여공의 내면 풍경을 서술한 신경숙의 『외딴방』이나 독재정권에 저항한 대학생 운동권들의 후일담 이야기인 공지영의 『인간에 대한 예의』와 비견될 만하다. 다른 점이라곤, 신경숙이 소설을 쓰며 서울 구로공단 근처의 골방에 머물 때 김진숙은 용접을 하며 부산 영도의 공장에 있었던 것뿐이다. 또한 공지영이 연세대학교 문학 동아리에서 습작을 할 때 김진숙은 노조가 만든 공장 야학에서 '아지매들에게 일기 쓰는 법을 가르쳐'주고 있었을 뿐이다.

김진숙이 남긴 삶의 기록이자 노동운동 수기이기도 한 『소금꽃나무』는 어쩌면 1980년대를 대표하는 가장 뛰어난 문학적 성취이자 인간의 존엄을 증언하고 있는 엄정한 기록물이기도 하다.


## 한국 노동운동의 새바람, 희망버스


김진숙은 지금까지 공식적으로만 대공분실에서 세 번의 고문을 당하고, 두 번의 징역을 살고, 5년간의 수배 생활을 경험했다. 까마득한 높이의 크레인에 오른 것도 알려진 것만 세 번이 넘는다. 그녀가 크레인에 올라 309일 동안 머물렀던 2011년의 투쟁은 한

복직 투쟁을 벌이는 김진숙과 그를 돕는 동지들(사진작가 장영식 제공)

국 노동운동사에 큰 족적을 남겼다. 그녀의 외침과 절규에 공감한
국민들의 자발적인 성원과 후원이 뒤따랐기 때문이다.

그녀의 투쟁에 공감하는 전국의 시민들이 모여 만든 '희망버스'
는 한국 노동운동의 난데없는 변화이자 큰 울림을 주는 움직임이
었다. 한국의 노동운동은 실상 고립된 섬에서 자본가와 시민 그룹
모두에게 따가운 시선을 받는 활동인 경우가 많았다. '귀족노조'니
'강성좌파'니 하는 말들은 노조 활동의 가장 큰 제약이자 장벽이었다.

김진숙이 목숨을 내놓고 벌인 크레인 고공농성에 수많은 사람
이 함께했다. 연인원 5만 명이 넘는 사람들이 주말마다 버스를 타
고 그녀를 찾아왔다. 모질고 고된 투쟁을 이어가는 김진숙과 휴일
의 달콤한 휴식을 반납한 연대의 정신을 가진 시민들이 희망버스

사측의 사과와 복직 약속을 받고 크레인
에서 내려온 김진숙

를 매개로 만났다. 노란 리본과 꽃 그림이 예쁘게 새겨진 버스를 타고 그녀를 방문한 사람들을 향해 아스라이 높은 곳에 올라가 있던 김진숙은 늘 환하게 웃으며 손을 흔들어줬다.

추위와 더위를 견디는 것은 물론 먹고 싸는 것 자체가 곤욕이었던 높고 좁은 크레인 위에 있어도, 희망버스를 타고 온 시민들 덕분에 그녀는 끝까지 웃음을 잃지 않을 수 있었다. 희망버스는 그녀의 삶과 운동이 수많은 사람의 공감대를 얻고 있다는 유력한 증거이자, 자본의 논리에 의해 한 인간을 탄압하는 것에 동의할 수 없다는 시민들의 선언이나 마찬가지였다. 희망버스는 한국 시민 사회가 노동운동을 한 차원 성숙한 태도로 이해하고 있다는 것을 보여주는 상징적 장면이었다.

인간의 한계를 초월하던 김진숙의 투쟁은 309일이 지나서야 사측의 복직 약속을 받아낸 뒤 끝났다. 하지만 크레인에서 몸이 상할 대로 상한 채 내려온 그녀를 기다리고 있던 것은 끝없이 이어질 손배소와 과징금, 벌금이었다.

곧바로 경찰에 의해 구속영장이 청구되고 줄소송이 이어졌다. 또 약속과 달리 회사는 복직도 시켜주지 않았다. 사측이 내건 손해배상 소송에 의해 그녀와 노조는 노동자가 도저히 감당할 수 없는 수십 억 원의 배상금을 물어줘야 하는 처지가 됐다.

이제 한국에서 노동자를 탄압하는 가장 손쉬운 방법은 더 이상 무자비한 폭력이나 모진 고문이 아니다. 조합이나 개인이 감당할 수 없을 정도로 가혹한 손배 소송을 걸어 사법적·경제적 책임을 지게 만드는 것이다.

자본주의 사회에서 터무니없이 많은 빚은 한 인간의 삶을 영구적으로 훼손시킨다. 신용불량자가 돼 어떤 일도 할 수 없게 만들거나 다행히 일자리를 구해 악착같이 돈을 벌어도 모두 압류해 죽을 때까지 빚만 갚게 만든다. 희망버스로 연대하던 시민들이 아무리 애써 모금을 해도 도저히 감당할 수 없는 징벌적 배상금이다. 물리적인 폭력과 비교해도, 더 잔인하고 몰상식한 처벌이다.


## 암투병 노동자의 마지막 소원

3년 전 김진숙은 가만히 있어도 피로해지고 소화도 잘 되지 않는 무력한 증상을 경험한다. 병원에 가보지 않고도 스스로 암이라고 짐작할 수 있을 정도였다. 그녀는 혼자 병원을 찾아 조직검사를 받았다. 유방암 판정이 내려졌다. 수술과 항암치료가 시작됐다. 육체의 끔찍한 고통 못지않게 정신까지 피폐해지는 날들의 연속이었다. 대인기피증이 생길 지경이었다.

두문불출하던 그녀는 지난 2019년 겨울, 느닷없이 대구에서 부산까지 100km가 넘는 길을 홀로 걷기 시작했다. 영남대병원 옥상에서 '해고반대' 고공농성 중이던 오랜 친구 '박문진'을 만나기 위해서였다.

몇 날 며칠 동안 걷던 그 길을 많은 사람이 함께 따랐다. 투병 중인 몸이 견디지 못해 하루에 얼마 걷지 못하는 날이 많았다. 그렇게 도착한 영남대병원 농성 현장에서 김진숙과 박문진은 아무 말 없이 한참을 서로 안고 눈물을 흘렸다. 이후 영남대병원 농성은 노동자들의 승리로 끝났다. 해고가 철회된 것이다.

이 소식을 들은 김진숙은 누구보다 크게 기뻐했다. 2020년 12월 31일을 넘겨 김진숙은 만 60세 정년을 맞았다. 정년이 되기 직전까지 그녀는 "내가 원하는 것은 정년보다 복직"이라며, 항암 치료로 야위어진 몸을 이끌고 투쟁을 지속했다. 하지만 안타깝게도 정년이 되는 그 날까지 한진중공업 복직은 이뤄지지 않았다. 정년 이전 공장 복귀는 실패했지만, 정년 이후에라도 반드시 복직하겠다는 의지를 꺾지 않았다.

그렇게 이어진 그녀의 투쟁은 끝내 결실을 맺어, 결국 2022년 3월 23일 민주노총 금속노조와 한진중공업은 김진숙의 명예복직에 합의했다. 다음 날 김진숙은 37년 만에 파란 작업복을 입고 노란 안전모를 쓴 채 공장 정문으로 출근한 뒤, 당일 바로 퇴직 절차를 밟았다. 평생의 소원을 이룬 셈이다. 그녀는 자신의 복직과 출근을 환영해준 동료와 시민들에게 가슴 울리는 절절한 퇴직 인사를 남기고 공장문 밖으로 힘차게 나섰다.

"새로운 경영진들에게 말씀드립니다. 단 한 명도 자르지 마십시오. 어느 누구도 울게 하지 마십시오. 하청 노동자들 차별하지 마시고 다치지 않게 해주십시오. 그래야 이 복직은 의미가 있습니다. 신념이 투철해서가 아니라 굴종할 수 없어 끝내 버텼던 한 인간이 있었음을, 이념이 굳세서가 아니라 함께 일하고 같은 꿈을 꿨던 동지들의 상여를 메고 영도 바다가 넘실거리도록 울었던 그 눈물들을 배반할 수 없었던 한 인간이 있었음을 기억해주십시오."(37년 만에 복직한 김진숙이 남긴 퇴직 인사 중에서)

김점동

서왈보

이소담

박　열

박남옥

엄대섭

조성숙

이호왕

# 2부

## 최초의 도전을 감행한 자들

# 크리스마스 씰의 기원이 된
# 조선 최초 여의사

**우리나라 최초의 여의사, 김점동**(金點童, 1877~1910)

## "저를 난로에 집어넣지 마세요"

아버지의 손에 이끌려 처음으로 스크랜튼 부인을 만났을 때, 어린
소녀는 겁을 잔뜩 집어먹고 있었다. 구한말인 1885년 아홉 살 된
조선인 소녀에게 생전 처음 본 외국인 선생은 너무나 낯선 존재였
다. 조선인과 다르게 생겨, 알아듣지도 못하는 말을 사용하는 서
양인은 무섭고 기괴하게만 보였다.

    선교사이자 교육자였던 스크랜튼(Mary F. Scranton) 부인이 미

소를 띠며 어린 소녀에게 난로 가까이 다가오라고 손짓했다. 하지만 소녀는 덩치 큰 서양 여자가 자신을 붙잡아 난로 속 뜨거운 불구덩이로 던져 넣을 것만 같았다. "저를 난로에 집어넣지 마세요." 소녀는 아버지 손을 꼭 붙잡은 채로 뒤로 한 발짝 물러서며 몸서리쳤다. 소녀가 서양식 난로를 본 것도 그날이 처음이었다.

훗날 조선 최초의 여의사가 된 김점동(金點童, 1877~1910)이 이화학당에 입학할 때 겪었던 일을 재구성한 것이다. 당시 아이들 사이에선 서양 사람들이 조선의 어린 애들을 잡아먹는다는 괴담이 퍼져 있었다. 말도 안 되는 헛소문이었지만, 그런 종류의 이야기는 어린 애들 사이에서 삽시간에 퍼져 나가기 마련이었다. 어른들이 아무리 타이르고 다독여도, 아이들은 무서운 생각이 한 번 머리에 박히면 떨쳐내기 어렵다.

사실 어린 애들 사이에서 떠도는 낭설이나 뜬소문은 서양 사람에 대한 당시 조선인들의 태도와 인식을 고스란히 드러내고 있는 것이기도 했다. 선교사의 직분과 근대 교육의 사명을 지니고 조선에 들어온 서양인들이 점차 늘어나고 있었지만, 아직까지 조선에서는 그들을 받아들일 준비가 충분히 되어 있지 않았다. 어린 김점동에게 벽안(碧眼)의 이방인은 더욱 두렵고 낯선 존재일 수밖에 없었다.

김점동은 일찍 개화한 아버지 김홍택 덕분에 1886년 5월 정식으로 문을 연 이화학당의 네 번째 학생으로 입학할 수 있었다. 한

김점동

양의 정동(貞洞)에 살았던 김홍택은 일찍이 서양 사람들을 접할 기회를 많이 얻었다.

당시 조선의 본궁 역할을 하던 덕수궁과 조선 황제의 거처로 쓰이던 경희궁 사이를 잇는 동네였던 정동에는 막 조선으로 들어온 외교관과 선교사들이 자리를 잡고 있던 터였다.

그중에서도 김홍택이 일을 돕고 있던 헨리 거하드 아펜젤러(Henry Gerhart Appenzeller)는 한국 최초의 근대식 학교인 '배재학당'과 최초의 개신교 감리교회당인 '정동교회'를 세워, 한국 근대 교육과 기독교 전파에 있어 매우 중요한 역할을 한 인물이었다.

하루가 멀다 하고 주변의 경관과 분위기가 바뀌는 모습을 본 김홍택은, 서양의 언어와 학문을 배워야만 앞으로 세상을 살아가는 데 문제가 없을 것이라고 생각했다. 아펜젤러의 동료 스크랜튼 부인이 이화학당을 정식으로 열기도 전부터, 셋째 딸 김점동을 아펜젤러의 집에 머물게 하며 근대 교육을 받게 했다.

## 로제타 선생님과 여성 전문 병원 '보구여관'

스크랜튼 여사가 설립한 것으로 알려진 '이화학당'은 우리나라 최초의 근대식 여학교이다. '이화여대'와 '이화여고'의 전신으로 역사적으로도 가장 오래된 여성 전문 교육기관으로 인정받고 있다.

하지만 이화학당의 출발은 초라하고 궁색했다. 작은 집의 방 한 칸에서 겨우 네 명의 여학생을 데리고 수업을 시작했다. 학비도 받지 않고 먹이고 재워주기까지 한다는데도, '서양 도깨비'가 운영하는 학교에 아이를 맡길 수 없다고 생각하는 사람들이 많았다.

하는 수 없이 이화학당에서 영어를 배우고 근대 학문을 배울 수 있는 기회는, 가정 형편이 정말 어려운 집안의 딸이나 김홍택처럼 서양 문화에 개방적인 집안의 딸에게만 돌아갈 수 있었다.

이화학당은 서양 선교사와 함께 생활하며 교육도 받는 기숙학교 형태로 운영됐다. 처음에는 부모에게 버림받은 것처럼 의기소침하고 침울하게 지내던 김점동도 점차 그곳 생활에 적응했다. 도무지 알아들을 수 없었던 영어도 조금씩 귀에 익숙해지고 곧 더듬더듬 구사할 수 있는 수준이 됐다.

자신에게 새로운 언어를 배우는 능력이 있다는 사실이 놀라웠다. 두려움을 떨쳐내자 이내 학교생활도 재밌고 열정적으로 하게 됐다. 이화학당은 기독교리를 앞세워 운영하는 학교였기 때문에, 김점동 역시 곧 세례를 받고 '에스더(Esther)'란 이름을 받았다. 김

로제타 셔우드 홀(조선일보 제공)

점동은 이후 자신을 '에스더 김'이라고 소개했다.

스크랜튼 여사와 함께 이화학당에서 학생들을 가르치던 로제타 셔우드 홀(Rosetta Sherwood Hall) 선생님은 영민한 김점동을 특히 아끼고 사랑했다.

로제타 여사는 교육자인 동시에 의사이기도 했다. 1888년 로제타는 이화학당 바로 옆에 한국 최초의 근대식 여성 전문 병원인 '보구여관(保救女館)'을 세우고, 조선 여성들에게 의료 활동을 펼쳤다. 보구여관은 숙박업소가 아니라 '여성을 보호하고 구하는 기관'이라는 뜻이다.

이때 영어를 할 수 있었던 김점동이 로제타를 도와 통역과 진료를 보조했다. 당시 조선에서 여성들의 위생과 건강 상태는 처참한 수준이었다. 그전까지 많은 여성에게 고통을 줬던 생리계통과 산부인과 질환은 드러내놓고 치료를 받을 수도 없었다. 여성들은 몸이 아파도 참고 버티는 것만을 미덕으로 알았다.

여자가 진료하고 돌봐준다는 여성 전문 병원이 문을 열자, 조선 여성들에게 금방 소문이 났다. 서양 여의사에게 치부를 내보이고 몸을 맡기는 게 꺼림칙하긴 했지만, 그곳에 가면 조선어와 영어를 통역해주는 영특한 소녀가 있다는 소문이 나면서 부인들은 안심하고 보구여관을 찾을 수 있었다.

김점동은 차츰 통역 역할을 뛰어넘어, 로제타 선생의 치료와 수술을 보조할 수 있는 수준이 됐다. 인력과 장비가 태부족이었기 때문에 밤을 새기 일쑤였으나, 김점동은 사력을 다해 환자들을 돌봤다.

김점동은 조선 여성들을 진료하는 데 헌신적이었던 로제타 선생님을 보고 큰 감명을 받았다. 조선인 화상(火傷) 환자에게 자신의 피부를 이식하겠다고 선뜻 나서는 선생님은 '살아 있는 성녀'처럼 보였다.

김점동 역시 환자들을 간병하는 데 열심이긴 했지만, "가족도 아닌 이에게 내 살과 피를 내줄 수 있을까"라고 생각하던 참이었다. 김점동은 이때 일을 계기로, 의사가 돼 차별받는 부인들과 가난한 이들을 치료해줘야겠다고 결심한다.

## 한국 최초의 서양의가 되기 위한 험난한 과정

의사가 되는 과정은 험난하고 고달팠다. 서양의 현대 의학 지식을 배우는 것은 단순히 영어를 익히고 사용하는 것과는 차원이 달랐다. 또 의과대학을 나와 자격증을 얻어야만 의사가 될 수 있다는 사실은 그녀에게 더 큰 도전과 실천을 요구했다. 로제타 여사는

김점동과 박유산의 혼례 장면(1893년 5월 24일)

그런 김점동의 결심과 소망이 이뤄질 수 있도록 도와줬다. 김점동을 미국으로 데려가 정식으로 의과대학 학위 과정을 이수할 수 있게 해준 것이다.

그 전에 김점동의 결혼을 주선해, 마침 자신의 집안일을 돌봐주고 김점동과 마찬가지로 의학 기술을 연마하던 박유산(朴裕山, 1868~1900)과 혼인하게 한다. 이후부터 김점동은 자신의 이름을 소개할 때, 남편의 성을 따 '에스더 박'이라고 칭했다. 서양식 부인 호명법을 따른 것이다.

흔히 한국 최초의 여의사를 '에스더 박'이라고 말하는 경우가 많은데, 김점동을 일컫는 말이다. '에스더 김', '에스더 박' 모두 서양식 예법과 전통에 따라 김점동이 스스로 사용한 이름이다.

로제타 여사가 미국으로 돌아갈 때, 김점동 부부를 데리고 갔다. 김점동은 1895년 뉴욕의 리버티 공립학교에 들어가 중등교육

과정을 졸업한 뒤, 1896년에는 꿈에 그리던 의대에 들어간다. 볼티모어 여자의과대학(The Woman's Medical College of Baltimore)에 최연소 학생이자 최초의 한국인으로 입학한 것이다.

당시로서는 미국인들에게도 낯선 존재였던 동양인의 처지로서 서양인들과 경쟁하고 함께 생활하는 것이 쉽지 않았음은 당연한 일이다. 그럼에도 불구하고 남다른 노력과 열정으로 최선을 다했기에 김점동은 최우등으로 의과대학 졸업을 앞두고 있었다.

하지만 그 사이 불행한 일이 있었다. 1900년 4월 남편 박유산이 폐결핵으로 세상을 떠나고 말았다. 당시 결핵은 흔하면서도 무서운 질병이었다. 특히 영양 상태가 불균형하고 고된 노동을 하는 이에게 자주 발병했다.

박유산은 자신보다 더 두각을 드러내고 가능성을 보여준 아내 김점동을 위해, 의사가 되는 것을 포기하고 그녀를 위해 기꺼이 헌신하던 중이었다. 오랜 꿈이 실현될 날을 얼마 남겨두지 않고 남편이 세상을 먼저 떠나자 김점동은 크게 괴로워했다. 이제 곧 정식 의사가 될 테지만, 세상에서 가장 가까운 사람을 살리지 못했다는 자책감이 컸다.

학위 과정 막바지에 와서 혼자가 된 김점동은 생계와 학업을 온전히 스스로 감당해야만 했다. 로제타 여사는 이미 3년 전에 김점동을 미국에 두고 선교와 의료 활동을 위해 조선으로 돌아간 터였다.

# 크리스마스 씰의 탄생과 김점동의 기여

천신만고 끝에 서양의가 된 김점동은 1900년 11월 조선으로 귀국해 평양에서 활동하던 로제타 여사를 도와 진료와 선교 생활을 시작한다. 로제타 여사는 의료 활동은 물론 '평양여맹학교(平壤女盲學校)'를 설립해 시각장애인을 위한 교육에도 적극적인 모습을 보였다. 로제타의 충실한 제자에서 가장 믿음직한 동료가 된 김점동 역시 의사인 동시에 맹학교 교사로 활동했다.

김점동은 로제타가 이뤄놓은 선구적 업적에서 더 나아가 조선의 여성 의료 체계와 교육 환경 자체를 제도적으로 변화시키고 질적으로 발전시키고자 했다. 이화학당에서 발행한 최초의 근대적 생리학 교과서『전톄공용문답(全體功用問答, Lessons on the Human Body)』(1899)을 활용해 치료와 교육에 적용했다.

보구여관에는 전문적인 간호원 양성소를 설치하고 부인 전문 의료인을 길러내는 체계를 갖추는 데도 힘썼다. 최초의 한국 간호원 양성소에서 수립한 교육과정의 설계는 온전히 김점동의 몫이었다.

구한말 조선은 자연스러운 의료와 봉사 활동이 이뤄지기 쉬운 조건이 아니었다. 급변하는 주변국의 정세는 혼란스럽기만 했고, 조선에 가장 큰 영향력을 행사하던 두 나라 일본과 러시아가 한판 전쟁을 벌인다는 소문도 들려왔다. 또 조선을 식민화하려는 열강

왼쪽부터 차례대로 한국 최초의 생리학 교과서 『전톄공용문답』, 여성을 위한 최초의 병원 보구여관, 미국 유학 시절의 김점동.

들이 호시탐탐 노리는 통에, 조선의 정치 경제 사정은 날이 갈수록 피폐해져만 갔다.

게다가 아직도 구학문과 가부장 전통만을 고집하는 유교주의자들과 국수주의자들이 버젓이 권력을 잡고 있는 통에, 서양 의학을 공부하고 돌아온 여성 김점동은 눈엣가시 같은 대상이기도 했다. 그녀의 존재 자체를 못마땅해하는 사람들이 많았다.

김점동은 그런 상황에서도 굴하지 않고 살인적인 스케줄을 소화하며 진료를 봤다. 잠을 못 자고 먹는 것도 부실하니, 남을 살리려다가 자신이 먼저 죽지 않을까 걱정이 될 정도였다. 일을 마치고는 허청허청 집으로 돌아가는 날이 많았다.

결국 정식 의사로 본격적인 의료 활동을 시작한 지 다섯 해째가 되던 1905년 7월에 '전신쇠약'과 '심장 합병증'으로 더 이상 진료를 이어갈 수 없는 지경에 이른다. 과로와 혹사가 그 이유였다.

뒤늦게 휴식을 갖고 다시 건강을 회복하려 애썼지만, 이미 악화된 몸 상태를 되돌리기 어려웠다. 몸이 상할 대로 상한 김점동은

먼저 떠난 남편과 마찬가지로 폐결핵 투병생활을 이어가다, 1910
년 한일합병이 되던 해 34세의 이른 나이로 세상을 떠나고 만다.

로제타 여사는 아끼던 제자이자 훌륭한 파트너였던 김점동의
죽음에 크게 비통함을 느낀다. 김점동과 그녀의 남편 박유산이 이
른 나이에 죽은 이유가 결핵이었다는 점을 새삼 상기한 뒤, 조선
에서 결핵을 퇴치하기 위해 많은 노력을 기울인다.

결핵의 가장 큰 원인은 불결한 위생과 영양 불균형이었는데, 이
문제를 해결하기 위해서는 사회적인 노력이 필요하다는 것을 깨
달았다. 이후 로제타 여사는 조선에서 깨끗한 환경과 영양학적 균
형을 갖춘 생활이 가능하도록 하는 의료운동을 펼쳐나간다.

훗날 그 캠페인의 일환으로 1932년 만들어진 것이 바로 '크리
스마스 결핵 씰(Seal)'이다. 우편은 가장 기본적인 근대 제도 중의
하나인데, 전보와 편지를 보낼 때 결핵 씰을 함께 붙여 보내는 것
이 크리스마스의 따뜻한 문화로 자리 잡는다. 이후 크리스마스 씰
의 판매대금은 결핵 환자 치료와 지원에 쓰이는 것이 오랜 전통으
로 확립됐다.

김점동을 무척 아끼던 로제타 여사의 기여와 발상을 토대로 만
들어진 우리나라의 크리스마스 씰은 좀처럼 보기 어려운 문화가
됐다. '편지'보다 '이메일'이 '전보'보다 '문자 메시지'가 더 익숙한 시
대이며, 결핵 자체가 거의 완전하게 퇴치된 질병이기 때문이기도
하다.

하지만 아직도 많은 사람이 크리스마스가 되면 결핵 씰의 추억을 떠올린다. 물론 결핵 씰이 조선 최초의 근대 의료인이자 첫 여성 서양의였던 김점동의 삶과 죽음에서 비롯되었다는 사실을 아는 이들은 그리 많지 않다. 코로나로 인해 어느 때보다 험난했던

로제타 셔우드 홀이 만든 우리나라 최초의 크리스마스 씰, 해주구세요양원 발행판(1932)

지난 두 해 동안의 크리스마스는 유난히 적요했다. 코로나에서 벗어나 일상을 회복하게 된 2022년 올해 새로 맞이하는 크리스마스에는 이웃을 향한 애정과 배려가 넘치길 기대해본다.

# 중늙은이 나이,
# 비행기에 인생을 건 사나이

조선 최초의 비행사, 서왈보(徐曰甫, 1887~1926)

## 늦깎이에서 최초의 비행사로

동급생들이 모두 스무 살뿐인 학교에 서른넷 나이로 입학한 사람이 있다면 어떤 평가를 받을까. 대기만성? 끝까지 포기하지 않는 드림헌터? 아니다. 주변의 친절한 간섭꾼들은 아마 도시락을 싸들고 쫓아 다니며 입학을 만류하고 하던 일이나 계속하라고 조언할 것이다.

아무리 하고 싶은 게 있더라도 서른네 살에 입학이라니……. 더구나 조혼 풍습이 남아 있어, 마흔이 되면 손주 보는 일도 흔했던 1920년대에 말이다. 그 시절 30대 중반의 나이는 지금과 사회적 무게부터 사뭇 달랐다.

그런데 중늙은이 취급을 받는 나이에 비행사의 꿈을 향해 과감히 도전을 실행한 사람이 있었다.

인생의 '리셋' 버튼을 과감하게 눌러보고 싶은 순간은 하루에도 몇 번씩 찾아온다. 하지만 그것을 실행에 옮기는 일은 엄청나게 큰 용기와 결심을 필요로 한다. 알량한 자존심과 소소한 기득권을 모두 내려놓아야 하고, 주변 사람들의 근심 어린 걱정과 관심을 모조리 감당해야 한다는 사실을 우리 같은 현명한(?) 현실주의자들은 너무나 잘 알고 있다.

특정 나이 때 도달해야 할 사회적 지위와 일정 수준의 성취가 '매뉴얼'처럼 강요되는 요즘 같은 시대라면 더욱 그렇다. 남보다 한 발 앞서 나가는 것도 모자랄 판에 십수 년이나 뒤처져 뭔가를 다시 시작한다는 것은, 무모한 도전이 돼버리거나 훗날 후회할 일을 하나 더 만드는 일에 불과할 테니 말이다.

서왈보(徐曰甫, 1887~1926), 가장 늦게 시작했지만 결국 '조선 최초의 비행사'란 명예를 차지한 사람. 그는 우리나라 최초의 전투비행사였다. 하지만 최초의 비행사를 '안창남'으로 알고 있는 사람이 대부분이다. '안창남의 비행기, 엄복동의 자전거'가 당시 유행가의 노랫말로 쓰일 정도였으니, 서왈보는 당시에도 안창남에 비해 많이 알려진 인물은 아니었던 모양이다. 하지만 서왈보의 비행 이력은 안창남보다 10년 가까이 빠르다. 다만, 안창남이 경성에서 줄곧 활동했고 서왈보는 중국에서 비행 이력을 쌓았다는 점에서 차이가 있다.

## 미래를 바꾼 일본군의 공개비행

서왈보는 평양(平壤) 태생이다. 그의 아버지는 일찍이 개화사상을 견지하고 일본 유학을 다녀온 뒤, 체신분국장 통역사 자리를 얻으면서 세 살 된 서왈보를 데리고 원산(元山)으로 이주한다.

서왈보는 거기서 일본인 보통학교를 나온 뒤 다시 고향으로 돌아와 평양의 '대성학교'를 졸업했다. 안창호가 설립한 대성학교(교장 윤치호)는 장래 조선의 독립을 위해 헌신할 일꾼을 길러내는 학교였다.

아무래도 서왈보가 학교를 다니던 시절은 일본의 지배 아래 있던 상황인지라 교육은 더욱 매섭고 엄격하게 이뤄졌던 모양이다. 서왈보의 군인 정체성은 병영과도 같았던 대성학교 시절부터 몸에 밴 습속이 자연스럽게 발현된 것이었다.

서왈보는 대성학교 졸업 후 1910년 안창호(安昌浩), 이갑(李甲) 등과 함께 시베리아로 건너가 독립운동가를 양성하는 학교를 함께 설립했다. 이후 중국 베이징과 몽골에서도 무장투쟁 독립운동을 펼치며 유명세를 떨쳤다.

그렇지만 국외에서의 독립운동이 순탄할 리 없었다. 인력과 자금이 부족하고 일본군과 싸울 무기도 확보하기 어려웠다. 서왈보는 귀국해 군자금을 모으기 시작했다. 말이 좋아 모금이지 평양의 이름난 부자들을 한밤중에 몰래 찾아가 '육혈포(권총)'를 겨누고 강제로 빼앗는 방식이었다. '독립'이라는 대의를 위해서라면 '강탈'이라는 거친 행위도 서슴지 않았던 모양이다.

그러던 어느 날 서왈보는 조선에서 '공개비행대회'가 열린다는 소식을 접하고 경성의 용산으로 향한다. 당시 용산은 일본 육군의 주둔지였다. 그곳에서 서왈보는 난생처음 비행기를 보고 자신의 미래를 결정짓는다.

그날 조선 땅에서 처음 열린 일본군의 공개비행은 쌍엽기가 고도 200미터 상공을 고작 3분 정도 비행하는 수준이었다. 하지만 서왈보는 우아하게 활공하는 비행기의 모습을 보고 큰 충격을 받는다. 맞서 싸워야 하는 제국 일본이 가진 '과학'과 '기술'의 정체를 비로소 목격했기 때문이었다.

이날 그는 비행기를 직접 조종하고 조선의 독립을 위해 활용하겠다고 굳게 결심한다.

## 중국군도 인정한 비행 실력

중국에서 비행교관 시절 서왈보의 모습

서왈보는 곧장 중국으로 돌아가 바오딩 육군학교에 입교해 군인이 됐다. 이때가 1914년이었다. 아직 편제와 세력을 갖추지 못한 조선독립군을 훗날 정비하기 위해 정규군 경험이 필요하다고 판단해서였다.

중국 정부군에서 대위로 복무할 무렵 조선에서는 3.1 운동이 일어났다. 서왈보는 때를 놓치지 않고 남만주로 건너가 국외

만세 운동을 이끌었다. 중국군의 장교로 복무하면서도 식민지 조선의 정세를 예의주시하고 있었기에 가능한 일이었다.

당시 중국 정부군도 일본 관동군과 대치 중이었기 때문에, 조선인들의 대일본 무장투쟁을 암암리에 지원하고 있기도 했다.

이후 서왈보는 자신이 소속된 정부군의 '펑위샹(馮玉祥, Feng Yuhsiang)' 사령관에게 항공기를 도입하고 항공사를 양성하길 강하게 요청한다. 비행기를 보유하는 것만이 일본과 겨룰 수 있는 힘을 갖추는 방법이라는 주장이었다. 서왈보의 혜안을 높이 산 펑위

**146**

샹은 그를 육군 비행교관으로 임명한다.

하지만 비행 경험도 없고 전투기 화력도 형편없던 정부군에서 그의 꿈을 실현하기란 요원했다. 서왈보는 곧바로 '남원항공학교'를 찾아가 비행사 후보로 입교한다. 이때가 바로 서른넷, 소령 계급 시절이었다. 서왈보는 나이와 계급을 모두 내려놓고, 스무 살 안팎의 후보생들과 함께 경쟁하며 기꺼이 비행 교육을 받았다.

나이 차이는 아무런 상관이 없었다. 그에게는 비행조종과 항공 운용 기술을 익혀 항공대를 제 손으로 창설하고자 하는 목표밖에 보이지 않았다.

2년 동안의 과정을 마치면 서왈보의 인내와 노력은 빛나는 성취로 돌아올 터였다. 그러던 어느 날 비행학교를 수료하기 전인데도 불구하고 서왈보에게 원소속인 정부군과 경쟁 관계에 있는 만주 '동북군'의 최고지도자로부터 항공장교 스카우트 제의가 들어왔다. 제안이라기보다는 협박에 가까웠다. 제의를 따르지 않으면 어찌될지 모를 일이었다.

당시 중국은 각 지역마다 군벌이 득세했는데, 만주는 마적단 세력이 규합해 만든 동북군이 장악하고 있었다. 하지만 만주 동북군의 실질적인 배후 세력은 일본 관동군이라는 소문이 자자했다.

스카우트 소동은 중국 비행학교에 조선인 학생이 있다는 첩보가 조선총독부에 통고되고 경무국의 협조를 받은 관동군 참모 '혼조 시게루'가 동북군에 명령해 서왈보를 회유하라고 지시해 일어난 일이었다.

하지만 서왈보는 자신을 비행사로 육성해준 정부군을 끝내 배반하지 않았다. 정부군은 당시 전력상으로도 동북군이나 관동군과는 비교할 수 없을 정도로 열세였지만, 자신에게 비행사의 꿈을 실현할 기회를 마련해준 정부군의 은혜를 저버릴 수 없었다.

우여곡절 끝에 항공학교를 마친 서왈보는 펑위샹에게 프랑스로부터 '코드롱' 한 대를 주문해달라 부탁하고, 믿을 만한 항공학교 동기생들을 비행병과 정비병으로 채용한다. 당시 비행기는 값이 너무나 비싸고 구하기 어려운 무기였다. 서왈보는 동료들과 겨우 구한 비행기 한 대를 뜯고 조립하고 조종하길 반복하며 비행기술을 익히고 또 익혔다.

이후 중국 정부군과 만주 동북군 간에는 쫓고 쫓기는 전쟁이 이어졌고, 전력이 앞섰던 동북군에 의해 정부군은 전멸당할 위기 상황에 놓인다. 그때 서왈보도 포로가 됐다. 동북군 수장 '장쭤린(張作霖, Chang Tsolin)'은 항공학교 시절 스카우트 제의에 응하지 않았던 서왈보에게 악감정이 남아 있었다.

장쭤린은 서왈보를 총살시킬 것처럼 위협하다가, 그의 비행기술과 경력을 아깝게 여겨 놓아준다. 행운이 따르기도 했지만, 열정과 노력이 위기에서 삶을 스스로 구원했다고 볼 수 있다.

얼마가 지나자 세력을 규합한 정부군의 반격이 이어졌고 베이징을 수복할 수 있었다. 이후 정부군은 '국민군'으로 명칭을 바꾼

서왈보의 비행기와 서왈보(<동아일보>, 1925년 1월 1일)

후 점차 세력을 확대한다.

이때 서왈보가 큰 역할을 하는데, 남원항공학교에 있던 교습용 전투기 열 대를 모두 수습하고 손수 조종해 와 국민군의 자원으로 활용할 수 있게 한 주인공이 바로 그였기 때문이다. 한 대씩 직접 조종해 베이징에 착륙시키곤 차를 타고 남원으로 돌아가 또 조종해 오길 정확하게 열 번 반복했다.

## 비행 훈련 중 사망한 서왈보

비행기에 미쳐 있던 서왈보는 운명의 장난처럼 비행 훈련 중에 사망하고 만다. 직접 손수 비행기를 조종하고 정비하지 않으면 성에 차지 않았던 그는 이탈리아에서 들여온 열 대의 연습용 전투기를 직접 시험 비행하던 중 추락사하고 만 것이다.

1926년 6월 20일, 그의 나이 40세 되던 해였다. 허망한 죽음이었다. 비행 장면을 직접 보고 있던 그의 아내와 딸은 그 자리에서 실신했고, 그를 흠모하고 신뢰하던 중국인 동료들과 선망하며 따랐던 조선인 후배 조종사들도 모두 충격에 빠졌다.

그토록 열정을 쏟았던 연습비행장 한편에 무덤이 마련됐고 '朝鮮(조선) 最初(최초)의 軍事飛行士(군사비행사) 徐曰甫公之墓(서왈보공지묘)'라는 문구가 새겨진 비석이 세워졌다. 곧 그의 사망 소식은 경성으로까지 전해지고 신문에는 '嗚呼(오호) 徐曰甫公(서왈보공) 血淚(혈루)로 그의 孤魂(고혼)을 哭(곡)하노라'라는 추모사가 실렸다.

살아생전 서왈보의 명성은 이미 중국을 넘어 조선으로까지 전해졌고, 비행사의 꿈을 꾸던 조선인들이 중국으로 서왈보를 찾아올 정도였다. 조선인 최초의 여성 비행사 '권기옥'과 해방 후 제2대 공군참모총장을 지낸 '최용덕' 등이 서왈보에게 특훈을 받은 대표적인 인물이다.

서왈보는 중국군 소속으로 활동했지만 자신의 노력과 경험이 조선 독립의 자원으로 이용되길 끊임없이 바랐다. 훗날 그의 노력은 대한민국 정부로부터 인정받아 1990년 독립유공 애국장을 서훈받는다.

서왈보(오른쪽)와 우리나라 최초의 여성 비행사 권기옥(왼쪽)

안전한 삶의 방식이 선호되는 시대이다. 훗날 '이불킥'할 일을 최소화하는 삶의 패턴이 가장 이상적인 인간형이 돼버렸다. 우리는 어느새 꿈과 이상을 뒤로 미뤄두며, '유예'와 '포기'의 알리바이만을 만들어내는 것에 익숙해졌다.

서왈보는 '최초'라는 수식어를 가지고 있어서 기억해야 하는 인물이라기보다 '최후'까지 꿈을 포기하지 않고 실천에 옮겼다는 점에서 더욱 존중받아야 하는 존재다. 더구나 그가 품었던 비행의 꿈은 개인 차원의 성취로만 머문 것이 아니었다.

식민지 조선인들에게 서왈보의 활약은 민족 해방의 희망을 품게 하는 강렬한 저항의 자원으로 환기됐다. "끝날 때까지 끝난 것이 아니다." 조선 독립과 한국 비행 역사에 깊은 흔적을 남긴 서왈보의 삶을 축약하는 한 문장이 아닐 수 없다.

# 여성의 더 나은 미래를 향한 위대한 '반걸음'

우리나라 최초의 조선복재단기 발명가, 이소담(李小淡, ?~?)

## 옷의 마법

한 사람의 지위와 개성을 드러내는 데 있어, 옷차림만큼이나 큰 영향력을 발휘하는 게 또 있을까. 우리는 누군가의 '입성'을 보고 단박에 그를 가늠하고 평가하기를 서슴지 않는다. 상대가 지닌 '언어'와 '지식', '인품'과 '교양'을 알아채려면 오랜 시간이 걸리지만, '패션'은 단 한 번의 시각적 포착만으로도 충분히 판단 가능하기 때문이다. 청진기를 댈 필요도 없이, 쓱 한 번 훑어만 봐도 견적이

나온다.

의복에 대한 고정관념과 사회적 힘이 어떠한지에 대해 알아본 한 실험이 있었다. 2014년 인도 뉴델리에서는 정장 차림의 남성이 사회적으로 어떤 대우를 받고 또 과연 어느 곳까지 제지받지 않고 출입이 가능한지에 대한 실험을 수행한 바 있다.

말쑥하고 근사한 정장을 차려입은 사람에게 시민들은 길을 비켜줬고 묻는 말에 모두 존칭을 사용해 대답했다. 그는 아무런 제지 없이 상업 시설과 기업 사무실은 물론 관공서까지도 무사통과 할 수 있었다.

사람들은 정장 차림의 사내에 대한 정보가 아무것도 없음에도 불구하고 막무가내의 권위와 무한정의 자격을 부여했다. 영화 〈007〉 시리즈에서 '제임스 본드'가 늘 정장 차림으로 나서는 까닭도 바로 이런 이유 때문일 것이다.

한국 사회 역시 이와 크게 다르지 않다. 2006년에 개봉한 한국 영화 〈두뇌유희프로젝트, 퍼즐〉에 나오는 '환'은 급이 높은 사기꾼인데, 그는 고급스러운 양복 정장 차림을 한 것만으로 많은 사람에게 믿음과 신뢰를 얻는다.

이런 대사가 기억에 남는다. "양복을 입으면 어디든 들어갈 수 있거든." 그 '어디든'은 '돈'과 '힘'이 모여드는 특정 장소인 동시에 사람들의 경계심이 사라진 마음 한구석이기도 할 테다. 이렇듯 옷차림은 인간의 사회적 지위를 결정짓고 또 반복 재생산한다.

## 여성에게 강요된 전통적 옷차림 규범

남성의 옷차림이 '자본'과 '권력'의 표상으로 인지되는 것과 달리, 여성의 옷차림은 좀 더 '전통'이나 '관습'과 같은 문화적인 맥락에 의해 결정된다. 더구나 여성의 옷차림은 어느 시대에나 줄곧 '눈요기' 혹은 '구설'의 대상으로 삼기 좋은 소재이기도 했다. 이는 역설적으로 사회규범이나 지배질서에 대한 저항의 수단으로 여성들의 전복적 옷차림이 얼마나 큰 힘을 발휘하는지를 보여준다.

'68혁명' 당시 서유럽의 젊은 여성들은 브래지어를 벗어 던지며 기성의 권위에 도전했다. 비슷한 시기에 한국에서는 미니스커트를 입고 처음 등장한 '윤복희'가 있었다. 여성이 옷을 벗어 던지거나 낯선 옷을 입었을 때 사람들은 큰 충격을 받았다.

이렇듯 역사의 패러다임이 전환될 때, 여성의 옷차림은 늘 변화했다. 아니, 여성의 바뀐 옷차림이 혁명적인 변화를 가져왔다고 말하는 것이 더 옳겠다.

1930년대 모던 열풍이 불었던 식민지 조선의 경성에서도 여성의 옷차림은 변화하는 시대를 가시적으로 경험할 수 있게 해주는 유력한 증거였다. '단발(斷髮)'과 '양장(洋裝)' 차림으로 본정(명동)과 진고개(충무로)를 오가는 여성들이 늘어나고, 여학생들의 옷차림 역시 날로 세련되어갔다.

하루가 멀다 하고 신문에서는 여성들의 옷차림과 관련된 새로

1930년대 '모던걸'과 '여학생'

운 유행을 소개하고 평가했다. 여성 연예인들의 공항패션이나 드라마 여주인공이 입고 나온 옷차림이 연일 기삿거리로 쏟아져 나오는 지금이나 그때나 사람들은 여성들의 옷차림에 정말 관심이 많다.

그 관심과 평가에는 환호도 섞여 있지만 실상 비난이 더 큰 부분을 차지한다. 여성의 옷차림에 대해서만은 자유를 허락하지 않는 분위기가 꾸준했다. 달라진 여성들의 옷차림은 아주 간단하게 '사치'와 '낭비'로 취급됐으며, '모던걸'들은 한낱 유행을 따르는 철없는 족속들로 묘사됐다. 또한 '단정해야 한다'거나 '여성스러워야 한다'는 규범 역시 지속적으로 강요됐다.

대다수 여성들은 사회적 편견은 물론 '아버지'와 '남편', '오라버니'의 마뜩찮은 시선과도 싸워야만 했기에 모던한 차림은 큰 용기와 결심을 필요로 한 일이기도 했다. 그러다 보니 눈에 띄는 신식 차림의 여성들보다 전통적인 차림의 여성들이 여전히 더 많았다.

## 모던 스타일 조선 의복의 창시자

이소담(李小淡, ?~?)은 1936년 우리나라 최초로 '조선복재단기'를 발명한 사람이다. 평안남도 대동군 출생으로 1929년 사리원고등여학교를 나온 뒤, 1933년에는 이화여자전문학교를 졸업했다.

이소담은 졸업과 동시에 가사과(家事科) 전공 경험을 살려 '평양편물강습회'에 출강한다. 1934년에는 서대문 여자기독청년회 앞 부인상회 경성당에 '재봉연구소'를 차리기도 했다. 현대적인 의복을 구상하고 제작하기 위한 목적에서였다. 연구소 개설과 동시에 편물(編物, 뜨개질)과 재단 강습을 시작했음은 물론이다.

'뜨개질'과 '마름질'을 배우는 일 따위는 전통적인 여성의 세계에 안주하는 성역할 고착화로 오해되기 쉽지만, 당시의 관점에서 보자면 이소담의 현대의복 제작 강습은 파격적인 도전에 가까웠다.

이전까지 여성의복이라는 것은 각 가정에서 전승되는 전통 방식으로 짜고 짓는 방법밖에 없었다. 일군의 여성들이 사회로 진출해 의복 제작 교육을 받기 시작하면서 여성들도 의복 제작을 목표로 하는 사회적인 공동체로 성장할 계기를 마련했다. 또 그전까지

'모던 스타일'의 현대 의복은 너무 비쌌고, 개인이 만들어 입는 일은 엄두도 내지 못했다.

이런 사정이었으니 강습회에 여성들의 호응이 대단한 것은 당연했다. 강의장이 포화될 정도로 수강생을 늘리고 수업도 더 많이 개설했지만 수요를 감당키 어려웠다.

## 새롭고 편한 옷을 만들기까지

그러나 이소담의 바람처럼 세상은 금방 변하지 않았다. 작은 연구소 하나만으로는 역부족이었다. 서양식 바느질과 재봉기술을 익혀 현대 의복을 만드는 것도 쉽지 않았다. 장비가 없는 가정으로 돌아가서는 연습도 제대로 할 수 없었기 때문이다.

이소담은 스스로 양장을 입을 줄 아는 깨인 여성이었으나, 많은 여성이 전통적인 의복을 입어야만 하는 조선 사회의 복잡한 사정도 잘 이해하고 있었다. 이소담은 여성들의 열악한 처지와 모자란 용기를 탓하기 전에 그들의 현실을 개선하는 데 도움을 주는 장치를 발명해야겠다고 생각하기에 이른다.

오랜 노력 끝에 그녀는 '조선복재단기'를 고안해낸다. 정식 명칭은 '조선복재단형-사광형'이다. 특허국에 출원해 11535호로 특허권도 인정받는다. 이 발명품은 저고리를 만드는 데 특화된 기계였

새해 발명계의 기대주로 이소담을 거론하며 소개하는 기사(<동아일보>, 1936년 1월 1일)

다. '사광형(四光型)'이란 조작에 따라 네 가지 형태의 재단이 모두 가능하다는 뜻이다. '소매'와 '깃'과 '도련'과 '섶' 네 가지를 하나의 재단기로 모두 구현할 수 있는 첨단 기계였다.

　지금 우리에게 소위 '한복'으로 불리는 조선의복은 손으로만 재단하기 매우 어려운 옷이었다. 조선의복 특유의 날카로운 직선과 부드러운 곡선을 모두 살려내기 쉽지 않기 때문이다.

　이소담은 만들기도 어렵고 노동이나 활동에도 적합하지 않은 당시의 조선의복을 개량하고 또 그것을 가정에서 직접 재단할 수 있게 만들었다. 활동성은 강화하고 디자인을 단순화하면서도 조선의복의 전통에서 완전히 멀어지지 않은 절충적인 형태였다.

조선의복의 전통에도 벗어남이 없으니 비난받을 염려도 적고, 여성의 노동과 활동에도 편리함을 제공해주니 많은 사람에게 환영받을 수밖에 없는 발명품이었다.

당시 여성들이 옷을 만들고 입을 때 겪어야 했던 복잡한 사정과 문제를 누구보다 예민하게 이해한 결과였다. 너무 앞서가지 않았으며 그렇다고 안주한 것도 아니었다. 혹자는 이소담이 여전히 '조선옷'에 얽매여 있었다는 점에서 '조선복재단기'의 발명이 여성 해방과는 거리가 먼 행보라고 폄하할 수도 있지만, 그것은 근시안적인 평가에 불과하다.

이소담의 발명은 조선의 여성들이 더 나은 미래를 꿈꾸기 위해 내딛는 '반걸음'이었다. 주어진 여건 속에서 가장 필요한 장치를 고안하고 조금이나마 진전된 변화를 실현해냈기 때문이다.

여성 발명가의 갑작스러운 등장에 사람들은 깜짝 놀랐다. 발명품의 쓸모와 사회적 기여에 대해서도 높은 평가가 이어졌다. 당시 여러 신문에서 동시에 이소담의 발명과 특허 출원 소식을 전했다.

〈조선중앙일보〉(1936년 1월 6일)는 이소담이 거둔 성과에 대해 '조선의 젊은 여성들이 가장 중요한 시기를 오직 무미건조한 재봉 노동에 소비하고 마는 안타까운 사정을 일소하기로 결심하고 두루 고심한 결과물'이라고 소개하고 있다.

# 일평생 발명에 투신한 삶

조선의복을 개량하고 가정에서 직접 개량된 옷을 재단할 수 있게 만든 이소담의 발명은 서양에서 장갑의 보급에 기여한 '그자비에 주뱅(Xavier Jouvin)'의 업적을 연상시킨다.

19세기 초반까지만 하더라도 유럽에서는 실생활과 노동 현장에서 장갑을 낄 수 있는 사람이 별로 없었다. 장갑은 인간의 신체 중에서도 구체 관절의 움직임이 가장 복잡한 손에 착용하는 의복이라 만들기가 쉽지 않았다. 장인들이 고급 실크와 가죽을 손으로 떠서 만든 장갑은 귀족들이 멋을 내기 위한 사치품에 불과했다.

하지만 1834년 프랑스의 '그자비에 주뱅'이 인체의 해부학적 분석을 바탕으로 손의 모양을 본떠 만든 금속틀이 부착된 재단기를 발명함으로써 장갑의 대량 생산이 가능해졌다. 자동화된 공정에 의해 한 번에 여섯 짝씩 만들어낼 수 있는 기계가 보급된 덕분에 많은 사람이 값싸고 질 좋은 장갑을 착용할 수 있게 됐다.

이소담이 대단한 까닭은 재단기의 특허권에 대해 개인 소유를 주장하지 않고 곧바로 사회로 환원해 많은 사람이 그 기술을 사용할 수 있게 했다는 데 있다. 그저 누구나 쉽게 옷을 지어 입기를 바랐던 것이다.

이소담은 여성이 사회활동에 적극적으로 나서기 위해서는 의복을 갖춰 입는 시간과 비용을 줄여야 한다고 생각했다. 당대의

규범에 따라 '전통적'이거나 '여성
스럽다'고 평가받는 옷차림보다
는, 여성이 '실용적'으로 입고 또 스
스로 쉽게 옷을 만들 수 있는 여건
을 만드는 것이 더 중요했다.

이후에도 이소담은 계속 의복
개량과 재단기술 발명에 매진한

이소담(왼쪽)이 자신이 발명한 재단기
로 만든 개량 조선의복을 입고 있는
모습(<동아일보>, 1949년 6월 1일)

다. 평생을 여성의복과 관련한 발명에 투신한 셈이다. 해방 이후
에도 한국의 대표적인 여성 발명가로 손꼽을 수 있을 정도로 많은
성과를 낸다.

하지만 부족한 저자의 능력 탓일 수도 있지만 이소담의 생몰 연
대는 정확하게 확인되지 않는다. 1930년대 여성들이 간편하게 스
스로 짓고 실용적으로 입을 수 있도록 재단기를 만들어 여성의복
계에 혁명을 일으키고, 1950년대에는 대한발명가협회 이사직을
맡았으며, 1984년에는 '여성의복용 비밀주머니'를 개발한 공로로
'뉴욕국제발명전'에도 초청되기까지 한 여성 발명가의 사회적 기
록이 너무나 빈곤하다는 사실은 무척이나 씁쓸하다.

이소담이 '반걸음'씩 미래를 향해 나아갔던 그 속도에 대한 정당
한 평가가 시급하다.

# 일본 천황을 암살하려 했던
# 아나키스트 혁명가

‘최악의 불령선인’으로 호명된, 박열(朴烈, 1902~1974)

## ‘최악의 불령선인’

식민지 시기 일제에게 수상한 조선인은 늘 감시 대상이었다. 제국 일본의 지배자들에게 민족이 다르고 언어가 다른 조선인 타자는 이해할 수 없는 존재였다. 식민지 조선 전역에서 일어난 1919년 의 3.1 운동은 식민자가 피식민자를 절대로 이해할 수 없다는 사실을 각인시킨 사건이었다.

계몽적이고 근대적인 통치술만으로 식민지를 완전히 동화시킬 수 없었다. 3.1 운동 이후 일제는 무단통치에서 문화통치로 방향을 전환해 식민지를 더욱 악랄하게 통제하기 시작했다. 문화적 지배라는 허울을 앞세웠지만 실상은 조선인의 민족의식과 해방 욕구를 편집증적으로 단속하는 방식이었다.

일제는 만세 운동이라는 큰 소요 사태를 경험한 뒤 사회적 동요를 사전에 차단하기 위해 무던히 애를 썼다. 일상적인 검열과 감시를 실행하고자 경찰과 헌병 같은 치안기구를 확대하고, 신속한 처벌을 위해 사법체제를 강화했다. 제도적인 차원에서 식민지 지배 정책을 공고히 정비한 셈이다.

하지만 그럴수록 피식민자들의 저항은 더욱 거세지기만 했다. 3.1 운동 직후 중국 상하이에는 대한민국 임시정부가 세워졌고, 국내외를 가리지 않고 여러 갈래의 독립군이 조직됐다. 지식과 사상 분야에서도 제국주의와 자본주의 체제를 위협할 아나키즘과 사회주의가 폭넓게 유행해, 일제는 골머리를 앓을 수밖에 없었다.

일제를 골치 아프게 하는 조선인을 흔히 '불령선인(不逞鮮人)'이라고 불렀다. 불령선인은 '불온하고 불량한 조선인'이라는 뜻으로, 제국의 통치와 규율을 따르지 않는 사람들을 일컫는다. 일제강점기 일제 치안 당국으로부터 '최악의 불령선인'으로 불린 사람이 있었으니, 그의 이름은 박열(朴烈, 1902~1974)이었다.

열일곱 살 고등학생 때 3.1 운동을 경험한 뒤, 그해 10월 일본으로 건너가 무정부 단체인 '흑도회'와 '흑우회'를 창설했다. 1923년에는 애인 가네코 후미코와 함께 비밀결사 아나키스트 단체인 '불령사(不逞社)'를 만들기도 했다. 조직 이름이 '불온하고 불량한 단체'라니, 이름만으로도 어떤 결사체인지 짐작이 갈 만하다.

당시 조선의 많은 주의자가 일제의 요시찰 대상이었지만, 박열은 그중에서도 가장 특급의 위험인물로 간주됐다. 아나키즘에 흠뻑 빠져 있던 박열과 가네코가 군국주의의 핵심이자 권위주의의 최정점에 위치하고 있는 일본 천황을 암살하려다 실패했을 때, 일본 사회 전체가 발칵 뒤집혔다. 이름 없는 조선인 청년과 일본인 여성이 공조해 일본 제국의 최고 권위를 제거하려 했기 때문이다.

더구나 이들은 사법당국에 체포된 뒤에도 전혀 위축되지 않고 당당하게 행동했다. 박열과 가네코는 민족을 뛰어넘어 조선과 일본 사회 전체에 파란을 일으킨 불령선인이었다.

## 세상에 없던 아나키스트 커플

박열은 젊은 시절 스스로를 "나는 개새끼로소이다"라고 선언할 정도로 기존의 권위 및 질서를 전혀 인정하려 하지 않는 도발적인 생각을 가진 청년이었다.

일본에서 태어나 부모에게 버림받고 조선으로 건너와 살기도 했던 가네코 후미코는 일본 외가로 돌아온 뒤 박열이 쓴 「개새끼」라는 시를 접하고 단번에 그에게 빠져든다.

사회적 금기와 당대의 언어 규율을 모두 깨뜨린 파격적인 시 「개새끼」는 젊은 시절 박열이 지향하는 삶과 품고 있는 사상을 압축적으로 보여준다.

---

**개새끼**


나는 개새끼로소이다


하늘을 보고 짖는
달을 보고 짖는
보잘 것 없는
나는 개새끼로소이다


높은 양반의 가랑이에서
뜨거운 것이 쏟아져
나도 그의 다리에다
뜨거운 줄기를 뿜어대는


나는 개새끼로소이다
–박열(〈조선청년〉, 1922년 2월)

---

경상북도 문경에서 함양 박씨 집안 셋째 아들로 태어난 박열은 어린 시절부터 명석하고 박력이 있었다. 소학교를 졸업한 뒤 상경해 당대 명문 서울고등보통학교(훗날 경기고)에 진학한다.

3.1 운동이 일어나자 당연하게도 적극 참여한다. 그해 10월에는 일제가 마련한 규율과 질서만을 습득하는 정규교육 과정을 스스로 걷어차고 나와 학교를 그만둔 뒤 현해탄을 건넌다. 일본에서 날품팔이와 구두닦이, 신문배달 등 궂은일을 마다하지 않고 닥치는 대로 일을 하며 생계를 꾸렸다.

일본 생활을 시작한 지 얼마 되지 않아 무정부 단체인 '흑도회'를 만들어 본격적인 아나키스트로 활동하기 시작한다. 가네코를 처음 만난 것도 그때였다. 가네코는 이미 풍문으로 박열에 대해 듣고 깊은 호감을 갖고 있던 터였다. 박열 역시 혁명에 대한 남다른 열정과 투쟁력을 갖춘 가네코를 깊이 신뢰하고 애정하게 된다.

둘은 이내 동거를 시작했고 열혈 아나키스트 커플로 활약을 이어간다. 둘 사이에 조선인과 일본인이라는 정체성의 차이는 크게 중요하지 않았다. 아나키즘 혁명을 꿈꾸던 두 사람 사이의 신뢰와 협력은 민족을 뛰어넘는 돈독한 것이었다.

박열과 가네코가 추구하던 아나키즘은 제국주의의 구조적 억압에서 벗어나고 인간을 차별하는 기성 제도를 해체하자는 주장을 담은 급진적인 사상이었다.

1920년대는 전 세계적으로 제국주의와 자본주의가 득세하는

가네코 후미코와 박열

시기이기도 했지만, 이로 인해 발생하는 사회적 모순 또한 극심해 이를 해결하기 위한 대안으로 아나키즘과 사회주의가 적극적으로 모색되는 시기이기도 했다. 모든 인간이 자유롭게 지낼 수 있는, 어떠한 차별도 없는 이상적인 세계를 꿈꾸던 청년들에게 아나키즘은 타락한 세상을 변혁시킬 수 있는 중요한 저항의 자원으로 여겨졌다.

## 천황 암살 미수 사건과 재판소 괴사진 소동

박열과 가네코는 제국주의와 자본주의를 강하게 견인하던 일본 사회에서 국가의 지배, 권위주의의 정점에 일본 천황이 자리하고 있다고 생각했다. 천황을 처단하는 것만이 문제를 해결할 수 있는 근본적인 방책이라는 결론에 다다랐다.

천황 암살 계획은 주도면밀하게 실행됐다. 박열이 먼저 천황이 기거하는 궁성의 우편배달부로 위장 취업에 성공해 천황 가까이 접근할 수 있는 기회를 엿봤다. 하지만 경호와 보안이 철저한 천황의 일가족을 몰살할 기회를 마련하는 게 쉬운 일이 아니었다.

결국 천황을 암살하려던 계획이 발각돼 미수에 그치고 박열과 가네코는 일본 사법당국에 의해 긴급 체포된다. 당시 일본의 사법제도는 천황이 대상인 경우에는 단순한 예비 행위더라도 시도 자체만으로 대역죄로 처벌하는 법률을 마련하고 있었다.

조선인 청년 아나키스트와 그에 동조한 일본인 여성이 천황에게 폭탄을 투척할 계획을 세웠다는 게 밝혀졌으니 재판은 일사천리로 진행됐다. 천황을 암살하려다 미수에 그친 사건인지라 재판 결과는 불 보듯 뻔한 것이었다.

하지만 박열과 가네코의 재판은 일본 사법 역사상 전례가 없는 충격적인 사건으로 남게 된다. 박열과 가네코가 재판 중에 보여준 패기와 두려움 없는 행동이 일본 사회를 충격으로 몰아넣었기 때문이다.

박열과 가네코는 재판정에서 전혀 기죽지 않고 검사와 판사의 심문에 하나하나 논리적인 반격을 가한다.

곧 사형을 선고받게 될 가능성이 높은 조선인 청년이 일본인 판

재판정에서 흰옷을 입고 앉아 있는 박열

사에게 훈계하듯 준엄하게 꾸짖는 장면이 일본과 조선 신문에 속속 보도됐다. 가네코도 자신은 이제 더 이상 일본인이 아니라 조선인 '박문자'라며, 일본의 식민 지배와 통치의 문제를 낱낱이 비판하고 공격했다.

박열의 재판을 보고 있자면 누가 범죄자인지 또 누가 재판을 받고 있는지 구분하기 어려울 정도였다. 게다가 박열은 전혀 기죽지 않고 당당하게 다음과 같은 사항을 재판부에 정식으로 요구했다.

박열이 요구한 네 가지 조건에 대해 일본 대심원 심판부에서는 여러 날 동안 숙의한 결과 첫째와 둘째 조건을 들어주기로 했다.

첫째, 나 박열은 피고로서 법정에 서는 것이 아니다. 너 재판관이 일본의 천황을 대표해서 법정에 서는 것인 이상, 나는 조선민족을 대표해서 법정에 서는 것이다. 천황을 대표하는 일본의 재판관이 법관을 쓰고 법의를 입는다면, 나도 조선의 민족을 대표하는 입장에서 조선의 왕관을 쓰고 조선의 왕의를 입는 것을 허가할 것.

둘째, 나 박열은 피고로서 법정에 서는 것이 아니라 조선민족을 대표하여 조국 조선을 강탈한 강도 행위를 탄핵하고자 법정에 서는 것이기 때문에 재판관이 일본의 천황을 대표해서 나의 질문에 답변하라. 즉 내가 법정에 서는 취지를 내가 선언하도록 해달라는 것이다.

셋째, 나 박열은 일어를 사용하고 싶지 않다. 그러므로 조선어를 사용하고 조선어로 말하도록 해 달라. 조선어로 말할 터이니 통역을 준비할 것.

넷째, 일본의 법정이 일본의 천황을 대표한다고 해서 재판관은 높은 곳에 앉고 일본의 천황에게 재판받는 나 박열은 낮은 곳에 앉는 터이다. 그러나 나는 소위 일반 피고와는 다른 사람이다. 때문에 내 좌석을 너희 일인 판사의 좌석과 동등하게 만들어 달라.

**170**

도쿄지방재판소 조사실에서 촬영한 박열과 가네코 후미코

일본 재판부도 박열과 가네코 같은 피고는 처음이었기 때문에 적지 않게 당황했다. 더구나 법률과 제도의 엄정함뿐만 아니라 절차적 정당성을 보여야 할 제국의 법정이었기 때문에, 식민지 조선과 일본 전역에서 쏟아지는 대중적 관심도 부담이었다. 모든 사람이 이 재판에 이목을 집중하고 있으니, 박열의 주장을 함부로 무시할 수도 없던 터였다.

훗날 희대의 괴사진으로 남은 재판소 조사실 안 박열과 가네코의 사진이 유출됐을 때 그 책임을 물어 담당 판사가 곧장 파면됐고, 일본 내각은 총사퇴할 정도로 심각한 타격을 입었다. 이 사건을 빌미로 대역죄인을 특별 대우해 편의를 봐줬다며 재판부와 집권 정부에 대한 야당의 공격이 계속 이어졌다.

천황 살해를 기도한 범죄용의자 남녀가 재판소 조사실 안에서 함께 달라붙어 여유롭고 느긋하게 앉아 휴식을 취하고 독서하고 있는 장면은 자못 충격적이었다. 이 사진은 식민자와 피식민자의 정치적 지위가 역전된 듯한 착각을 불러일으킬 정도로 일본 사회에 현기증을 불러일으켰다.

## 일본 재판정에서 보여준 조선인 청년의 자긍심

여러 소동이 있은 후 박열과 가네코는 끝내 사형을 언도받았다. 그러나 이내 둘은 천황이 내린 특별조치에 의해 무기징역으로 감형받는다. 박열은 형의 경감 소식을 듣고 콧방귀를 뀌었으며, 가네코는 천황의 칙서를 받자마자 갈기갈기 찢어버렸다.

일제는 조선인 대역죄인도 감싸 안고 용서해주는 천황의 대범한 풍모를 연출할 의도였다. 하지만 두 사람은 이에 아랑곳하지 않고 일제의 정당치 못한 사법 조치 자체를 무시하겠다는 뜻을 온몸으로 표현했다.

일본 교정당국은 천황의 명을 거부한 박열과 가네코의 실제 반응은 숨기고, 이 둘이 천황의 은총에 감격했다는 내용의 거짓 편지를 조작해 언론에 흘리기도 했다.

박열과 가네코의 재판과 괴사진 소동은 1923년 관동대지진 이후 벌어진 일본 사회의 혼란상 그리고 조선인 학살의 책임 소재를 둘러싼 논쟁과 연관된 것이기도 했다.

당시 일본 정부는 대지진 이후 발생한 사회적 혼란과 무질서의 원인으로 재일조선인을 지목해 조선인에 대한 무차별적 폭력과 학살을 방조했다. 조선인들이 우물 속에 독약을 풀어 일본인을 몰살시킨다는 유언비어를 퍼뜨리거나, 조선인들이 혼란을 이용해 일본인 공동체를 파괴하려는 공작을 펼친다는 가짜뉴스를 내보냈다.

내부의 위기를 극복하기 위해 외부의 적을 상정하는 방법은 근대 국가의 오랜 전략이었다. 재일조선인의 희생을 통해 일본 집권 세력은 파국을 면하고 일본국민 전체의 단결을 이뤄낼 심산이었다. 야만적이고 무참한 제국의 술수였다.

때마침 박열이 일본 사회에 파문을 일으킨 천황 암살 미수 사건의 재일조선인 용의자로 지목됐으니, 박열에 대한 처분을 결정할 재판이 일본 사회의 첨예한 관심거리가 된 것은 당연했다. 더구나 그는 재일조선인으로 구성된 불온한 단체 '불령사'의 리더이기도 했다.

그런데 이때 박열이 재판정에서 전혀 위축되지 않고 조선인의 자긍심과 아나키스트 혁명가로서의 의연한 모습을 보여줬으니, 일본 사회는 적지 않게 당황했다.

재판이 끝난 뒤 석 달이 지났을 때, 가네코 후미코는 감옥에서 의문의 죽음을 맞는다. 자살로 생을 마감했다고 알려졌으나, 서둘

1945년 박열의 출소를 환영하는 동지들과 함께 찍은 사진
(정중앙에서 지팡이를 들고 있는 이가 박열)

러 시신을 처리하는 바람에 죽음의 원인을 명확하게 밝히지 못했다.

신경증을 앓고 있기는 했지만 감옥 안에서도 박열과 함께 뚜렷한 저항 의지를 드러냈던 것에 비춰보면 그녀의 죽음이 수상쩍은 것은 어쩔 수 없다. 한편 박열은 사상범으로서는 유례없이 23년간 장기 복역하고 해방 후 두 달 뒤인 1945년 10월 출소했다.

이후 박열은 재일조선인연맹(한국거류민단의 전신)을 조직하고, 대한민국 독립국가 건설에 기여했다. 한국전쟁이 발발한 직후 은신하던 서울 장충동에서 북한 인민군에게 체포돼 북송됐다.

박열이 이승만을 도와 남한 단독 정부 수립을 이끌었고, 반공주의자였음에도 인민군의 즉결처분을 피하고 살아남았다는 사실은 많은 것을 시사한다. 어쩌면 남과 북 모두 오랜 시간 감옥에 있다 나온 혁명가 박열의 명성을 필요로 했는지도 모르겠다.

그렇다고 박열이 남과 북 모두에서 융숭한 대접을 받은 것도 아니었다. 박열은 북한에서 재북평화통일협의회 의장으로 활동했다. 이름뿐인 명예직에 가까운 지위였다. 북한에서는 반공주의자였던 이력이 문제가 돼 권력의 핵심부에 올라서지 못한 것으로 보인다.

한국에서도 독립훈장 포상에서 박열은 오랫동안 소외됐다. 북한에서 직책을 수행하고 있었기 때문이었다. 박열은 1974년 북한에서 사망했다. 한국에서는 1989년이 되어서야 독립운동의 공로를 인정받아 건국훈장 대통령장을 수여했다.

2018년에는 그의 동지이자 부인이었던 가네코 후미코도 한국 정부로부터 건국훈장 애국장을 서훈받았다. 함양 박씨 집안 문중에서 가네코의 훈장 수여를 환영하는 성명을 발표하기도 했다. 파격적인 조치였다. 물론 이 모든 파격은 박열과 가네코 후미코가 보여준 젊은 날의 행적이 그 시작이라고 할 수 있다.

# 포대기를 둘러메고
# 메가폰을 잡았다

**한국 최초의 여성 영화감독, 박남옥**(朴南玉, 1923~2017)

## 여성 영화감독의 살아남기

미국 아카데미 영화제의 여성 감독에 대한 차별 역사는 뿌리 깊다. 1929년 시상식이 시작된 이후 무려 50년 가까이 단 한 번도 여성이 감독상 후보에 오르지 못했다. 2022년까지 여성 감독이 노미네이트된 경우는 총 일곱 차례에 불과하다.

1977년이 되어서야 사상 최초로 이탈리아 여성 영화감독 '리나 베르트뮐러(Lina Wertmüller)'가 감독상 후보에 오른다. 이후

1994년 '제인 캠피온(Jane Campion), 2004년 '소피아 코폴라(Sofia Coppola)', 2010년 '캐서린 비글로우(Kathryn Bigelow)', 2018년 '그레타 거윅(Greta Gerwig)', 2021년 '클로이 자오(Chloé Zhao)', 2022년 '제인 캠피온'까지. 이 중 수상자는 영화 〈허트 로커(The Hurt Locker)〉의 캐서린 비글로우와 〈노매드랜드(Nomadland)〉의 클로이 자오 그리고 〈파워 오브 도그(The Power of the Dog)〉의 제인 캠피온 세 명이다.

2020년 시상식에서 배우 '나탈리 포트만(Natalie Portman)'은 아카데미의 여성 차별에 항의하는 의미에서 그해 가장 뛰어난 업적을 남겼지만 정작 감독상 후보에도 오르지 못한 여성 감독들의 이름을 새겨 넣은 검은색 망토를 드레스 위에 겹쳐 입고 시상식에 참석했다.

그녀는 레드 카펫 행사에서 금색실로 수놓은 여성 감독들의 이름을 손가락으로 가리키는 포즈로 사진을 찍었다. 그날 "자신의 업적을 인정받지 못한 놀라운 여성 감독들의 이름을 기억한다"라는 글귀를 SNS 계정에 남기기도 했다.

아카데미만 유독 여성 영화인들에게 가혹한 것은 아니다. '칸'이나 '베를린'도 마찬가지고, 진보적이고 독립적인 성격으로 알려져 있는 작은 영화제나 비평가상도 대개 비슷한 사정이다.

상업 영화계 전반이 여성 영화인들이 자리 잡거나 성공하기에 불리한 여건이며, 성별에 따라 보상 시스템 역시 차등적으로 적용된다. 여성 영화인들은 살벌한 제작 현장에서 스스로가 '명예남성'을 자처하거나, 최소한 무성(無性)적 태도를 갖춰 여성적 색채를 지워내기를 강요받았다.

한국 최초의 여성 영화감독 박남옥(朴南玉, 1923~2017)이 영화를 찍었던 시대에는 더욱 그랬다.

## 영화 <미망인> 제작 일기

박남옥은 한국전쟁 직후인 1955년 장편영화 <미망인>을 완성했다. 영화는 전쟁에 나가 죽은 남편의 친구에게 후원을 받으며 살아가는 '미망인'이 딸을 버리고 다른 남자와 동거를 시작하지만, 끝내 남자에게 배신당해 버림받는 내용이다. 신파적 요소가 가미된 시대극이었다.

남녀 간의 파격적인 성애 장면은 물론 자신을 배신한 남자에게 복수하기 위해 여성이 칼을 겨누는 장면 등 <미망인>은 당대 보기 드물게

영화 <미망인>의 신문 광고 전단

178

여성의 욕망과 분노를 고스란히 담아내고 있는 작품이었다.

전쟁을 직접 체험한 여성 감독이 전후 기하급수적으로 늘어나 사회문제로 비화된 '미망인'의 생존을 정면으로 다루고 있다는 점에서 여성사적으로도 큰 의미가 있다.

안타깝게도 〈미망인〉은 극장에서 개봉한 지 3일 만에 막을 내린다. 여성 감독이 만든 영화라 선뜻 상영을 허락해주는 극장이 없어 어렵게 일정을 잡았지만 흥행에는 무참히 실패했다.

상영관 문제만이 박남옥이 겪은 어려움의 전부는 아니었다. 영화 기획과 제작 단계에서부터 상영에 이르기까지 여성 감독으로서 겪은 고난과 역경은 상상을 초월했다. 영화의 크레딧을 보면 배급사 이름이 '자매 영화사'로 되어 있는데, 제작사들의 투자를 받지 못해 출판사를 운영하던 친언니에게 돈을 빌렸기 때문이다. 제작비가 부족해 영화를 찍는 날보다 돈을 구하러 다니는 날이 더 많았을 정도였다.

박남옥은 한 인터뷰에서 "영화 제작에 들어가기 전에 나는 예술을 논했지만, 막상 영화 제작에 들어가니 아이를 업고 기저귀 가방을 들고 반년을 미친년처럼 이리저리 뛰며 보냈다"고 회상했다.

당시만 해도 벌써 35mm 필름 영화가 대세였는데, 〈미망인〉은 제작비 사정 때문에 할 수 없이 16mm 필름 카메라로 찍었기 때문에 관객들이 보기에 조악한 느낌을 떨칠 수 없었다.

이뿐만이 아니었다. 여성 감독이 촬영을 하고 있으면, 현장에

영화 촬영 현장에서 아이를 업고 있는 박남옥 감독

서 시비를 거는 사람들도 많았다. 후시 녹음을 해야 하는데 녹음실에서 "여자 감독이라 재수가 없다"며 녹음 기계를 사용하지 못하도록 퇴짜를 놓기도 했다. 박남옥은 영화 제작에 들어가기 직전 해에 출산했는데, 아이를 돌봐줄 사람이 없어 영화를 찍는 내내 포대기에 아이를 싸 들쳐 업고 메가폰을 들었다. 촬영 현장의 스태프들에게는 매일 같이 직접 밥을 해 먹이기도 했다. 악전고투였다.

이렇게 고생을 해서 찍은 작품이었건만, 3일 만에 간판을 내려야 했다. 데뷔작이 은퇴작이 될 것만 같은 불길한 예감이 들었다. 해방기부터 한국전쟁이 끝날 때까지 열악한 영화 제작 현장에서 이리 뛰고 저리 뛰며 기적적으로 버텨냈지만, 자신이 직접 찍은 영화가 폭삭 망했다는 사실을 받아들이기 고통스러웠다. 빌린 돈을 갚기는커녕 당장 빚이 더 늘어날 지경이었다. 그의 작품은 그렇게 사라졌다.

필름 보존 개념이 확립되지 않았고 영화 제작 현실도 워낙 열악해 필름을 재사용하는 경우가 많았던 시절이라 〈미망인〉의 원본 필름도 제대로 남아 있지 않았다. 다행히 1997년 한국영상자료원에서 결말부가 훼손된 '네거티브 필름(negative film)'●이나마 원본 자료를 확보해 디지털 복원 작업을 거쳐 영화를 되살려냈다.

1955년 개봉관에서 3일 만에 내려졌던 박남옥의 영화 〈미망인〉은 1997년 제1회 서울여성영화제 개막작으로 선정돼 많은 여성 영화인과 관객들 앞에서 다시 상영됐다. 약 40년 만에 재평가가 이뤄진 셈이다.

---

* 한국영상자료원이 한국고전영화 자료를 수집 복원해 운영하는 '한국영화데이터베이스'에서 75분 분량의 영화 〈미망인〉을 무료로 볼 수 있다. 후반부 필름이 훼손돼 마지막 10분가량은 소리가 들리지 않고 최종 결말의 내용도 확인할 수 없다. (https://www.kmdb.or.kr/db/kor/detail/movie/K/00283)

* 유튜브에도 전편이 공개돼 있어 접근이 용이하다.
(https://www.youtube.com/watch?v=L5kaUIuqKFo)

---

● 음화(陰畵) 영상 또는 잠상(潛像, latent image)을 포착하기 위해 제작된 생필름으로 촬영용 원본 필름.

# 신기록 육상 선수의 영화광 변신

박남옥은 대구에서 포목상을 했던 집안의 10남매 중 셋째로 태어났다. 어린 시절부터 공부는 물론 운동, 미술, 음악 모든 분야에 능했다. 원체 다재다능했다.

키가 크고 체격도 다부져 경북여학교 재학 시절에는 육상 선수로 활약했다. '높이뛰기'와 '투포환'이 주종목이었다. 1938년부터 1940년까지 '전조선육상선수권대회' 투포환 종목에 출전해 3년 내내 조선신기록을 세우며 우승했다.

육상계에는 '해방 후 백옥자, 해방 전 박남옥'이라는 말이 있을 정도로 육상 단거리 기록도 압도적이었다. 본인도 운동을 계속하고 싶어 했고 조선 육상계의 기대주로 평가받았으나, 부모님의 반대로 육상을 그만뒀다. 박남옥이 계속 육상 선수로 남았더라면 한국 육상 역사를 다시 썼어야 했을지도 모른다.

육상 외에 미술에도 소질이 있어 운동을 못하게 되자 무작정 일본으로 미술 유학을 떠나려고 했다. 이 역시 부모님이 극렬하게 반대하는 바람에 무산됐다. 학교에서는 교사가 될 것을 권유했으나, 박남옥은 시시하게 생각해 따르지 않았다.

결국 부모님의 바람대로 이화여전 가사과에 입학했다. 좀 더 진취적이고 새로운 배움을 원했지만, 부모는 딸자식이 그저 다소곳이 여성이 갖춰야 할 가정 지식을 익히길 바랐다.

다만 이화여전에 입학하며
대구를 떠나 경성에서 혼자 지
낼 수 있게 되면서, 하고 싶은
일을 마음껏 실행하며 자유롭
게 지냈다. 그 무렵 박남옥은 영

박남옥

화에 흠뻑 빠져 든다. 틈만 나면 극장에 가 영화를 봤다.

어느 날 우연히 독일 여성 감독 '레니 리펜슈탈(Leni Riefenstahl)'
의 영화 〈올림피아(Olympia)〉를 보고 크게 감명을 받았다. 자신
도 저런 영화를 만들어 보고 싶다고 생각한 건 그때부터였다. 이
화여전을 중퇴한 뒤 다시 미술 공부의 뜻을 펼치기 위해, 부모 몰
래 일본으로 밀항하기까지 했다. 하지만 중간에 배가 좌초되는 사
고를 겪으며 발각돼, 잠시나마 일본 수용소에 수감되기도 했다.

조선으로 강제 송환된 뒤에 다시 대구로 돌아가 〈대구매일신
보〉 기자가 됐다. 기자 생활을 하면서도 영화의 꿈을 놓지 않았
다. 영화 관련 기사를 줄곧 썼으며, 직접 영화평을 작성해 싣기도
했다.

해방 직후 영화 만드는 일을 계속 하고 싶어, 기자직을 그만둔
뒤 경성으로 올라가 조선영화사 광희동 촬영소에 입사한다. 박남
옥은 당대의 여배우 '김신재(金信哉)'의 열성팬이기도 했는데, 영화
사에 들어간 뒤 그녀와 친구가 돼 매우 기뻤다고 한다.

작업에 처음 참여한 영화는 최인규 감독의 〈자유만세〉(1946)

였다. 현장의 허드렛일부터 편집 조수까지 어떤 일도 마다하지 않고 거들며 영화 제작의 메커니즘을 어깨너머로 배웠다. 신경균 감독의 〈새로운 맹서〉(1947)에는 정식 스크립터로 참여해 일하며 본격적으로 영화 제작의 한 축이 돼 참여했다.

한국전쟁이 발발한 뒤에는 국방부 촬영대로 편입돼 종군영화를 만들었다. 거기서 극작가로 근무했던 남편 '이보라'와 만나 결혼까지 한다. 〈미망인〉의 시나리오를 쓴 것도 이보라였다.

## 후배 여성 영화인들을 위해 노력한 삶

〈미망인〉 흥행 실패 이후 박남옥에게 다음 영화를 만들 기회가 좀처럼 주어지지 않았다. 한 번의 실패였지만, 여성 감독에게 영화계는 더욱 가혹했다. 이후 박남옥은 1960년에 영화잡지 〈시네마 팬〉 창간에 관여하며 20년 동안 편집장으로 일했다. 감독으로 영화를 직접 만든 것은 아니지만 평생 영화계 언저리에 남아 있었던 셈이다.

나이가 들어 은퇴한 뒤, 1992년 딸과 함께 미국 LA로 이주했다. 미국에서 살면서도 한국 여성 영화인들을 지원하고 후원하는 활동을 이어갔다. 2001년 사단법인 '여성영화인모임'에서 박남옥이 기부한 기금을 활용해 여성 영화인들의 삶과 꿈을 다룬 다큐멘

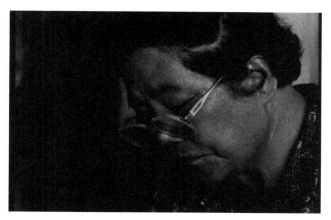
미국으로 이주한 뒤 말년의 박남옥

터리 〈아름다운 생존〉(2001)을 제작하기도 했다. 박남옥은 이 영화에 직접 출연하기도 했는데, "〈미망인〉을 찍을 때 죽을 만큼 고생했지만 눈물이 나도록 그 당시가 그립다"라는 말을 남기기도 했다.

'박남옥 영화상'은 그녀의 선구자적 업적을 기리고자 후배 여성 영화인들이 제정한 상이다. 2008년 초대 수상자로 영화 〈우리 생애 최고의 순간〉을 만든 '임순례' 감독이 선정됐다. 박남옥은 후배 여성 영화인들의 성취를 지켜보며 기뻐하던 중, 2017년 4월 8일 94세를 일기로 세상을 떠났다.

한국에서 가장 권위 있는 영화사가 '이영일'이 지은 『한국영화전사』(1969)를 살펴보면 1955년 항목에 "이 나라에서 처음으로 여류 감독인 박남옥이 〈미망인〉으로 데뷔했다"고 짤막하게 소개하고 있다. 주류 한국 영화사가 기록하고 있는 박남옥에 대한 언급은 이것이 전부다.

당시 일본 도쿄에서 열린 제7회 아시아영화제에서 박남옥을 공식 초청하는 등 한국 최초 여성 감독의 성과와 영화 〈미망인〉의 작품 가치를 국외에서 먼저 알아봐줬지만, 오히려 국내에서는 그녀에게 냉정한 시선을 거두지 않았다.

뒤늦게나마 박남옥의 생애와 작품을 재평가해야 한다는 의견이 여성 영화인들을 중심으로 제기되고 있다. 그나마 다행인 것은 불합리한 여건 속에서도 박남옥의 등장 이후 각 시대마다 여성 감독들이 저마다 고군분투해가며 훌륭한 작품을 만들어냈고, 영화사에 당당하게 기록될 만한 업적을 남기고 있다는 점이다.

한국 영화계에서 여성 감독의 수와 그들이 만든 작품의 양은 점차 늘어나고 있다. 이제 여성 영화인을 배제하고 한국 영화사를 논할 수 없게 됐다. 하지만 여성 영화인들의 세력과 기반은 여전히 허약하고 위태롭다.

여러 사정을 이유로 한동안 운영할 수 없었던 '박남옥 영화상'이 2017년 부활해 영화 〈궁녀〉의 김미정 감독이 수상했지만, 그 이후로 또다시 잠정적으로 시상이 중단된 상황이다. 여러모로 어려운 여성 영화인들의 사정이 개선되기 위해서는 많은 지원과 관심이 필요해 보인다.

# 자생적 풀뿌리 교양 운동
# '마을문고'의 창시자

풀뿌리 독서운동의 기수, 엄대섭(嚴大燮, 1921~2009)

## 미래를 위한 가장 확실한 투자

만약 시간여행이 가능해 10년 전 과거로 돌아갈 수 있다면, 자신에게 어떤 이야기를 해주고 싶은가. "비트코인에 투자해라", "삼성전자 주식에 몰빵해라", "판교에 집을 사둬라" 생각만 해도 신나고 즐거운 일이다. 하지만 안타깝게도 '타임머신'은 없다.

결국 남는 것은 현실은 시궁창이란 뜻의 '현시창'. 요즘 젊은 세대가 느끼는 '낙담'과 '절망'을 표현하는 말로 많이 쓰인다. 그런데 사실 이 말은 현실에 대한 냉정한 평가라기보다 암울한 미래에 대한 격정에 가깝다. 앞날이 보이지 않는 청춘들이 내뱉는 자조 섞인 후회인 동시에 비관적인 미래에 대한 불안한 예감이기도 한 셈이다.

초라하고 변변치 못한 이유와 사정은 누구에게나 차고 넘친다. 어떤 일을 그르쳤을 때, 누구나 남에게 책임을 떠넘기고 싶어 한다. 하지만 세상은 만만치 않다. 내 책임은 결국 나의 몫이다. 매일 실패하는 나의 모습을 바로잡고 싶어 과거로까지 돌아가려는 터무니없는 생각을 해보는 이유는 그 때문일 것이다.

반복해 말하지만 10년 전의 과거로 돌아갈 수 없다. 그렇다면 10년 후의 내가 현재의 나에게 건넬 만한 충고를 생각해보는 게 더 현명하겠다. 비트코인은 너무 위험하고, 삼성전자 주식은 너무 비싸며, 판교의 집값이 더 오른다 해도 나는 지금 그 집을 살 형편이 안 되지 않는가.

절실하게 와 닿지 않는 이야기일 수도 있지만, 최고의 자리에 오른 사람들은 자신의 성취동기에 대해 말할 때 독서 경험을 빼놓지 않는 경우가 많다. 그들의 말을 들어보면, 독서는 한 인간을 변화시키고 성장하게 만들 만큼 힘이 세다.

『변신』의 작가 '프란츠 카프카(Franz Kafka)'가 우리 식으로 말하자면 '9급 공무원'이 된 이유는 오직 책 읽을 시간을 더 많이 확보하기 위해서였다. 고(故) 노무현 대통령은 다시 젊어진다면 좀 더 다양하고 많은 책을 읽고 싶다고 말한 바 있다.

　책읽기야말로 개인의 삶을 윤기 있게 해주고 공동체의 문화를 찬란하게 만드는 밑거름이다. 때로는 어른도 길을 잃는다지만, 독서야말로 어둠 속에서도 빛을 밝혀줄 이정표를 예비하는 일이다.

## 교양의 네트워크 구축

우리나라처럼 '성장'과 '발전'의 강박에 빠져 있는 국민들에게 독서는 세속적인 성공을 보장받기 위한 '준비운동'인 경우가 많았다. 책읽기가 곧 공부로 등치되는 사회였다. 책을 통해 얻게 된 '교양'과 '지식'은 곧바로 '성적'과 '보상'으로 치환돼야 했다. 그럼에도 책읽기가 참 신통한 것은, 실용적인 목적만으로 독서를 하더라도 책 읽는 행위 그 자체를 통해 뜻밖의 '보람'과 '성숙'을 얻을 수 있기 때문이다.

　책읽기의 효용과 저간의 독서 풍토를 누구보다 깊이 이해한 뒤, 일찍이 독서운동을 주창한 사람이 있었다. 그는 바로 1950~70년대에 걸쳐 우리나라 전역에서 '마을문고' 보급 운동을 펼친 엄대섭(嚴大燮, 1921~2009)이다.

　'마을문고'란 책 읽을 형편이 넉넉지 않은 궁벽한 농어촌 마을에 일종의 '미니 도서관'을 조성해, 누구나 쉽게 책을 접하고 가까

마을문고에서 독서 중인 학생들(<경향신문>, 1965년 9월 30일)

이할 수 있도록 만드는 운동이었다. 책을 구심점으로 '마을 공동체'를 꾸리고, 독서를 향한 사람들의 열정을 기반으로 '교양의 네트워크'를 구축하는 것을 목표로 삼았다.

박정희 대통령이 주창한 '새마을운동'이 하향식으로 '근면', '자조', '협동' 따위를 강조하는 '국가 주도 캠페인'이었다면, 엄대섭이 진행한 '마을문고' 운동은 지역의 기초단위인 읍면리에서부터 시작된 '자생적인 풀뿌리 교양 운동'이었다.

그 시절 교실 한 귀퉁이에 마련돼 있던 '학급문고'는 '마을문고'의 학교 버전이라고 말할 수 있다. 지금이야 전국의 모든 학교와 지역마다 공공도서관을 갖추지 않은 곳이 거의 없지만, 1950년대 그 시절 책은 너무나 귀한 물건이었다. 전쟁 직후라 도서관은 언감생심이었고, 동네에서 품질 좋은 책 한 권 구경하는 것 자체가 쉽지 않았다.

엄대섭은 전국 방방곡곡 돌아다니며 책을 기부받아 '마을문고' 자원을 확보했다. 마을 이장 댁에 책장 하나를 갖추고 여기저기서

190

받은 책을 모아 꽂아두면 근사한 '마을문고' 하나가 완성됐다.

초창기에는 책의 종류를 따져가며 문고를 조성할 수 있는 형편이 아니어서, 어느 마을에는 소설책과 시집이 많았고 어느 마을에는 인문사회과학 서적만 줄줄이 꽂혀 있기도 했다. 변변한 독서 문화랄 게 없었고 출판시장도 열악했던 시절인지라, 책을 읽는다는 것은 사치에 가까운 일이었다. 더구나 농촌에서는 일하고 잘 시간도 부족했다. 그러던 사람들이 '마을문고'를 통해 책을 접하고 짬을 내 독서를 시작한 것은 엄청난 생활상의 변화였다.

## 차별받던 조선인에서 금의환향한 사업가로

엄대섭은 식민지 시기 경남 울주군의 빈궁한 소작농 가정에서 장남으로 태어났다. 동양척식주식회사가 점차 세를 불려, 더 이상 소작마저 제대로 이어갈 수 없는 처지가 됐다. 그의 가족은 가난을 이겨내기 위해 모두 함께 일본으로 이주한다. 그의 나이 여덟 살 때 일이다. 가족의 생계를 위해 그의 아버지는 일본에서 공사장 인부를 비롯해 닥치는 대로 일을 했다.

엄대섭이 초등학교 3학년 때, 제철소에서 일하던 아버지가 작업 중에 큰 사고를 당했다. 중상을 입은 아버지는 불구의 몸이 됐다. 그날 이후 어린 동생들을 비롯해 여섯 명 가족의 생계를 모두 책임져야 했던 엄대섭은 두부장수, 세탁소 점원, 방직공장 직공 등 해보지 않은 일이 없었다.

가난으로 일을 쉴 수 없었기 때문에 야간 고등학교를 겨우 마친 엄대섭은 졸업 이후 본격적으로 돈을 벌기 시작한다. 처음에는 골목을 돌아다니며 폐품을 주어 팔았다. 넝마주이나 다를 바 없었다. 하지만 이것만으로 가족 모두를 먹여 살리기에는 힘에 부쳤다.

다행히 이재에 밝았던 터라, 돈을 크게 벌 수 있는 일을 궁리하기 시작했다. 일본의 부잣집들에게서 필요 없는 헌 옷가지를 싸게 사모아 비싸게 되팔면 되겠다고 생각했다. 당시 일본은 '대동아 전쟁'을 앞두고 극단적으로 재정을 긴축하고 물자를 절약하던 시절이었는데, 시대 상황에 딱 맞게 벌인 사업이었다.

"비상시국인 이때, 부유하다 해서 헌 옷가지를 버리지 마십시오. 제게 당신의 옷을 활용할 기회를 주십시오." 색종이에 호소력 짙은 문구를 넣은 광고전단을 손수 작성해 부자들을 찾아가 나눠 주며 설득했다. 처음에는 조선인 청년을 냉대하던 일본인들도 그의 열정과 성의에 차츰 감복해 옷을 내줬다. 그렇게 사들인 헌 옷에 대한 수요가 폭발해 그는 금방 큰돈을 벌었다.

일본에서 큰 재산을 일군 그는 해방 후 고국으로 돌아왔다. 금의환향이었다. 곧장 경주로 가 100여 두락(약 2만 평)이나 되는 논을 사고, 큰 기와집도 짓고, 고향인 울주군 앞바다에 있는 멸치어장도 장만했다. 이 모든 것을 이룬 것이 서른이 채 안 되었을 때였으니, 그는 남들이 보기에 젊은 나이에 성공한 사업가였을 것이다.

하지만 그에게는 어려웠던 학창 시절, 공부를 제대로 하지 못했던 아쉬움과 서러움이 남아 있었다. 일본에서 막일을 전전했던 아버지를 따라 초등학교를 다섯 번이나 옮겨야 했고, 야간 상업고등학교를 졸업한 것이 기적일 정도로 일을 병행했던지라 공부에 소홀할 수밖에 없었다.

그럼에도 그가 영민함을 유지할 수 있었던 것은 끊임없는 독서 덕분이었다. 그는 무엇이든 가리지 않고 책을 구해 틈나는 대로 읽고 또 읽었다. 보기 드문 탐독이었다. 엄대섭에게 독서는 재일조선인으로서 받았던 민족적 차별과 가난 때문에 겪었던 역경을 잊게 해주는 유일한 수단이기도 했다.

## '마을문고' 3만 개 결실

해방을 맞은 지 얼마 지나지 않아 한국전쟁이 발발하고 엄대섭도 부산으로 피난을 떠났다. 부산의 한 헌책방에서 그는 『도서관의 운영과 실제』라는 낡은 일본 책 한 권을 발견한다. 독서의 가치와 효용에 대해 누구보다 깊이 이해하고 있었던 엄대섭은 우리나라에도 도서관을 만들어야겠다는 큰 꿈을 품는다. 그러나 전쟁 중인 나라에서 도서관을 만들 방법이 있을 리 없었다.

충남 부여군 은산면 합수리 '마을문고' 개소식 사진(1961)

그는 형편이 되는대로 도서관 비슷한 어떤 것을 만들어 보기로 결심한다. 폐탄환 상자 50개를 주어다가 그간 모은 책을 가득 꽂았다. 50개의 마을에 한 개의 상자씩 보내 일정 시간이 지나면 회수해 다음 마을로 보내 돌려보게 했다. 일종의 '순회문고'였다. 그는 그렇게 '마을문고' 구상의 초석을 다진다.

이듬해 그는 고향 울주군에 처음으로 무료 도서관을 연다. 평생 모은 3천여 권의 책을 마을 청년들에게 기꺼이 내줬다. '누구를 막론하고 책을 읽어야 한다'는 신념 때문이었다. 하지만 아직 전쟁 중이었던 때라 책읽기 운동은 쉽게 정착하지 못한다.

입에 풀칠조차 어려운 시절인지라 책읽기에 시간을 낼 수 없었고, 이념의 소용돌이에 휩쓸려 언제 죽을지 모르는 시대에 책은 불안과 공포의 씨앗이기도 했기 때문이다.

1950년대 내내 고군분투하던 엄대섭의 책읽기 운동은 1960년 대에 접어들어 '마을문고'로 빛을 본다. 경주의 한 마을에서 처음 시작된 '마을문고'는 점차 탄력을 받아 전국 단위로 확장됐다.

1961년 첫 해에 스물여섯 개에 불과했던 '마을문고'는 1968년 1만 개를 넘어서고, 1971년에는 2만 개, 1974년에는 3만 개를 돌파한다. 1962년에 '사단법인 마을문고진흥회'라는 단체를 설립해 '마을문고' 운동을 집중적으로 지원한 덕분이기도 했다.

## "독서는 인격의 씨앗, 독서하면 갈 길 안다"

한국전쟁 직후 농어촌 책읽기 운동을 열심히 펼치던 그는 1955년 '한국도서관협회' 초대 사무국장에 취임한다. 국가적 차원에서 도서관 건설 운동과 도서관 운영의 양적 질적 발전에 기여할 수 있는 기회를 얻게 된 것이다. 이때부터 관의 직책을 오랫동안 맡았기 때문에, 그를 단순히 도서 업무를 관장한 관료쯤으로 보는 시선도 있다.

하지만 1960년대부터 열정적으로 운영한 '마을문고'는 지역 사회의 토양에서 출발한 자생적인 운동이었다. '마을문고'의 성공은

'공공도서관 및 마을문고 지도자 세미나'에서 열강하는 엄대섭

단순히 한 사람의 지휘나 통솔로만 이뤄진 결과가 아니었다. 전
국민적인 독서열과 교양에 대한 저마다의 욕구가 없었다면 불가
능했을 일이다.

1981년 엄대섭의 '마을문고보급회'는 국가 단체인 새마을운동
조직의 하부단체로 편입돼 '새마을문고중앙회'로 개칭된다. '마을
문고'도 한 글자가 앞에 더 붙어 '새마을문고'로 바뀌었다.

엄대섭은 '마을문고' 운동에서 자연스럽게 물러났다. 이후 '대한
도서관연구회' 회장에 취임해, 전국 단위의 도서관 운영을 진두지
휘하는 일을 맡았다. 이때 공공도서관 입장료를 없애, 누구나 도
서관 출입을 무료로 자유롭게 할 수 있도록 만들었다. 이 정책은
지금까지도 우리나라 공공도서관 정책의 기본 방침으로 지켜지고
있다.

그는 평생을 이어온 '마을문고' 사업과 도서관 운동의 공로를 인정받아 1980년 아시아의 노벨상이라고 불리는 '막사이사이상'을 수상하기도 했다. 이때 받은 상금으로 그의 호를 따 붙인 '간송(澗松) 도서관문화상'을 제정했다.

지금도 이 상은 도서관 업계 사람들에게는 최고의 영예로 받아들여진다. 2004년에는 '마을문고' 운동과 도서관협회에서 기여한 공로를 인정받아 정부로부터 '은관문화훈장'을 받았다.

근대 독서문화 연구자인 천정환은 『대한민국 독서사』(서해문집, 2018)에서 "독서는 사회적이면서 개인적인 현상"이라 말한 바 있다. 책은 혼자서 읽는 것도 가능하고 그 자체로 가치 있는 일이지만, 서로 함께 읽을 때 더 생산적인 에너지가 생겨나고 사회적인 힘도 발휘할 수 있다는 뜻이다. 책읽기는 근대적인 동시에 역사적인 행위이기도 하다.

별 것 아닌 것 같지만 사람들이 책을 함께 소리 내 읽기 시작하면서 '자유로운 토론이 가능한 민주주의 사회'가 열렸고, 한 권의 책을 여럿이 돌려 읽었을 때 '행동하는 지식의 연대'가 만들어졌다. 독서는 인간의 '앎'과 '삶'에 가장 큰 영향을 주는 실천적 활동이다. 그래서 엄대섭은 "독서는 인격의 씨앗, 독서하면 갈 길 안다"고 그렇게 늘 말해왔던 모양이다.

# '동아투위' 해직기자에서 〈한겨레〉 창간 주역으로

한국 여성 언론인들의 대모, 조성숙(趙成淑, 1935~2016)

## 무서운 아버지와 다섯 자매의 맏이

아버지는 집에 들어오면 인상부터 찌푸렸다. 웃음을 보이면 큰일이라도 나는 사람처럼 찡그린 표정으로 일관했다. 호랑이 같은 아버지가 퇴근하기 전, 매일같이 방과 마루를 깨끗이 쓸고 닦아야만 했다. 먼지 한 톨이라도 발견될라치면, 여자만 여섯이나 있는 집이 청소도 제대로 안 한다고 불호령이 떨어졌다.

그렇게 눈치를 보며 살았지만 아버지는 공연히 짜증을 내는 일이 많았다. 딸만 다섯을 내리 낳아 늘 풀이 죽어 있던 어머니는 아버지 앞에서 죽은 사람이나 마찬가지였다. 어머니가 곁에 있거나 말거나, "대를 이을 다른 여자를 얻어라"고 아버지에게 충고하는 큰댁 식구들과 동리 어른들 때문에 더 위축될 수밖에 없었다. 숨이 턱턱 막히는 날들의 연속이었다.

어느 해 봄, 어머니는 이튿날 소풍 갈 큰딸에게 예쁜 배낭을 사다줬다. 큰딸은 너무나 좋아서 그걸 가지고 만지작거리며 놀고 있었다. 그런데 아버지가 느닷없이 "너는 뭐가 좋아서 그걸 만지작거리느냐"라고 소리를 꽥 질렀다. 큰딸은 야단맞는 이유도 모른 채 무안해 울어버렸다.

큰딸은 한참 나이가 들어서야 그때 왜 아버지에게 한 번도 대들지 못했을까 생각했다. 오히려 아들이 없다는 이유로 늘 화를 내던 아버지를 연민하기까지 했던 자신이 바보스러웠다.

아버지는 그래도 큰딸에게는 아주 가끔 책도 사주고 낚시에도 데리고 갔다. 그나마 다섯 자매 중 큰딸이 가장 활달하고 씩씩했기 때문이다. 장녀를 장남처럼 키우고 싶었던 까닭도 있었다.

아버지가 큰딸에게 처음 사준 책은 『가마우지』라는 제목의 일본 동화책이었다. 어부가 굶주린 가마우지의 목을 줄로 묶어 머리를 물속에 넣은 뒤, 새가 물고기를 잡으면 목이 졸려 삼키지 못한 생선을 고스란히 뱉어내게 하는 낚시 방법을 소개하는 책이었다. 잔인하고 기괴한 내용이었다.

아버지가 어린 딸에게 왜 그런 동화책을 사줬는지 모를 일이다. 다만, 책을 사다주실 때 아버지는 처음으로 큰딸에게 웃는 얼굴을 보였다. 큰딸은 책의 내용이 마음에 들지 않았지만, 생전 처음 얻은 그 책을 아주 오랫동안 간직했다.

훗날 〈동아일보〉 해직기자들의 복직 투쟁을 이끈 '동아투위' 대표로 활동하며, 〈한겨레〉(창간 당시 제호는 〈한겨레신문〉이었으나 1996년에 〈한겨레〉로 바뀌었다) 창간의 주역이기도 했던 언론인 조성숙(趙成淑, 1935~2016)의 유년 시절 이야기다.


## 서울대 문리대 시절과 언론인의 꿈


"그렇게 살 거라면 이혼하는 게 낫겠어요." 조성숙은 고등학교에 간 뒤, 처음으로 어머니에게 아버지와 이혼하라는 말을 꺼냈다. 어머니는 다섯이나 되는 자식 때문이었는지 혼자서 헤쳐나갈 미래가 두려워서였는지, 큰딸의 말을 귓등으로 들었다.

어머니는 아버지 앞에서 늘 살얼음판이었고, 딸 다섯을 건사하느라고 하루하루 온 힘을 다 소진했다. 그런 모습을 지켜보면서 조성숙은 어머니처럼 살지 않겠다고 다짐했다. 그러기 위해서는 공부를 열심히 하는 수밖에 없었다.

1953년 조성숙이 수원여고 3학년이던 때는 한국전쟁이 종료된

해라서 온통 정신이 없던 시절이었다. 당시 수원은 부산까지 피난 갔던 사람들이 서울로 돌아가는 길의 중간 기착지로 삼았다가 많이 눌러앉은 통에 인구가 급격히 늘어나고 있었다.

학교 교육이 정상화되었다고 하지만, 책상도 없이 마룻바닥에 앉아서 나무 판때기에 공책을 올려놓고 수업을 들었다. 수원 제일의 명문 여고였음에도 그 정도였으니 다른 학교는 두말할 필요가 없을 정도였다.

조성숙의 동급생 중에는 이름난 집안의 딸들이 많았다. 수원에 있던 서울대 농대 교수의 자녀부터 경기도청 경무국장의 딸까지, 다들 머리가 좋고 공부를 잘했다. 조성숙은 그네들의 틈바구니에서 크게 두각을 드러내지 못했다. 대학 입학의 뜻을 품은 뒤에는 개인 과외 공부를 하던 부유한 집안의 상위권 친구들에게 사정해 노트를 빌려 가며 공부했다.

그녀는 형편이 넉넉하지 않은 집안의 큰딸이어서 어머니를 도와 집안 살림도 해야 했던 통에 명문가의 친구들에 비해 공부량이 부족했다. 그럼에도 서울대 문리대를 꼭 가고야 말겠다는 의지를 꺾지 않았다.

조성숙이 서울대 문리대를 가고 싶어 한 것은 다른 이유가 있던 게 아니었다. 아버지는 학비가 많이 드니 집에서 다닐 수 있는 수원의 대학을 가라고 고집하던 참이었다. 그녀는 아버지와 신경전을 벌여가며 꼭 수원을 벗어나고자 다짐했다.

게다가 어머니는 "쌀 팔아서 내가 학비 대마", "내가 못 배워 답답해서 그러니 너는 하고 싶은 공부 해봐라"고 말하며 딸에게 용기를 줬다. 이에 그녀는 당시 문과 학생들에게는 꿈의 대학이나 마찬가지였던 서울대 문리대에 꼭 들어가 보란 듯이 성공하리라 마음먹었다.

전쟁 직후였음에도 불구하고 대학 입시 경쟁은 그때나 지금이나 대단했다. 진학 실적에 목을 맨 각급 고등학교에서도 서울대 입학에 사활을 걸었다. 조성숙과 도시락을 함께 먹고 노트를 빌려주던 친구들은 모두 서울대를 떨어졌는데, 학교에서 기대도 하지 않던 조성숙 혼자만 덜컥 합격하고 말았다. 조성숙의 합격 소식에 수원여고 동급생들과 선생님들 모두가 깜짝 놀랄 정도였다.

종로구 동숭동에 자리한 서울대 문리대 캠퍼스(현 대학로 마로니에 공원 자리)는 조성숙에게 별천지이자 딴 세상이었다. 문리대 학생들은 서울대 배지(badge)는 치워버리고 문리대 배지만 달고 다닐 정도로 자부심이 대단했다. 전국에서 이름난 수재들만 모여들었으니 조성숙은 눈이 휘둥그레질 수밖에 없었다.

국어국문학과에 들어가 자칭 타칭 '국보' 양주동 교수의 강의와 명망 높은 국어학자 이숭녕 교수의 강의를 들었다. '딸깍발이' 이희승 교수와 이기문 교수의 강의도 인상적이었다. 학부생 때 이미 어려운 논문을 써 학술지에 발표하는 문리대 동급생들을 보며 뒤처지지 않기 위해 도서관에 오래도록 앉아 있기도 했다.

**202**

1960년 이승만 정권의 3.15 부정선거에 반발해 일어난 4.19 혁명도 서울대 문리대 학생들이 주도해 일으켰을 정도로, 당시 문리대 학생들은 사회 정의와 민주주의에 대한 이해 수준이 높았다. 그런 곳에서 대학 생활을 했던 만큼 조성숙은 자연스럽게 독재에 저항하고 민주화를 염원하는 태도를 갖추게 된다.

문리대 시절은 조성숙에게 사회를 바라보는 안목과 시대를 조망하는 시선을 성장시켜준 시간이었다. 그녀는 가급적 국문학 전공을 살려 글을 쓰는 삶을 살고 싶었다. 기자가 되어야겠다고 결심한 것도 이 때문이었다.

졸업 직후, 당시 유명한 여성잡지였던 〈여원(女苑)〉을 발행하던 '학원사'에 입사했다. 잡지사 기자로 일하던 중, 얼마 지나지 않아 고려대 교수였던 남편 이태원과 결혼하는 바람에 일을 그만두고 20대 중반 몇 해를 오롯이 가정주부로 지냈다.

그러다 1965년 동아일보사에 들어가 잡지 〈신동아〉 기자 생활을 시작한다. 입사 직후 〈동아일보〉 50주년 기념 '독립 만세 운동 전모' 시리즈에 참여해 역량을 인정받았다. 당시만 하더라도 신문사의 여기자는 매우 드물었다.

진보적인 언론사에서조차 여성 차별은 일상화돼 있었다. 여기자들에게 허드렛일을 시키고 간식 추렴같은 일을 전담시키는 것에 모욕감을 느끼기도 했다. 이런 분위기에서 조성숙이 한국 사회의 여성 차별 문제에 관심을 갖게 된 것은 당연한 일이었다.

이후 〈여성동아〉로 부서를 옮겨 여성 문제를 취재하는 전문기자로 활약한다. 그녀는 곧 뛰어난 활동 성과를 인정받아 다른 언론사들의 스카우트 제의를 받기도 했지만 〈동아일보〉의 역사성과 사회적 임무를 신뢰해 옮기지 않았다.

조성숙

## 〈동아일보〉 해직과 '동아투위' 결성

조성숙이 〈동아일보〉 편집국 교열부에서 일하던 때는 박정희 유신정권 시절이었다. 〈동아일보〉 역시 군사독재 정권의 간섭과 검열에 시달렸다. 정권의 언론 장악 의도는 노골적이었다. 당시 〈동아일보〉는 이에 저항하던 신문사 기자들이 결의한 '자유언론실천선언'을 편집 과정에서 빼지 않고 그대로 보도했다.

정권을 비판하는 논설을 몇 번 더 내보내자 이내 압박이 들어왔다. 정부가 광고주들에게 〈동아일보〉에 광고를 싣지 못하게 압력을 행사한 것이다. 그 유명한 '동아일보 백지광고 사태'가 바로 이때 벌어진 일이다. 그것으로 끝이 아니었다. 끝까지 굴복하지 않던 현장의 기자들을 뭉텅이로 해고해버렸다. 조성숙 역시 이때 함께 잘려나갔다.

해고된 기자들은 이내 '동아자유언론수호투쟁위원회'를 조직하고 독재정권에 항거하는 농성을 벌였다. 복직과 언론 민주화를 요구했지만, 정권이 옹립한 신문사의 어용 경영진이 해직기자들의 요구를 쉽게 받아들여줄 리 없었다. 동아일보 사옥 앞에서 매일 아침 구호를 외치고, 거리로 나가 시민들에게 유인물을 나눠주며 투쟁을 이어갔다. 본격적으로 '거리의 언론인' 생활이 시작된 셈이다.

안타깝게도 40년이 더 지나도록 〈동아일보〉 해직 노동자의 복직은 이뤄지지 않았다. 더욱 대단한 것은 그 기간 동안 '동아투위' 역시 복직 투쟁을 계속 이어갔다는 점이다. '동아투위'는 한국 언론 민주화운동의 상징적인 이름이 됐다. 조성숙은 그 안에서도 가장 적극적으로 투쟁을 벌인 해직기자였다. 2002년에는 '동아투위' 위원장을 맡아 조직을 이끌기도 했다.

## '내 모든 것을 바친 시절'

조성숙은 복직 투쟁을 벌이는 중에 가족복지와 여성 문제에 대한 공부를 병행했다. 1980년대 초반 미국 생활을 잠시 경험한 뒤 한국으로 돌아와 1984년 이화여대 대학원에 입학한다. 1987년에는 여성학을 본격적으로 공부하기 위해 미국으로 유학을 떠날 채

서울 양평동 한겨레신문사 윤전실에서 창간호를 들고 찍은 기념사진. 윤정옥 이화여대 교수(왼쪽), 조성숙 생활환경부 편집위원(중앙), 이효재 이사(오른쪽).

비를 하고 있었다.

그러던 그녀에게 한 통의 편지가 도착한다. '새 시대를 맞는 새로운 신문'을 만들기로 했다는 소식이었다. 미국으로 유학을 떠날지 한국에서 새 신문을 만들지 고민하다가 결국 신문 만드는 길을 선택한다.

만들기로 한 새로운 신문은 바로 〈한겨레〉였다. 창간 발의자로 이름을 올린 뒤, 해직기자와 여성계를 대표하는 역할을 맡아 누구보다 열정적으로 〈한겨레〉 창간 준비에 기여한다.

명망 있고 진보적인 원로 지식인들을 찾아가 새 신문 발행에 대한 동의를 구하고 창간에 필요한 자금은 시민들에게 모금했다. 우리나라 최초로 국민들이 주주로 참여한 신문이 탄생한다.

각고의 노력 끝에 〈한겨레〉는 1988년 5월 15일 창간호를 발행한다. 창간호가 윤전기를 통해 인쇄되고 전국 각지로 배달되는 모습을 보면서 조성숙은 누구보다 감격에 젖었다. 훗날 그녀는 〈한겨레〉 발행 준비 기간을 '내 모든 것을 바친 시절'이었다고 회고한 바 있다.

〈한겨레〉는 전면 '한글쓰기'와 '가로쓰기'를 최초로 시행한 신문이었다. 〈한겨레〉는 형식적인 변화 못지않게 내용 역시 파격적이었다. 1987년 6월 민중항쟁의 정신을 이어받아, 민주화와 사회진보의 가치를 수호하기 위한 노력을 적극적으로 반영했다.

여기에 더해 조성숙은 〈한겨레〉가 한국의 여성차별 문제를 해결하는 데 중요한 역할을 담당하기를 바랐다.

하지만 조성숙의 바람이 쉽게 달성될 리 만무했다. 그녀가 데스크에 여성주의적인 시각을 갖춰달라고 요청할 때마다, 편집부 간부진은 한국 사회에 더 중요하고 시급한 과제가 있다며 여성 문제를 뒷전으로 밀어두기 일쑤였다. 〈한겨레〉가 '국민과 함께, 국민 목소리로'라는 캐치프레이즈를 표방했지만, 거기에 남녀차별의 문제와 여성의 목소리는 끼어들 틈이 없었다. 〈한겨레〉 남성 기자들 역시 다른 신문사와 크게 다르지 않았다. '여성 해방' 문제에 무지하거나, 오히려 보수적인 태도 일색이었다.

이후 조성숙은 〈한겨레〉에서 논설위원과 편집위원 등을 맡아

보면서, 미력하나마 여성주의적인 시각을 지속적으로 드러내고
여성 문제가 한국 사회의 수면 위로 떠오르게 하기 위해 끊임없이
노력을 기울였다.

## 한국 여성운동 이끈 용기 있는 언론인

한국 민주화운동에 깊은 관심을 드러냈
던 '한국구속자가족협의회' 후원자 대
표 시노트(James Sinnott, 한국명 진필세) 신
부와 조성숙.

'동아투위'를 주도하며 〈한겨레〉
논설가로 활동하는 등 언론인으
로 큰 명성을 얻은 조성숙은 현
실정치에 참여할 결심을 한다.
1992년 14대 대선을 앞두고 '통
일국민당'이 창당되면서, 조성숙
은 그곳에서 여성특보로 활약한
다. 환갑을 얼마 남기지 않은 그
녀가 기성 정당이 아닌 힘이 약한 작은 정당을 택해 정치 신인으
로 데뷔한 까닭은, 새로 창당한 정당이 여성 문제를 적극적으로
해결할 의지를 보여줬기 때문이었다.

그녀는 정파적인 색채가 뚜렷한 인물이 아니었고 현실정치의
진흙탕 싸움에 익숙한 사람도 결코 아니었다. 다만 위안부 문제와
여성복지, 가정폭력과 같은 한국 사회의 감춰진 문제들을 해결할

수 있다면 어떤 길이든 마다하지 않고 나서려 했을 뿐이었다.

뒤이어 조성숙은 가정폭력에 내몰린 여성들을 대변하기 위해 '조성숙가정폭력상담소'를 설립했다. 남녀평등의 가치를 가정 내로 정착시키기 위해 '한국가족문화원' 이사로 활동하기도 했다. 또 '강남가족상담센터'를 만들어 가정복지와 가정 내 여성 불평등 문제를 해소하기 위한 노력도 기울였다.

한국 여성운동계의 주요 인사로 활동하면서 여성학과 복지학 연구도 지속했다. 대학 강단에 서기도 했으며, 『어머니라는 이데올로기』(2002), 『여자로 산다는 것』(2012), 『한겨레와 나』(2014) 등의 저작들도 출간했다.

조성숙은 2016년 세상을 떠나기 전까지 평생 언론인으로 불리길 원했다. 말년에는 신장 질환을 앓으면서 10년 넘게 휠체어에 의존해야 할 정도로 고된 투병 생활을 지속했다. 그녀는 병상에서 흐려진 기억을 되살리고 불편해진 손을 움직여, 언론인 생활 40년을 회고했다. 그 기록이 바로 『한겨레와 나』다.

이 책에는 '동아투위' 활동과 한겨레 창간 당시의 상황에 대한 상세한 묘사와 설명이 담겼다. 여성 운동가이며 민주 언론인이기도 했던 조성숙 개인의 자랑스럽고 보람된 발자취인 동시에, 한국 언론이 독재와 자본에 맞서 싸우며 성장한 가장 내밀한 역사 기록이기도 하다.

# 바이러스 퇴치 역사의
# 전설을 추억하다

한국 바이러스 연구의 개척자, 이호왕(李鎬汪, 1928~ )

## 2020년 봄, '코로나19'의 등장

2020년 봄, '코로나19' 때문에 온 나라가 난리였다. 전염력이 매우 강한 바이러스성 질병인지라 전 세계가 공포에 떨었다. 세균보다 작은 바이러스의 특성상 직접 접촉 없이 '체액'이나 '비말(飛沫)'과 같은 간접 매개를 통해서도 병이 옮아, 세계 전체로 '코로나19'가 번졌다.

바이러스와 치르는 전쟁 때문에 2020년 봄은 계절이 바뀌었는데도, 사람들의 몸과 마음은 여전히 위축돼 있었다. 유례가 없을 정도로 거리와 상점이 텅텅 비는 것을 목격하기도 했다.

코로나 유행 직후 우리는 서로가 서로를 위험한 존재로 인식했다. 내 곁의 누군가가 바이러스의 숙주일지도 모른다는 의심을 하기도 했다. 타인의 타액을 피하고자 사투를 벌이는 그로테스크한 세상이 됐다. 마스크를 쓰는 행동은 가장 기초적인 사회 계약의 규칙으로 자리 잡았다.

2020년은 만화 〈2020년 우주의 원더키디〉에 나오는 것처럼 자동차를 타고 하늘을 날아다니는 세상이 펼쳐질 줄 알았는데, 오히려 '흑사병'이 창궐하던 중세로 회귀한 듯했다. 원치 않던 역행이었다.

돌이켜 보면 바이러스의 유행은 역사적으로 종종 발생했던 재난이었다. 아주 먼 과거로 갈 것도 없다. 20세기 초 발생한 '스페인 독감(인플루엔자 A, H1N1 바이러스)'은 인류사 전체를 통틀어 가장 큰 환난 중의 하나로 기록돼 있다.

독감의 기세가 가장 정점이었던 1918~9년에는 전 세계 인구 16억 명 중 5억 명 이상이 감염됐으며, 사망자는 최소 2,500만 명에서 최대 1억 명까지로 추산된다. '제1차 세계대전'을 앞당겨 종식시킨 것도 '아군'과 '적군' 가리지 않고 퍼져 나간 스페인 독감 때문이라는 설이 나올 정도이다. 바이러스라는 대재앙 앞에서 20세기 인류는 속수무책이었다.

바이러스 전염병은 원인이 밝혀지고 백신과 치료제가 나오기 전까지 사람들에게 공포 그 자체였다. 지금이야 백신이 개발돼 광범위하게 보급되고 경구용 치료제까지 나와 대수롭지 않게 여기는 실정이지만, 2020년 봄 우리가 처음 맞았던 '코로나19' 사태는 '미지(未知)의 병'이라는 사실이 주는 불안 효과가 실제 질환의 위험보다 더 크게 작동하는 면도 있었다. 인간은 알지 못하는 대상에 대한 막연한 두려움을 품기 때문이다. '신종 바이러스'라는 '보이지 않은 위협'이 더 큰 재난으로 받아들여진 이유였다.

21세기 첨단 과학기술을 활용하며 살아가는 인류도 바이러스에 의해 결정되는 '삶'과 '죽음'의 운명 앞에서는 무력한 존재일 뿐이었다. 인간이 지닌 생물학적 한계에 대한 깨달음을 꼭 이런 사태를 겪어야만 얻을 수 있다는 사실이 아프고 괴롭다. 코로나 유행 초기에 과학적 진단과 처방보다 종교적 위안이나 미신 따위에 의존하려는 사람이 늘었던 것도 한편으로 이해가 가는 대목이다.

갑작스럽게 등장한 바이러스인지라 치료제를 구할 수 없었고 대중요법에만 의존해야 했던 상황이었으니 말이다. 전쟁, 오일쇼크, 경제 위기 같은 온갖 난리는 다 겪어본 한국인들에게도 '마스크 대란'은 정말 뜻밖의 소동이었다. 2020년 봄을 돌이켜 보면 이 세상은 코로나19로 인한 '아수라'의 '신천지'가 아닐 수 없었다.

# 세계 최초로 '유행성출혈열' 원인 바이러스를 발견하다

바이러스는 변이를 통한 아종(亞種)의 출현 가능성 때문에 근본적인 정복이 어렵다. 변종 바이러스가 새롭게 등장할 때마다 엄청난 희생을 감수해야 한다니, 지금껏 인간이 이룬 의학 발전이 덧없게 느껴지기까지 한다.

이런 한계를 극복하기 위해 평생을 바쳐 바이러스를 연구한 사람이 있었다. 이호왕(李鎬汪, 1928~ ), 그는 세계 최초로 '유행성출혈열(流行性出血熱)'의 원인 바이러스를 발견하고 백신 개발에 성공한 인물이다.

1950년대 한국전쟁 당시 남과 북의 치열한 대결 전장에는 상대해야 할 적이 하나 더 있었다. 전선(戰線)을 따라 '산'과 '강'에 주둔하고 있던 군인들 사이에 원인 모를 괴질이 번져 고통을 겪었기 때문이다. 사망자도 속출했다.

그 당시는 유행성출혈열의 원인이 어떤 이유 때문인지 제대로 진단하지도 못할 때였다. 발병하면 고열이 나고 장기 내부에 출혈이 일어나는 아주 무서운 병이었기 때문에 전투에 나서기보다 전염되는 것을 더 두려워할 정도였다.

실제로 총포탄에 맞아 죽는 인원보다 더 많은 군인이 전염병으로 죽어 나갔다. 특히 철원과 포천, 동두천 등지에서 주둔하는 부대와 북한강과 임진강, 한강 수계를 따라 숙영하는 군인들의 피해

한국전쟁 당시 미군 주둔지에서 원인을 알 수 없는 질병이 발생해 많은 군인이 사망했다

가 더 컸다. 철원에 진주한 연합군 600여 명이 원인 모를 내출혈 증상으로 한꺼번에 목숨을 잃자, 사령관은 적이 생화학 무기를 사용했다고 판단할 정도였다.

그런데 이 알 수 없는 병은 '연합군'과 '중공군'을 가리지 않았다. 군인들에게 특히 많이 발생해 '군인병', '전쟁병'으로 불리기도 했다. 이후 휴전협정을 맺고 전쟁은 중단됐지만, 한국의 산야(山野)에서 발병한 유행성출혈열의 원인은 끝내 밝혀내지 못하고 숙제로 남았다.

하지만 이 전염병은 한국전쟁 시기에 처음 발생한 것이 아니었다. 이미 서양에서도 이와 동일한 증상이 보고된 바 있었다. 제1차 세계대전 중 영국군 1만여 명이 이 질환으로 사망했다. 제2차

세계대전 때도 러시아군과 일본군 수만 명이 동일한 증상을 보였고 무참할 정도로 많이 죽었다. 각 나라에서 부검과 인체실험까지 해가며 원인을 찾으려 했지만 병원체를 알아내지 못했다.

1951~6년까지 약 5년에 걸쳐 유행성출혈열 연구에 동원된 미국 학자 수만 해도 약 200명에 달했고 연구비만 4천만 달러가 넘게 들었다고 한다. 미군은 할 수 있는 모든 방법을 동원해 노력했으나 병원체 발견에 실패했고, 병의 원인이 미생물이 아니라 세균독소나 식물독소 또는 면역학적 거부 반응에 의한 질병일지도 모른다는 정도의 가설만 내놓는 수준에 머물렀다.

이호왕은 한참이 지나도록 수수께끼로 남아 있었던 유행성출혈열의 원인을 규명한 최초의 과학자였던 셈이다.

## 공염불된 5년 연구 딛고 '최초'의 수식어를 얻다

1928년 일제강점기 함경남도 신흥군에서 태어난 이호왕은 한국전쟁기 '전시연합대학'을 거쳐 서울대 의대를 졸업했다. 1955년 미국으로 유학을 떠나 4년 만에 미네소타대학교에서 '일본뇌염' 연구로 박사학위를 받았다. 이호왕은 미국 유학 당시 현지에서 받았던 수많은 제의를 뿌리치고 국내 전염병 연구의 척박한 풍토를 개선해 나가고자 귀국했다.

한국으로 돌아온 그는 1960년 서울대 의대 미생물학교실에서 일본뇌염 연구를 시작한다. 당시 일본뇌염은 한국인들에게 가장 무서운 질병 중 하나였다. 그가 쓴 책『바이러스와 반세기』(시공사, 2003)에 따르면 "당시만 해도 한국은 빈곤하여 각종 전염병이 우글거리는 곳이었다. 천연두는 물론 일본뇌염, 재귀열, 발진티푸스, 말라리아 등 각종 전염병으로 병원마다 환자들이 들끓었다."

5년 동안 일본뇌염 연구에만 몰두했는데, 어느 날 일본에서 백신이 개발됐다는 소식이 들려왔다. 이호왕이 한발 늦은 것이다. 5년의 시간이 공염불이 됐다. 하지만 그는 좌절하는 대신 마음을 다잡고 1969년부터 본격적으로 유행성출혈열(학명 '출혈성신증후군') 연구에 뛰어든다. 사람들은 미국의 내로라하는 과학자들도 해결하지 못한 유행성출혈열 연구에 나서는 것을 바보 같은 짓이라고 생각했다. 그가 성공하리라 아무도 믿지 않았다.

이호왕은 포기하지 않았다. 그는 다른 과학자들이 실패한 방법을 답습하지 않고 새로운 방법을 찾아 검체를 분석하기 시작했다. 형광색소 항체를 항원에 반응시켜 그 소재를 확인할 수 있는 '형광항체법(螢光抗體法)'을 도입해 연구하면서, 회복기 환자에게는 급성 환자에게서 관찰되지 않는 항체들이 대량으로 나타난다는 사실을 발견한다. 이 방법을 통해 유행성출혈열을 옮기는 원인에 대해서도 규명할 수 있었다.

1976년에는 '등줄쥐'가 옮기는 바이러스에 의해 유행성출혈열

**216**

이 발병한다는 사실을 드디어 밝혀냈다. 한탄강 주변에서 서식하는 등줄쥐의 폐 조직에서 바이러스를 채취했기 때문에 '한탄바이러스(Hantaan virus)'라고 이름을 붙였다. 한국에서 독자적으로 발견한 최초의 바이러스였다. 강가

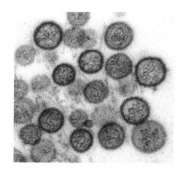

현미경으로 본 한탄바이러스의 모습

나 숲에서 야전 생활을 하던 군인들이 이 바이러스에 노출돼 병에 걸렸다는 사실도 자연스럽게 증명할 수 있게 된다.

이호왕은 곧바로 바이러스의 감염 여부를 확인할 수 있는 진단 키트를 만들기 시작한다. 원인균을 발견만 하고 진단을 할 수 없으면 무소용이었기 때문이었다. 진단법 개발에 성공하고 나서는 쉴 틈 없이 1981년부터 예방 백신을 만드는 연구에 몰두한다. 1989년이 돼서야 비로소 백신 만들기에 성공했다. 장장 8년이란 세월이 걸렸다. 예방 백신은 임상실험을 거친 후, 1991년부터 '한타박스(Hantavax)'라는 이름으로 녹십자에서 시판됐다. 덕분에 한국의 유행성출혈열 환자 수는 급감했고, 다른 나라에서도 백신의 효능을 신뢰하고 가져다 사용했다.

이호왕은 한국 '최초의 바이러스 진단'에 이은 '최초의 바이러스 백신 개발', '최초의 임상 실험 성공', '최초의 신약 개발'이라는 연속적인 성과를 거둔다.

## "내 유전자는 실패해도 포기하겠다는 생각을 하지 않는다"

백신 개발 과정에 위기와 어려움이 없었던 것은 아니다. 한두 해로 되는 일이 아니었고 10년 넘게 연구에만 매달려야 하는 일이었기에, 경제적으로 쪼들리는 일은 일상다반사였다. 또 이호왕의 연구팀은 등줄쥐 3천여 마리를 잡아 일일이 조사하며 항원을 찾아내는 작업을 했는데, 연구원 중 한 명이 동두천으로 쥐를 잡으러 갔다가 유행성출혈열에 감염돼 죽을 뻔한 적도 있었다. 또 백신을 개발하던 때에도 실험실에서 바이러스를 분리하고 조직 배양을 하던 연구원 여덟 명이 집단으로 발병해 연구가 중단된 적도 있었다.

동료들에게 미안하고 죄스러운 마음을 표할 길이 없었다. 자신의 욕심 때문에 동료들이 희생하는 것만 같아 괴로운 순간이었다. 하지만 그는 주저앉지 않았고, 감염된 동료들을 위해서라도 더욱 빨리 치료제를 개발하기 위해 박차를 가했다.

당시 한국은 바이러스 전염병에 대한 연구비를 지원할 형편도 안됐고 백신 개발 가능성 자체를 낮게 봤다. 한국 정부에서 지원을 받지 못한 이호왕은 연구비를 얻고자 '미국국립보건원(NIH)'에 연구계획서를 제출했다. 다른 나라 학자를 선발하는 것은 드문 일이었으나, 그는 치열한 경쟁을 뚫고 연구비를 지원받았다.

30여 년 동안 그가 제출한 연구계획서와 보고서만 해도 40여 편에 이를 정도다. 미국으로부터 돈을 받았기 때문에 미국 눈치를

이호왕

볼 수밖에 없는 환경이었지만, 연구 성과를 한국 국민에게 가장 먼저 환원하고 백신도 국내에 특허권과 상표권을 등록시켰다.

이호왕을 위시한 연구팀의 헌신과 희생이 없었다면 유행성출혈열 극복은 더 늦어졌을지도 모른다. 1980년대까지만 해도 농사를 짓거나 야외활동이 많은 사람 중에 유행성출혈열로 목숨을 잃는 경우가 많았다. 그러던 것이 백신 개발 이후 사망자가 10분의 1 이하로 줄었다.

그는 자서전 『한탄강의 기적』(시공사, 1999)에서 "내 유전자는 실패를 해도 포기하겠다는 생각을 하지 않는 유전자인 것 같다. 내가 연구자로서 성공할 수 있었던 이유도 이런 유전자를 갖고 있어 계속 연구를 했기 때문"이라고 말했다. 또한 그는 백신 개발을 위해 수십 년간의 노고를 마다하지 않은 까닭에 대해 "과학자의 영광은 피와 땀에서 나온다"며 자신을 뒷받침했던 동료들에게 영광을 돌리기도 했다.

## 2022년 대한민국에 '제2의 이호왕'이 절실한 이유

이호왕은 유행성출혈열의 원인균을 발견하고, 전파경로를 찾았으며, 진단법과 예방 백신을 개발하는 데 성공해, 인류를 '미지의 병'에 대한 공포에서 해방될 수 있게 했다.

세계보건기구(WHO)는 그의 업적을 인정해 1981년부터 그가 몸담고 있던 '고려대 의대 바이러스연구소'를 세계에서 유일한 'WHO 한타바이러스 연구협력센터'로 지정했다. 1989년에는 '집쥐'도 유행성출혈열 바이러스를 옮길 수 있다는 것을 밝혀내며 '서울바이러스(Seoul virus)'의 존재를 세상에 알렸다. 1998년에는 아시아와 유럽에서 발생하는 두 가지 종류의 유행성출혈열을 동시에 예방할 수 있는 '혼합예방백신'을 개발해 특허를 획득하기도 했다.

그는 유행성출혈열과 관련해 국내외에서 240여 편의 논문을 발표하고 10건의 관련 특허를 가지고 있다.

이호왕은 한국 바이러스 연구의 '산증인'이자 '살아 있는 전설'로 평가받는다. 그의 명성은 국내외를 막론하고 널리 퍼져 있다. 비공식이긴 하지만 우리나라 최초로 '노벨 생리의학상' 후보에까지 올랐다. 1979년 '미국최고시민공로훈장'을 받았고, 1980년에는 '대한민국학술원상'을 수상했다. 노년이 될 때까지도 연구를 내려놓지 않아 2009년에는 '서재필의학상'의 영예를 차지하기도 했다.

이호왕은 수많은 수상 실적과 공치사보다 한 사람이라도 더 살리게 됐다는 사실이 보람된다고 말한다. 그가 유행성출혈열 바이러스를 연구한 이유는 영문도 모른 채 전염병에 걸려 죽어가는 사람들을 구하기 위해서였다. 근대 이후 서양 의약학계에 종속됐던 한국의 생리학이 독자적인 영역을 개척할 수 있었던 계기를 마련한 것도 온전히 그의 노력 덕분이었다.

지난 2년 동안 코로나19로 인한 혹독한 시련과 고통을 겪어서인지, 2022년 현재 '제2의 이호왕'의 출현이 더욱 절실하게 기다려진다. 코로나19 유행으로 비롯된 '사회적 고립'과 '경제적 위축'을 다시 반복할 수 없기 때문이다.

인류가 계속되는 한, 또 다른 바이러스성 질병은 언제고 다시 나타날지 모른다. 그때까지 정부는 국민의 건강과 안전을 지키기 위한 조치를 과감하게 실시해야 하고 바이러스 연구에도 적극적 지원을 아끼지 말아야 할 것이다.

나운규

정연규

신태악

이쾌대

전혜린

김수근

김승옥

박흥숙

3부

◆

# 시대와 불화한 열정과 분노

# 조선엔 '희열', 일제엔 '공포'를
# 전달한 성난 얼굴

**한국 영화의 개척자, 나운규**(羅雲奎, 1902~1937)

## 비밀한 사람

싸울 때 가장 두려운 상대는 누구일까. 목이 얼굴보다 두껍거나, 주먹이 솥뚜껑 만하며, '만두귀'를 가진 사람을 조심하면 된다. 이런 사람과 시비가 붙으면 싸우려 하지 말고 도망가야 한다. 그런데 이보다 더 무서운 상대가 있다. 바로 미친 사람이다.

칼을 꺼낼지 낫을 들지 모르는 사람. 어떤 적의를 품었는지 알 수 없는 비밀한 사람. 인생에 더 이상 미련이 없는 듯 뒤도 돌아보

224

지 않고 날선 분노를 그대로 쏟아내면서도 한없이 침착한 존재. 이런 상대를 만나면 얼마나 큰 공포를 느낄까.

일제강점기 일본인들은 나운규(羅雲奎, 1902~1937)의 영화 〈아리랑〉을 보고 바로 이런 서늘한 감정을 느꼈다. 〈아리랑〉은 직접적으로 독립을 주장하거나 일제를 배격하는 정치적 구호가 드러나지 않아 상영을 원천적으로 금지할 수 없었지만, 나운규의 영화를 보는 일본인과 조선인 관객 모두는 알고 있었다.

나운규가 직접 감독하고 연기한 주인공 '영식'의 알 수 없는 표정과 미친 사람 같은 눈빛 속에 어떤 감정과 마음이 숨겨 있는지 말이다.

## '빠다 냄새'와 '된장 냄새'를 두루 맡고 자란 시절

나운규는 춘사(春史)라는 호로 잘 알려져 있는 식민지 시기의 영화인이다. 그는 '한국 영화의 개척자'이자 '민족 영화의 아버지'로 불린다. 1990년부터는 그의 업적을 기리기 위해 만들어진 '춘사영화제'가 매년 4월 개최되고 있다. 영화감독인협회에서 직접 주관하는 시상식인 만큼 영화인들 사이에서 다른 영화상들보다 더 큰 영예와 권위를 인정받고 있다.

나운규의 생애는 그가 만든 영화만큼이나 드라마틱하다. 그는

조선영화계의 우뚝한 산맥, 나운규

1900년 함경북도 회령(會寧) 태생이다. 나운규 집안이 대대로 회령 사람이었던 것은 아니다. 간도(間島)로 이주하던 어머니가 회령을 지날 무렵 산기를 느껴 나운규를 낳고 그곳에 정착해 살다 보니 회령 출신이 됐다.

회령은 접경지대로 다국적인 문화를 흡수하기 좋은 배경이었다. 마을 바로 앞에 있는 얕은 두만강을 건너면 중국이었고, 러시아로 가는 길도 멀지 않았다. 나운규는 식민지 조선인이라는 혼종된 정체성을 가지고 러시아와 중국의 문화도 경험했다. '빠다 냄새'와 '된장 냄새'를 두루 맡고 자란 셈이다.

10대 시절 일찍이 연극배우의 길로 나섰고, 20대가 돼서 당시로서는 첨단 예술이라고 할 수 있는 영화에 뛰어들었던 것은 바로 이런 '인터내셔널'하고 '글로벌'한 성장 환경이 영향을 미쳤다고 볼 수도 있겠다.

회령에서 초등학교를 졸업한 뒤, 간도로 올라가 윤동주, 문익환 등을 배출한 학교로 유명한 '명동중학교'에 입학한다. 바로 이때 3.1 운동이 터졌는데, 만세 운동 참여 경험이 나운규의 영화 제작은 물론 생애 전체에 걸쳐 큰 영향을 미친다.

1919년 당시 나운규는 열일곱 살에 불과했고 중학생 신분이었지만 주저 없이 '난리'에 가담한다. 운동에 깊이 참여했던지라 일제 당국에 의해 곧 사상범으로 지명수배된다. 러시아로 도망가서는 '백군(白軍, Белые)'의 일원으로 '러시아 내전'에 참여해 '용병'으로 활약한 경력도 있다. 산전수전 다 겪은 셈이다.

귀국 후에는 일제가 놓은 군수 철도인 회청선(회령-청진 간 철도) 터널을 폭파하려다 미수에 그치기도 한다. 그의 10대 시절은 오로지 독립운동과 아나키스트적인 활동으로 세상에 맞섰다고 해도 과언이 아니다.

사건 이후 곧장 경성으로 몸을 피해 '중동학교'에 다니고 있을 때, 회령에서 그를 붙잡고자 헌병 경찰이 내려온다. 그는 결국 구속 처벌돼 청진 형무소에서 1년 6개월간의 옥살이를 한다. 이때 감옥에서 만난 '이춘성'이라는 독립운동가에게 받은 호가 바로 '춘사'였다.

1923년 출소하자마자 당시 한국 영화계의 대부였던 '안종화'를 찾아가 '조선키네마주식회사'에 어렵게 입사한다. 아무것도 가진 것 없었지만, 나운규의 열정과 패기를 높이 사준 덕분이었다. 이후 윤백남 감독의 〈운영전〉에 단역으로 데뷔하고, 두 번째 작품 〈심청전〉에서 '심봉사' 역할로 대중들의 주목을 받기 시작한다.

# 일제에게 두려움 안긴 <아리랑> 개봉

1926년에 드디어 나운규가 직접 감독과 주연을 맡은 <아리랑>
이 개봉한다. 이 영화의 원본은 전해지지 않아 현재로서는 영화의
전모를 확인할 방법이 없다. 1990년대 말 일본인 영화 수집가 '아
베 요시시게'가 필름을 가지고 있다고 주장하곤 한국에 반환하겠
다는 약속을 했었지만 실행하지 않았고, 영화광으로 알려진 북한
'김정일'의 필름 수장고에 있는 것을 봤다는 납북 영화인의 증언도
있었지만 명확하게 확인된 바는 없다.

다만, 당대에 엄청나게 많은 관객이 들었고 영화와 관련된 이야
기가 신문과 잡지에도 많이 실려 그 내용과 반향을 짐작해볼 수는
있다.

흔히 '개'와 '고양이'의 비유로 설명되는 영화 <아리랑>의 서사
는 비교적 단출하다. 일본인 악덕 지주의 마름 '오지호'는 조선인
소작농민들을 괴롭히고 무참하게 수탈한다. 주인공 '영식'은 서울
에서 철학을 공부하다 뜻을 이루지 못하고 고향으로 돌아왔는데,
지난 만세 운동 경험 이후 미쳐버렸다는 소문이 자자하다.

그러던 와중에 '영식'의 동생 '영희'가 '오지호'에 의해 겁탈당하
자 '영식'은 광인처럼 낫을 휘둘러 그를 찍어 죽인다. 살인을 저지
른 '영식'이 일본 순사에게 붙잡혀 고개를 넘어갈 때, 동리 사람들
이 그를 배웅하며 구슬프게 부른 노래가 바로 이 영화의 제목이기

228

도 한 '아리랑'이다.

이 영화는 개봉 날짜부터가 의미심장하다. 1926년 10월 1일은 '동양 최대의 석조 건물' 조선총독부가 개관하는 날이기도 했다. 일본의 식민 지배가 본격적으로 얼굴을 드러낸 날, 종로의 단성사에서는 〈아리랑〉이 개봉했다.

개봉 전날 '불온한 내용'이 있다며 당국으로부터 필름이 몽땅 압수되었다는 소식이 전해지기도 했던지라, 관객들의 관심은 더욱 고조됐고 예상대로 극장은 미어터졌다. 기마 순사들이 강압적으로 통제에 나섰지만 〈아리랑〉을 보러 온 조선인 관객들의 열기를 막아내기에는 역부족이었다.


## '섬뜩한 낫질' 속에 숨겨진 공포와 희열


나운규의 〈아리랑〉은 지금까지 일부 남아 있는 자료와 포스터만 봐도 놀라운 구석이 있다. 식민지 지배자였던 일본인들은 성난 얼굴을 감추지 않은 '영식'이 미친 사람처럼 마구잡이로 낫을 휘둘러 친일파 앞잡이를 찍어 죽이는 장면에서 섬뜩함을 느꼈을 것 같다.

반면 조선인 농민들을 괴롭히던 마름 '오지호'가 영식의 무자비한 낫질에 피칠갑이 되는 장면에서 조선인 관객들은 복수에 성공했다는 묘한 쾌감을 만끽했다. 영화 속의 주인공 '영식'(나운규)은

일제에게는 희대의 반역자이
자 살인자였지만, 식민지 조
선인들에게는 카타르시스를
선사하는 영웅이자 무한한 애
정을 받을 수밖에 없는 대상
이었다.

일제에겐 공포를, 조선에겐 희열을 선사한
<아리랑>의 '광인의 낫질' 씬

　나운규가 한국 영화사에서
가장 수준 높은 작품을 만들고 미학적으로 가장 뛰어난 성취를 보
여준 감독은 아닐지 모른다. 다만, 대중들이 느끼는 분노와 저항
의 감정을 조선인이라면 누구나 공감할 수 있게 표현해냈을 뿐이
다. 그가 '민족 영화의 아버지'가 된 연유다.

　눈을 희번덕거리는 '광인의 낫질' 씬, 바로 이 한 장면이 한국 영
화사에 길이 남을 명장면이 됐다. 웃고 있어도 울고 있는 것처럼
보이고 화가 나 있는 건지 미쳐 있는 건지 알 수 없는 피지배자의
기이한 모습.

　조선인 관객들은 나운규의 성난 얼굴을 보며 만세 운동이 좌절
된 이후 겪었던 깊은 상실감을 보상받았고, 거칠 것 없이 날로 번
성하던 제국 일본의 지배자들은 두려움과 긴장감을 느꼈을 것이
다. 누군가에게는 '희열'을 다른 누군가에게는 '공포'를 동시에 전
달할 수 있는 예술적 능력은 귀하고 드물다.

　하지만 현실 세계에서 성난 얼굴로 분노를 드러내기란 쉽지 않

다. 우리는 사회적으로 성숙한 인간이 되기 위해 옳고 그름을 따지기 저어하거나 좋고 나쁨을 표현할 수 있는 기회를 미룬다. 조직의 지배적 분위기에 순종하고, 사회 전반의 구조적인 모순은 외면하며, 개인의 역량만을 키우는 것이 최선이라고 자위한다. 기득권자를 비판하기보다 부러워하기에 급급하다.

하지만 세상은 단순하고 명쾌한 삶의 규칙을 끝까지 지켜낼 줄 아는 동시에 복잡하고 입체적인 인간관계도 깊이 이해할 줄 아는 사람들에 의해 움직인다.

나운규의 성난 얼굴은 견고한 성벽을 향해 던진 작은 달걀 하나일지도 모른다. 하지만 나운규는 그 후 한국 영화계가 낳은 '기린아'이자 '풍운아'가 됐다.

## 조선 영화계의 우뚝한 산맥

〈아리랑〉이후 나운규의 성공과 몰락, 재기하는 과정은 우리에게 더 큰 교훈을 준다. 나운규는 〈아리랑〉의 성공 이후 제작한 몇 편의 영화에서 여성 희생자를 구원하는 남성 영웅 서사의 문법을 구태의연하게 반복한다. 또한 일제의 검열을 의식하며 이도 저도 아닌 어중간한 영화를 양산하기도 한다.

〈아리랑〉을 통해 받은 '충격'과 '공포'를 기억한 관객들은 처음

영화 <오몽녀>의 신문 광고

몇 번은 나운규의 작품에 눈길을 주지만 똑같은 방법을 답습하는 그에게 큰 실망감을 느낀다. 나운규가 세운 영화사는 이내 도산하고 그는 큰 빚을 진다.

하지만 초심으로 돌아가 시대의 과제와 대중의 정서를 돌아보며 혼신의 힘을 다해 연기한 <임자 없는 나룻배>(1932)와 직접 각색하고 감독까지 맡았던 <오몽녀>(1937)는 나운규를 다시 한 번 조선민족 영화의 우뚝한 산맥으로 도약하게 했다. <오몽녀>는 그의 마지막 작품이었다.

나운규는 1937년 생활고와 과로로 인한 폐결핵이 겹쳐 요절했다. 그가 죽자 많은 동료 영화인, 그중에서도 여배우들이 안타까움을 표현하는 회고를 남겼다. "나는 이제 무엇을 위하여 살며 무엇을 위하여 죽으리까. 오로지 영화만을 위하여 살았고 영화만을 위하여 돌아가신 거룩한 당신의 영혼이 영원히 행복함을, 눈뜬 잠을 자고 있는 나는 속마음으로 축원하나이다." 여배우 신일선(申一仙)이 잡지 〈삼천리〉(1937년 12월호)에 남긴 글이다.

　나운규의 죽음을 가장 슬퍼하고 아쉬워했던 것은 누구보다 그의 곁에서 오래도록 동고동락했던 영화인들이었다. 동료들에게 가장 아름답게 새겨진 이름을 남기고 간 나운규가 보여줬던 〈아리랑〉의 '성난 얼굴'이야말로 우리가 너무 빨리 잊어버린 바로 그 표정이 아닐까.

# 유토피아를 꿈꾼
# 사회주의자의 선택적 기억법

한국 최초의 정부 공식 문화인, 정연규(鄭然圭, 1899~1979)

## 추방된 식민지 조선인 작가, 문화인으로 부활하다

1962년 6월 26일 서울시 교육국 문화과는 문화예술인들의 관리
와 지원을 위한 목적으로 공식 문화인 등록 사업을 시작한다. 신
문 보도에 의하면 이때 소설가 김동리와 화가 김환기를 제치고 제
1호로 등록한 사람은 2년 전 1960년 10월 25일 일본에서 귀국한
정연규(당시 나이 62세)였다.*

  정연규(鄭然圭, 1899~1979)는 문교부 명령에 따라 서울시가 '문화

인 등록'을 개시한 첫날 서울시청을 방문해 증명사진 두 장을 제출하며 예술인 등록원부에 "1922년 11월 『혼(魂)』, 『이상촌(理想村)』 등 배일(排日) 소설을 썼다가 일본으로 추방되었으며 그밖에 일본에서 『정처 없는 하늘(さすらひの空)』 등을 썼다"고 밝혔다. •

정연규가 제출한 서류에 기록된 내용 중 가장 강조된 것은, 식민지 시기 저술 작업을 통해 일제에 저항의식을 드러냈다는 이유로 작품이 압수됐던 이력과 그와 같은 사정 때문에 일본으로 추방됐다는 처벌에 관한 내용이었다.

식민지 시기 검열 경력과 처벌 이력을 적어낸 그는 당연하게도 문화인 등록 심사에서 충분한 자격을 갖춘 인물로 간주됐다. 결국 그는 우리나라 문화인 제1호로 등록된다.

정연규가 직접 적어낸 행적은 어느 정도 사실인 것으로 드러났다. 〈동아일보〉 사회면에서 "한성도서주식회사 발행 정연규 씨 저작인 소설 『혼』 초판은 지나간 오일에 발행할 예뎡이든 바 돌연히 압수되얏다더라"라는 기사(1921년 7월 14일)를 확인할 수 있다. 1922년 이후 정연규는 일본으로 이주해 도쿄에서 저술과 출판 활동을 지속했다.

---

• '문화인 등록 제1호는 정연규씨, 67명이 용지 가져가', 〈동아일보〉, 1962년 6월 27일

• 정연규는 본적 란에 '경성부 아현동 414의 46'이라고 적고 주소는 '종로구 2가 37번지 종로도서관 사택'이라고 적었다. 그는 "매일 이 도서관을 출입할 뿐 기거하는 곳은 따로 일정치 않다"고 말했다고 한다.('문화인 등록 서울시서 계속 실사─제1호는 정연규씨', 〈경향신문〉, 1962년 6월 26일)

우리나라 최초로 문화인 등록을 신청하는 정연규(<동아일보>, 1962년 6월 27일)

그런데 정부의 '문화인 등록' 사업은 당시 문화계에서도 제도의 목적과 실행과정을 둘러싸고 논란이 일었다. 당시 문화예술계는 이 사업을 전혀 환영하지 않았고 오히려 불편해하는 기색을 노골적으로 표현했다.

문화예술 분야 각 계를 막론하고 '문화인 등록'의 절차와 방법을 문제 삼는 의견이 속출했다. 등록 사업을 시행하는 정부의 의도와 목적은 곳곳에서 의심받았다. 알량한 지원을 핑계로 문화인을 단속하고 관리하겠다는 당국의 처사에 분노한 까닭이다.

## 불세출의 반일 사회주의자, 허풍선이 되다

그렇다면 정연규는 왜 다른 문화예술가들이 배척했던 '문화인 등록' 사업에 기다렸다는 듯이 서둘러 응했을까? 당시 그가 남긴 저작물을 검토해보면 그 이유를 대강이나마 짐작해볼 수 있다.

1960년대 정연규는 일본에 대한 경계와 공산주의에 대한 거부감을 적극적으로 드러내는 글을 썼다. 그의 저작 『일본이 또 우리나라 침략을 시작했다』(민족사상사, 1961)와 『간접침략』(금영출판사, 1965)은 극단적인 일본 혐오 정서와 반공 의식을 드러내고 있는 저작물이다.

『일본이 또 우리나라 침략을 시작했다』는 친일파를 시급히 청산해야 한다는 주장을 담고 있다. 친일파 세력들이 해방 후에도 한국 사회에서 주도권을 행사하는 부조리를 지적하고, 점차 가속화되고 있는 일본 문화의 침투 현상과 그에 따른 '문화 오염'을 경계한다. 더 나아가 여전히 비루하게 살고 있는 재일조선인들의 고단한 삶에 대한 관심을 국가적 차원에서 확대해야 한다고 목소리를 높이기도 한다.

『간접침략』은 북한 공산주의자들이 남한 사회로 침투해 세력을 확대하고 있으며 사회 불안을 조성하고 안전을 저해하고 있다는 내용을 담고 있다. 공산주의자들을 막기 위해 일어난 '5.16 혁명의 위대함'을 깨치고, '북괴의 간접침략을 분쇄하여 국가 기강을 확립'하자는 주장을 펼치고 있다.

정연규가 두 편의 저작을 통해 전하고 있는 메시지는 명료하다. '반일(反日)'과 '반공(反共)'. 그가 생각한 한국 사회의 가장 큰 문제는 친일 역사에 대한 청산이 제대로 이뤄지지 않았다는 것과 북한 공산주의 세력이 대한민국의 체제를 위협하고 있다는 것이었다.

그는 일제로부터 억압받았던 과거 행적을 드러내며 지금 자신이 이러한 주장을 할 권한이 있다고 강변한다. 그가 자신의 과거를 일제로부터 검열당한 기억과 관련해 술회하는 까닭은 반일과 반공 주장의 정당성을 확보하기 위해서였다.

실제로 식민지 시기 검열 경험은 해방 이후 문화예술인들에게 일종의 면죄부 역할을 했다. 친일 행적으로 비판받다 해방 후 우익 진영에서 문단을 이끈 유명 작가 '김동리' 역시, "자신의 작품 3분의 1이 일제의 검열 때문에 사라졌다"는 회고를 남긴 바 있다. 검열받았던 경험에 대한 회고는 친일 경력자조차 반일 투사로 둔갑시키는 마술이나 다름없었다.

상황이 그렇다 보니 검열에 대한 기억과 회고의 강도는 과장되기 일쑤였다. 신생 국가 대한민국에서 살아남거나 성공하려는 의지가 강한 사람들에게 일제 검열 경험은 일종의 든든한 밑천 역할을 했다.

그래서인지 해방 이후 발표된 정연규의 저작물에는 공통적으로 필자의 자기소개가 상당히 장황하게 기록돼 있다.

238

'필자소개'에는 식민지 시기 저술 활동 중에 겪은 검열과 압수 조치(1921), 국외추방(1922), 탈출(1922), 일본어 소설 집필(1923) 등과 관련된 회고가 상당 부분을 차지한다. 어떤 경우는 책의 본문보다 자신을 소개하는 데 더 집중하는 것처럼 느껴지기도 한다.

일본에서 활동할 당시의 정연규, 사회주의자의 면모를 지니고 있다(1926)

『간접침략』에 실려 있는 32페이지 분량의 '필자소개'에 따르면, "1921년『이상촌』과『혼』집필 이후 일제의 검열조치 후 압수 처리되고 구속되어 1922년 11월 11일 23세의 나이로 결국 조선에서 쫓겨나 일본으로 갈 수밖에 없었는데, 미야자키(宮崎) 산중에 있는 유형수촌(流刑囚村)에 감금되었으나 곧 탈출해 동경에서 〈아사히신문(朝日新聞)〉, 〈지지신보(報知新聞)〉 등에 기고하는 등 신문기자 생활을 했다"고 나와 있다.

1923년 '관동대지진'이 일어났을 때에는 일본인들에게 학살된 조선인 사회주의자들의 시신을 홀로 수습했다는 기록도 남아 있다. ● 젊은 시절의 그는 물불 가리지 않는 아나키스트요, 배짱 있는

---

● '무주고혼 된 동포의 시체를', 〈동아일보〉, 1923년 11월 19일

사회주의 혁명가였다.

그러나 정연규의 회고는 검증을 요하는 부분이 많다. 일례로 『혼』의 압수 이력은 1924년 한성도서주식회사 재판본 판권지와 초판 압수 당시 언론 보도를 통해 확인 가능하나, 검열 관련 구속 및 국외추방(정확히는 선외(鮮外)추방)에 대한 내용은 공식 기록이 남아 있지 않다.

일본 내지(內地)의 감옥에 수감된 정연규가 곧 탈출해 한 달간 유영을 헤매는 듯 고달프게 도망다니면서 한 달 만에 500페이지가 넘는 장편소설을 썼다는 내용도 믿기 어렵다. 더구나 탈출자의 신분으로 곧바로 일본 공식 문단에 데뷔해 활동한다거나 〈아사히신문〉 기자로 봉직했다는 이야기는 허무맹랑할 정도이다.

실제 〈아사히신문〉 직원록을 살펴봐도 정연규의 근무 기록은 없다. 몇 차례의 투고와 게재 경험을 '조일신문 정기자 생활'로 과장한 듯하다. 흥미로운 것은 그의 형 '정연기(鄭然基)'와 정연규는 초계정씨(草溪鄭氏) 일파 문중의 유력한 명망가이자 현대 인물로 족보에 등재돼 있다는 점이다.

초계정씨 족보에 따르면 형 정연기는 '전북지사'로 기록돼 있고, 정연규는 '재일조일신문 기자'로 각각의 경력사항이 기재돼 있다. 뭔가 석연치 않은 대목이다. 허풍선이 냄새가 강하게 난다.

# 100년 후의 세계, 사회주의 유토피아를 꿈꾸다

정연규는 1899년 2월 14일 경상남도 거창(居昌)에서 아버지 정우상과 어머니 김영주 사이 3남 2녀 중 셋째 아들로 태어났다. 온 가족이 서울로 상경하면서 정연규는 경성고등보통학교를 졸업한다. 학적부에는 부친의 재산으로 토지, 산림, 가옥, 과수 등 부동산과 현금, 대부금 내역 등이 자세하게 적혀 있다. 집안이 비교적 여유가 있었다는 걸 알 수 있다.

정연규는 경성고보 졸업 후 법률학교에 지원한다. 그가 입학한 한성법률전문학교는 당시 전문학교로서는 유일한 것이었고, 관리가 되는 출세코스이기도 했다. 재조일본인 수재들이 많이 지원해 조선인은 들어가기 어려운 조건이었음에도 불구하고 그는 우수한 성적으로 입학한다.

그러나 입학 후 학교 공부보다는 문학에 빠져들어 소설 쓰는 취미가 생겼고, 졸업할 때쯤 학교 성적은 꼴찌를 면하지 못하는 수준이었다.

정연규가 최초로 문학장에 등장하는 시기는 3.1 운동을 경험한 이태 뒤다. 그는 1921년 『이상촌』과 『혼』을 거의 동시에 발표하고 이때부터 '마부(馬夫)'라는 필명을 쓴다.

『이상촌』은 사회주의 경향과 아나키즘적 경향이 짙게 묻어나는 소설이다. 유토피아를 꿈꾸는 주인공이 생존경쟁과 약육강식이 판치는 전쟁터와도 같은 이 세상을 떠나 이상국가를 건설하려는 희망을 담고 있다. 『혼』은 빚 때문에 집도 빼앗기고 자식들까지 기생으로 팔려가야 하는 처지가 된 한 양반 가문의 몰락 서사를 통해 일제의 착취를 고발하는 내용을 담고 있다.

이 두 소설은 공통적으로 당시 유행하던 신소설의 문법을 차용하고 있다. 문학사에서는 이 두 작품을 근대소설의 등장 직전 구(舊)문학 시대 말미에 쓰인 민족주의 의식 고취 작품으로 평가한다.

당시 『이상촌』과 『혼』을 발행한 곳은 '한성도서주식회사'였다. 1920~30년대 조선 출판계를 화려하게 수놓은 한성도서주식회사의 첫 번째 발행 서적이 정연규의 『이상촌』이었다는 점은 주목을 요한다.

게다가 먼저 출간된 『이상촌』은 나중에 출간된 『혼』의 속편이었다. 『이상촌』에는 『혼』의 소설 내용이 그대로 전재되며, 『혼』에 나왔던 가련한 인물들을 구원하는 '정도령'이 재차 등장한다. 재밌는 것은 '정도령'이 1899년생이며, 주요 행적과 인물 성격이 작가 본인과 상당 부분 일치한다. 자전소설을 뛰어넘는 '자기투사형 픽션(Auto Fiction)'이었던 셈이다.

'정도령'은 100년 뒤 조선 민족을 구원하게 될 역사적 인물로 그려진다. 즉, 소설은 1920년에서부터 2023년까지의 조선 역사 변화를 가상화해 그려내고 있는 상상과 희망의 산물이다.

SF 비평가 모희준은 정연규에 대한 연구를 통해 『이상촌』이 한국 최초의 SF 창작 서사물임을 밝혀 내기도 했다.[*] 사회주의 사상을 밑바 탕에 두고 발전한 100년 후의 미래 세계를 유토피아로 그리고 있는 점 이 눈길을 끈다.

정연규, 『이상촌』, 한성도서주식회 사, 1923

『이상촌』과 『혼』은 발행되자마자 곧바로 총독부 당국으로부터 보안 법 제7호 제령 치안유지법에 의거 해 압수 처리된다. 그리고 정연규는

1922년 11월 11일 체포되어 국외추방 조치를 당한다. 그의 소설 검열 이력과 압수 소식은 일본으로까지 전해져 일약 일본 문단의 관심을 얻는 식민지 작가가 된다.

특히 일본 프롤레타리아 문학계의 '러브콜'을 받으며 그들과 함 께 활동하는 계기가 마련된다. 이후 그는 일본 잡지 〈예술전선〉 과 같은 프롤레타리아동맹 관계 잡지에 계속 글을 싣기도 하는 등 당대 일본 프로문학 작가들과 교류하며 활발한 활동을 펼쳤다.

이는 가장 먼저 일본에 데뷔한 조선인 작가로 알려진 '김중생'보 다 정연규가 더 먼저 공식적으로 일본 문단에 등장했음을 의미한

• 모희준, '정연규(鄭然圭)의 과학소설 『이상촌』(1921) 연구', 〈어문논집〉 77권, 2019; '일제강점기 식민지 자본주의 하 경성공간과 미래사회 경성공간의 공간비교 연구 – 정연규의 『혼』과 『이상촌』 을 중심으로', 〈국제어문〉 85권, 2020.

다. 식민지 조선에서 치안유지법으로 추방된 젊은 작가가 일본 문학계의 총아로 부상하게 된 복잡한 맥락을 이해하기란 쉽지 않지만 기록상으로 보자면 분명한 사실이다.

정연규는 당시 장래가 촉망되는 재일조선인 작가의 반열에 올라섰을 뿐만 아니라 조선에서 발행하는 〈매일신보〉에 1923년 3월 25일부터 6월 15일까지 『자유의 길』이라는 장편소설을 연재하기도 한다.

"신진예술가로 동경문단에 이름이 높으며, 기왕에는 톨스토이의 저서에 의해 배양되고, 근일에는 인도의 성웅 간디에게 사숙하여 장래가 많은 청년작가의 한 사람이다"('장편소설, 자유의 길, 정연규 작', 〈매일신보〉, 1923년 3월 15일). 그의 소설 연재를 예고하는 기사이다.

이 작품 역시 청춘남녀의 연애소설을 표방하고 있었지만 실제로는 일제의 식민지 정책을 비판하는 분위기가 다분했다. 결국 『자유의 길』은 끝을 맺지 못하고 79회를 마지막으로 연재가 중단된다. 『자유의 길』의 내용 중에는 이런 부분도 있다.

---

"조선 사람은 이제 당최 학교에 가지 마시오. 그 놈들 충군애국 소리도 이제는 너무 들으니 귀가 아프고 이선융화 소리도 너무 들었더니…… 학교에 가면 밤낮 왜말이나 가르치고…… 우리

를 뼈 없는 연체동물처럼 만들어서 우리나라 사람들을 모두 그
놈들 부리기에 좋은 것으로 만들어 버리려는 것이요."(『자유의
길』, 〈매일신보〉, 1923년 6월 13일)

당시 〈매일신보〉는 총독부가 직접 발행하는 기관지이자 최
대 발행부수를 자랑하고 있는 일간지였다. 이런 지면에 일제의 교
육정책을 비판하는 내용이 여과 없이 실려 나온 것이 믿기지 않는
다. 내용만 봐도 정연규는 연재 중단이 아니라 구속 수감을 당해
도 이상할 게 없는 정도이다.

하지만 〈매일신보〉 연재 중단 사건은 조용히 수습되고 일본
에서의 창작 활동은 더욱 활발하게 진행된다. 미스터리한 상황의
연속이다.

다만, 그의 친형 정연기가 중추원 참의와 일제의 고위직 행정
관료로 있었으니 특별한 보호(?)를 받았다고 짐작할 수도 있다. 사
회주의 혁명을 꿈꾸는 철부지 동생 때문에 친일파 형이 골치 깨나
아팠을 가능성이 높다.

## 전직 사회주의자의 선택적 기억법

정연규는 해방 후 새로 출간하는 책마다 사회주의자로 활동했던 이력은 감춘 채 일제로부터 검열당했던 이력만 과장되게 강조한다. 또 반공을 주장하는 목소리를 누구보다 크게 냈다. 그의 말년 저작들은 사실상 모두 자신의 찬란했던 과거를 회고하는 자서전이나 다름없었다.

결국 정연규의 실제 행적과 회고를 비교할 때 주의할 점은 사실과 사실 아닌 것을 구분하는 일이라기보다는 회고를 통해 그가 표나게 강조하고 싶은 이력의 일관성을 발견하는 일일지도 모른다. 도드라지게 드러나는 부분과 애써 말하지 않는 부분들 간의 차이를 통해 '회고의 프로세스'가 어떻게 작동하는지를 살펴봐야 하는 것이다.

이를테면 정연규의 기억과 회고에 등장하지 않는 내용 중에는 1921년 한성도서주식회사에서 발행한 『과격파운동과 반과격파운동』이란 저작물이 있다. 이 책은 무정부주의를 포함해 사회주의 사상에 대해 알기 쉽게 풀이하고 설명하는 대중 해설서였다.

이 책이야말로 사회주의 이론가로서 그의 실력과 입지를 보여주는 업적이다. 또한 『혼』과 『이상촌』의 사상적 배경이 되는 사회주의가 어디에서부터 비롯되었는지 알 수 있는 근거이기도 하다. 그럼에도 불구하고 공산주의와 연결 가능성이 높은 사회주의 활동 행적은 지우고 일제로부터 검열받은 경력만 도드라지게 드러내놓고 있다.

그런데 흥미로운 것은 일제의 검열 기준이 우리가 생각하는 것처럼 그렇게 정교하지도 또 일관되지도 않았다는 점이다. 검열 후 복자(伏字)* 처리도 세심하지 않고, 그 비어 있는 어휘나 문장도 다른 구절들을 읽고 맥락을 통해 충분히 짐작 가능한 정도였다.

그도 그럴 것이 정연규의 『이상촌』, 『혼』, 『과격파운동과 반과격파운동』이 발행된 1921년은 아직 식민지 조선에 검열 표준이 확고하게 자리 잡히기 이전이었다. 3.1 운동 직후 조선인(어) 발행 매체 및 출판물에 대한 검열에 대한 긴장이 높아지기는 했지만, 1926년 4월 도서과가 설치되기 전까지 총독부의 검열 인력과 능력은 상대적으로 수준이 낮았던 것으로 보인다.

압수된 『혼』과 정상 발행된 『이상촌』만을 놓고 보더라도 이 둘은 내용상으로 거의 유사하다. 오히려 『이상촌』이 『혼』보다 훨씬 더 급진적인 내용과 민족적 저항 의지를 담고 있어 위험하다고 볼 수 있다.

하지만 『이상촌』은 별다른 조치 없이 정상 발행 및 판매됐고, 『혼』은 판매 전 전량 압수 조치된다. 더 의아한 경우는 『과격파운

---

* 인쇄물에서 내용을 밝히지 않으려고 일부러 비운 자리에 'o', 'x' 따위의 표를 찍음. 가장 흔한 출판물 검열 조치 중의 하나.

동과 반과격파운동』이다. 이 책은 노골적으로 무정부주의 및 사회주의를 다뤘다. 하지만 이 책 역시 압수되지 않고 정상적으로 유통됐다.

정연규의 사례만 살펴보더라도 3.1 운동 직후 일제 검열 당국은 민족주의와 사회주의가 무엇인지 정확하게 이해하고 있지 못한 듯싶다. 지배자의 입장에서 반제국주의 저항 담론으로서의 식민지 조선에서 들불처럼 일어난 민족주의와 사회주의 운동 의미를 알아채기는 어려웠을 것이다.

무엇을 단속하고 어떤 것을 풀어줘야 하는지 기준이 명확하지 않았고, 이 때문에 검열 관련 법령이나 규칙도 미흡했다. 오히려 '검열관'과 '주의자'는 사회주의 사상에 대한 이해를 심화 발전시키는 데 기여한 '적대적 파트너'였을 가능성이 높다.

사회주의 사상의 심화와 검열 제도의 체계화는 역설적으로 깊은 상관관계를 맺고 발전했다. 대한민국 근현대사에서 민주화와 통일운동, 노동운동에 대해 누구보다 큰 관심(?)을 갖고 공부를 한 이들은 '중앙정보부'와 '국가안전기획부' 사람들이었을지도 모른다. 무엇인지 알아야 상대를 때려잡을 수 있기 때문이다.

과거의 반일 투쟁 경력을 과장되게 회고하며 기어이 '제1호 문화인'의 자리를 차지한 정연규를 보면, 역사에 이름을 남기는 일이 얼마나 선택적이고 정치적인 행위인지를 새삼 다시 깨닫게 된다.

# 치열했던 '좌상향'의 열정이
# 극단적인 '우하향'의 몰락으로

**쥘 베른의 SF를 최초로 번역한 전향 지식인, 신태악**(辛泰嶽, 1902~1980)

## 식민지 조선에서 쥘 베른을 처음 번역한 이유

『15소년 표류기』, 『80일간의 세계일주』, 『기구를 타고 5주간』, 『지구에서 달까지』 등등. 어린 시절 누구나 읽어봤을 책들이다. 프랑스 작가 쥘 베른(Jules Verne)이 '경이의 여행'(Voyages extraordinaires) 시리즈로 묶어 출간한 작품은 60여 권이나 된다.

더 멀리 더 빠르게 더 낯선 곳으로 떠나는 이야기들로, 근대 과학 지식을 활용해 펼치는 주인공들의 모험과 도전으로 가득한 소설들이다. 조앤 K. 롤링의『해리포터』시리즈가 나오기 한 세기 전 이미 세상의 독자들에게는 쥘 베른이 있었다.

쥘 베른 원작의『지구에서 달까지』와『달나라 탐험』은 우리나라 에『월세계여행(月世界旅行)』이라는 제목으로 최초 번역 소개되었 다. 남북전쟁 종결 후 미국의 대포 마니아들이 모여 달 탐험을 계 획하고 실행에 옮기는 내용이다. 전 세계 방방곡곡과 땅속, 바닷 속을 탐험하는 내용의 소설을 써온 쥘 베른이 지구 밖 공간으로까 지 시선(視線)을 돌리고 동선(動線)을 확장해 본격적으로 우주를 탐 험한다.

『월세계여행』은 픽션으로서의 한계를 과학적 이론으로 뒷받침 해 리얼리티를 부여한다. 또한 시대적으로 모험과 도전이 필요하 다는 메시지를 독자에게 전달하는 방식으로 쓰여 있다. 미국 남북 전쟁 동안 급속도로 발전한 화약 기술과 대포 제작 기술처럼 필요 이상으로 과잉 발달한 전쟁 기술을 어떻게든 사회적인 쓸모로 전 환시킨다.

달나라 탐험은 그렇게 구상되었다. 독자들이 우주를 향해 날아 가는 대포와 그것을 쏘아 올리는 화약을 통해 국가의 근대적 발전 과 성장을 환기한다면 그 자체로 계몽의 사명은 완수되는 셈이다.

『월세계여행』이 1920년대 식민지 조선이 참조할 교범으로 선 택된 이유는 바로 여기에 있다.

쥘 베른의 과학소설은 3.1 만세 운동의 실패 이후 과학의 발전을 촉진해 어서 빨리 식민지 조선의 근대화를 달성해야 한다는 임무를 상기시켰다.

## 『월세계여행』의 발굴과 번역자 신태악의 발견

프랑스에서 1865~9년 사이 창작 발표된 이 소설이 우리에게 번역 소개된 것은 1924년에 이르러서다.

『월세계여행』 표지(한성도서주식회사, 1924)

그렇지만 이 책은 오랫동안 실물이 발견되지 않아 실체를 확인할 방법이 없었다. 실체를 확인할 수 없으니 자세한 내용이나 의미를 밝히기 어려웠다.

그러던 차에 1924년 박문서관에서 번역 출판된 『월세계여행』이 발굴됐다. 강원도 춘천에 살고 있는 한 유명 장서가가 소장하고 있던 것이 지난 2018년 세상에 최초로 공개됐다. 오랫동안 소문으로만 전해오던 책의 실물을 직접 확인할 수 있게 된 것이다.

그간 이 책에 대해 언급한 기존 학계의 서양 과학소설 연구사와 번역문학사는 추측 수준에서 정리된 내용일 뿐이어서 기초적인 사실 관계에 있어 많은 오류를 범하고 있었다.

가장 먼저 눈에 띄는 것은 이 책의 '저작자'가 '신태악(辛泰嶽, 1902~1980)'으로 돼 있다는 점이다. 그런데 지금까지 이 책을 번역한 사람은 '신일용(辛日鎔)'으로 잘못 알려져 있었다. 잘못된 사실이 바로잡히지 않은 까닭은, 이 책에 대한 당대의 해제나 비평도 남아 있지 않고 그나마 확인할 수 있었던 서적 광고와 같은 단서들에도 번역자에 대한 정보가 전혀 나와 있지 않았기 때문이다.

근거가 확실하지 않은 채로 기존 서양 과학소설 연구사에서 천편일률적으로 신일용 번역설을 받아들였다. 실물을 확인할 수 없어 정확한 서지사항을 확인하기 어렵다는 단서를 달아놓은 경우가 대부분이긴 하지만, 번역문학사와 과학소설사에는 거의 대부분 번역자가 신일용으로 기록돼 있다. 실물 책의 발굴 덕분에『월세계여행』실제 번역자가 신태악으로 밝혀진 셈이다.

만약 신태악이 다른 서양 과학소설 작품을 번역한 이력이 남아 있거나 과학소설 창작 성과가 있었더라면『월세계여행』번역 이력이 감춰지지 않았을 것이다. 하지만 그는 한국문학사의 방외인이었다.

그렇다고 번역 및 과학 방면 관련해 신태악이 완전한 평지돌출형 인물인 것만은 아니다. 번역과 관련해서는 일본 지식인의 사회과학 논문을 우리말로 옮겨 신문에 연재한 이력이 발견된다. 신태악은 일본 사회주의 사상가들의 논문을 번역 소개하며 "현하 조선은 사회적으로나 사상적으로 보다 연구시대에 있고 번역소개시대에 있다 함을 더욱 의의있게 하랴함니다"('자본주의 붕괴경로', 〈동아일보〉, 1923년 11월 15일)라고 말할 정도로 근대 지식과 사상의 도입에 있어 번역의 중요성을 강조한 인물이다.

사회주의 운동의 이론적 근거를 번역 수입하는 데에 누구보다 적극적이었다. 『월세계여행』을 발행한 1924년에 러시아 작가 막심 고리키의 『이탈리아 이야기』를 『반역자의 모(母)』로 제목을 바꿔 번역하기도 했다.

제목을 임의로 바꾼 일본어 번역본을 저본으로 삼아 중역(重譯)한 결과 그렇게 됐다. 신태악은 사회주의 지식의 보급과 운동의 일환으로 번역에 힘을 쏟았으며, 그 과정이 모두 일본어를 경유해 번역했다는 점이 특징적이다.

신태악은 과학기술 관련 지식의 습득과 보급 활동 경력도 있다. 경성공업전문학교 출신(1920년 수료)이며, '과학지식보급협회'에서 위원(1935년)으로 활동한 바 있다. 즉, 신태악은 과학 및 기술 관련 지식에 밝았으며 그 중요성을 이해하고 있었다고 볼 수 있다.

『월세계여행』이 출간될 무렵인 1924년 전후로는 사회주의 사상 활동을 이유로 구속기소 돼 재판을 거쳐 처벌받은 뒤, 도일(渡日)한 이력이 있다. 『월세계여행』은 도일 후 일본에서 번역 작업을 한 결과물일 공산이 높고, 형(刑) 집행유예 기간이라 번역자임을 드러내놓고 알리지 못했을 것으로 짐작된다.

## 민족해방을 꿈꾸던 청년, 극렬 친일파로 전락

신태악은 1902년 함경북도 부령(富寧)에서 출생했다. 청년기까지 신태악의 활동은 민족 독립과 사회주의 해방을 위한 노력으로 가득 차 있다. 1919년 경성공업전문학교 재학 중에는 3.1 운동 학생 대표로 참가해 6개월간의 옥고를 치렀다.

이후 1922년 경성 오성학교(五星學校) 교사 시절 '조선청년회연합회' 주최 순회강연에 연사로 나섰다가 보안법 위반 혐의로 체포됐다. 이 때문에 1923년 2월 신의주지방법원에서 징역 1년, 집행유예 2년을 선고받았다. 같은 해 4월 '조선청년연합회' 상무위원과 '조선청년총동맹' 집행위원을 맡기도 했다.

뚜렷한 민족의식을 지니고 급진적인 사회주의 운동을 펼쳤다. 하지만 일제 사법당국의 감시와 처벌로 식민지 조선에서 더 이상 활동하기 어려운 상황이 됐다. 운신이 폭이 제한돼, 일본으로 몰래 건너갈 수밖에 없는 처지가 됐다. 쥘 베른을 번역한 것은 바로 이때였다. 공개적인 활동을 하지 못하게 되자, 수면 아래로 내려가 번역 작업에 몰두했던 것이다.

이후 신태악은 1926년부터 일본 사회주의 단체 '일월회(一月會)'에 가입해 활동하기도 했다. 1927년 일본 와세다대학 정치경제과를 졸업했고, 1931년 일본 주오대학 법학과를 졸업했다. 정치경제학과 법학을 두루 공부한 근대 지식인으로 성장했다.

대학 졸업 직후에는 조선인으로서는 드물게 일본 고등문관시험 사법과에 합격했다. 비상한 노력과 도전으로 성취해낸 결과였다. 1932년 4월에는 경성으로 돌아와 변호사로 개업했다. 그가 변호사 초년병이던 1932년 12월에는 안창호의 치안유지법 위반 사건을 맡아 변호하기도 했다.

신태악은 이때까지만 해도 사회주의 사상을 견지한 채 조선 민족의 해방과 독립을 위해 애쓰는 젊은 법조인이었다.

그러나 신태악은 어느 순간 완전한 속물 기회주의자로 변신한다. 1933년 4월 '전조선변호사협회' 이사, '경성조선인변호사회' 상의원을 맡고 같은 해 6월 조선일보사 취체역(取締役)에 취임했다. 취체역은 오늘날로 하면 경영 이사진에 해당하는 직위였다.

변호사협회 이사와 언론사의 간부가 된 뒤, 그는 국책에 협력하는 어용지식인으로 변모한다. 1934년 1월에는 일제가 조선 농민들의 피와 땀을 착취하는 것을 법제화하는 '조선소작령제정촉진'을 주창했을 정도였다.

같은 해 7월 '과학지식보급회' 재정위원까지 맡는다. 우리나라 최초로 쥘 베른의 과학소설을 번역 소개했을 정도로 과학에 대한 관심이 높기도 해서였지만, 일제가 운용하는 관변 단체의 주요 직책을 거리낌 없이 맡은 셈이다.

1930년대 중후반 이후 신태악은 더욱 급속도로 친일 협력의 길로 접어든다. 1936년 3월 무렵 사회주의 전향자들로 꾸려진 일

제 협력 단체인 '백악회(白岳會)'에서 주도적으로 활동했고, 1941
년 일본이 태평양전쟁을 일으켜 총력전 체제에 접어들며 만든 '임
전대책협의회(臨戰對策協議會)'의 상무위원을 맡기도 했다. 같은 해
9월에는 '조선임전보국단(朝鮮臨戰報國團)' 결성 준비위원으로 참여
하기도 했다.

급기야 〈조선일보〉의 수장 방응모가 창간한 친일 잡지 〈조광
(朝光)〉에 '조선광업령 개정의 요'(1941년 9월호)라는 글을 써 일제
의 전시 광업 동원 정책을 옹호했다. 또 심지어는 '미영타도연설
회'에서 일본의 전쟁 승리를 기원하는 강연을 하기도 했다.

청년 시절 조선 민족의 해방과 독립을 위해 열정적으로 활동했
던 사회주의자들 중에는 식민지 시기 말 급속하게 전향과 변절을
꾀한 경우가 있다. 이런 부분이 친일파를 역사적으로 어떻게 평가
할지 망설이게 만들기도 한다.

개인의 부귀영화를 위해 처음부터 망설임 없이 친일에 가담한
사람도 있지만, 상황에 따라 어쩔 수 없이 체제에 순응한 경우도
있기 때문이다.

물론 전향한 사회주의자 중에서는 과거 사회주의자였던 '왼쪽'
이력을 지우고 '오른쪽'으로 더 크게 도약하기 위해 친일에 더욱
적극적으로 나선 이들도 있다.

1930년대 중반 이후 식민지 조선의 상황을 보면, 자본주의의
급격한 확산과 파시즘 체제의 강화에 따라 사회주의자가 설 자리

는 점점 축소되고 있었다.

더구나 1920년대 중반 조선인 사회
주의자들을 일소해버린 1차, 2차 조선
공산당 사건 이후 많은 사회주의자가
감옥에서 죽거나 전향할 수밖에 없었다.

또한 1930년대 중후반부터 일제가
일으킨 중일전쟁과 태평양전쟁은 조
선 지식인들의 체제 협력을 강화시키
는 계기가 됐다.

신태악

전직 사회주의자 신태악 역시 일제의 전쟁 수행에 적극 협력했
다. 심지어 일본이 주창하던 대동아공영권 건설에 조선인을 더 많
이 참여시켜야 한다며, 일본 중의원 선거에 출마했다가 낙선한 이
력도 있다. 식민지 조선인이 일제 의회의 의원이 되려던 것만 봐
도 신태악의 친일 정도를 쉽게 짐작해볼 수 있다.

영원할 것만 같았던 일제가 패망하고 해방이 찾아왔다. 친일에
나섰던 조선인 지도자와 지식인들은 지레 겁을 집어 먹었다. 하지
만 거짓말처럼 아무 일도 일어나지 않았다. 신태악 역시 무사했다.

1946년부터 신태악은 서울에서 반공 변호사로 활동을 시작했
다. 너무나 자연스러운 또 한 번의 변신이었다. 이처럼 똑똑하고
잘난 사람들은 '친일'에서 '반공'으로 자연스럽게 줄을 바꿔 탔다.
1949년 4월에는 일제 말 친일 행적이 밝혀져 '반민특위'에 체포되

기도 했지만, 특별검찰부에서 기소유예 처분을 받고 아무런 처벌도 받지 않고 풀려났다.

한국전쟁 이후에도 신태악의 승승장구는 계속 이어졌다. 1950년대 이승만 정부하에서 자유당 감찰부장을 맡을 정도로 권력의 핵심에 있었다. 1960년에는 대한민국 변호사들의 수장인 '대한변호사협회' 회장 자리에 오르기까지 한다.

말년에는 직접 언론사를 설립하고 국회의원 선거에도 나가는 등 권력과 명예를 누리는 기름진 삶을 살았다. 너무나 당연하게도 민족문제연구소가 지정한 주요 친일파 명단에 이름을 올리고 있다.

사회주의 혁명과 민족 해방을 꿈꾸던 신태악이 극렬 친일파로 변신한 까닭을 이해하기란 쉽지 않다. 치열했던 '좌상향(左上向)'의 열정이 어떻게 극단적인 '우하향(右下向)'의 몰락으로 변해갔는지 알기란 불가능에 가까운 일이다.

어쩌면 자본과 권력에 몸을 맡겨 타락하는 길이야말로 전직 사회주의자들이 최후까지 자신을 드러내는 최대치의 정치적 제스처였는지도 모른다.

'좌상향'의 과거와 '우하향'의 현재 사이, 그 간극의 차이만큼 사회주의자였던 과거의 정체는 더욱 빛나 보이는 것일까, 아니면 아름답던 과거마저 구정물에 처박혀버리게 되는 것일까.

258

# 식민지 현실을 극복하기 위한 노력

신태악이 사회주의 운동에 적극 나섰던 청년 시절인 1920년대 초반, 쥘 베른의 소설을 번역 소개한 이유는 무엇일까? 책에 역자의 말이 실려 있었다면 보다 쉽게 그 의도를 알아챌 수 있겠지만 아쉽게도 이 책에는 번역자의 '서문'도 '후기'도 찾아볼 수 없다.

그런데 『월세계여행』 출간 시점에 몇 차례 신문에 실린 서적 광고에는 신태악이 직접 쓴 것으로 보이는 글귀가 남아 있어 다행히 의도를 짐작해볼 수 있다.

〈『월세계여행』 서적 광고 문구〉•

본서는 저 유명한 불란서 모험소설가 '쥬두·뷔룬'의 걸작 중 하나이다. 그 용감한 삼인의 모험아(冒險兒)가 백오십간(百五十間)되는 거포(巨砲)의 완성을 기대려 다만 이필(二匹)의 개와 함께 포탄을 타고 천지를 진동하는 폭음에 따라 사랑하던 지구를 떠나 인지(人智)로는 상상키도 어려운 월세계 탐험 의도에 취(就)하얏다. 아! 그들의 운명은 과연 엇지되엿는가?

학적 토대로 전문(全文)을 종횡하야 취미잇고도 실익잇게 소설화한 것이 즉 본서(本書)이다. 이 실로 '과학중심소설'이며 '소설

중과학'이다. 그 모험의 비장함과 그 이론의 철저함엔 천문수
학의 전문가라도 다시 한 번 놀나지안을 수 업다. 생각컨대 일
반 청년의 기풍이 대부분 ●화(●化)하고 일반사회의 풍도(風道)
가 거이 ●락(●落)된 현재의 우리조선에 잇서서 이러한 대걸작
품이 처음 소개케된 것은 유감중당행(遺憾中當幸)이다. (다만 역
필(譯筆)의 둔졸(鈍拙)은 사(謝)) 이에 특히 나의 사랑하는 청년남
녀학생의 필독을 권하며 나아가 재삼독파(再三讀破)를 충고하는
바이다. 그것은 취미로 보고도 천문(天文)을 알고 흥미에 취하
야 수학을 깨닷게되며 또한 그 구구(句句)의 명문과 절절(節節)
의 쾌작이 자연히 우리로하야금 용장한 기분를 소스게하는 까
닭이다.

---

광고문에는 쥘 베른 소설을 번역하게 된 동기와 이 책을 출간하
게 된 의도를 알 수 있는 구절들이 있다. 광고 문구에 등장하는 '역
필(譯筆)의 둔졸(鈍拙)은 사(謝)',˙ '나의 사랑하는 청년남녀학생'과 같
은 구절은 글쓴이 자신이 번역자임을 드러내는 표지로 이해하기
충분하다. 즉, 광고에 실려 있는 글이 본 책에서는 누락된 '역자의
말' 정도에 해당한다고 볼 수 있겠다.

---

• 〈동아일보〉, 1924년 5월 24일 1면 하단 광고(동일한 내용과 형식의 광고가 〈동아일보〉, 1924년 5월 30일
  1면 하단에도 실린다)
• '번역자의 솜씨가 둔하고 졸렬함을 용서해주시길'이란 뜻으로 겸양의 표현이다.

『월세계여행』 신문 광고(<동아일보>, 1925년 5월 25일)

　신태악에게 과학과 기술은 식민지 조선의 낙후된 현실 문제를 해결할 유력한 도구로 간주됐다. 서양에서 수입한 근대 과학과 기술 지식이 전근대적인 면모가 짙게 남아 있던 식민지 조선 사회의 변혁을 이끌어낼 것으로 기대됐다.

　과학 지식이 중요한 서사의 장치로 활용되고 작품 전반의 내용을 구성하고 있는 쥘 베른의 소설들이 서양의 근대문학 작품 중에서도 가장 먼저 또 가장 많이 우리나라에 번역 소개된 내력은 이같은 이유 때문으로 볼 수 있다. 문학을 통해 합리적이고 보편적인 차원으로 이해되는 과학 지식을 번역·공급하려는 목적이 강하게 개입돼 있었던 것이다.

　1920년대 사회주의 운동에 앞장섰던 신태악에게 과학 지식의 소개와 번역은 혁명과 해방을 위한 사회운동으로 선택된 행위일 수 있었다. 서양에서 수입한 과학 지식을 매개로 근대적 세계와 조선인 대중독자들이 효율적으로 접속하게 하려는 의도였다.

신태악에게 쥘 베른은 예술로서의 '문학'이라기보다 실용적인 지식인 '과학'으로 참조됐다. 쥘 베른의 과학소설을 우리보다 더 빠르게 수용한 일본(번역-이노우에 쓰토무)과 중국(번역-루쉰)에도 해당된다. 동아시아에서 쥘 베른의 작품들을 번역 수용할 때 과학소설이라는 새로운 내용과 형식의 문학 장르로 받아들이기보다 과학 지식 그 자체로 받아들인 맥락을 주목해야 한다.

신태악에게 문학은 과학을 전달하는 포장 형식이었다. 문학을 통해 과학 지식은 훨씬 유연하고 효과적으로 전달됐다. 동아시아에서 과학소설의 도입이 쥘 베른 번역으로 시작된 것은 바로 이 때문이다. 이처럼 신태악은 쥘 베른의 작품을 '신문학'이라기보다 '신지식' 혹은 '근대과학'으로 번역 수용했다.

쥘 베른의 작품들은 특유의 소설 형식이 과학 지식을 전시하기 위한 내러티브로 보일 정도이다. 그래서 쥘 베른의 『지구에서 달까지』와 『달나라 탐험』 같은 작품을 읽다 보면 물리역학 교과서를 공부하고 있다는 느낌이 들기도 한다. 이런 점 때문에 쥘 베른의 작품은 문학인 동시에 과학일 수 있었고 과학에 방점이 찍힌 과학소설일 수 있었다.

문학계의 이방인이며 경성공업전문학교 졸업자이자 법학을 전공한 사회주의자 신태악에게 쥘 베른의『월세계여행』은 식민지 조선의 근대적 전환과 사회주의 해방을 가능하게 하는 새로운 장치이자 발명이었다.

19세기 후반 유럽 사회에 큰 충격을 준 쥘 베른을 20세기 초 한국에 처음으로 번역 소개한 신태악의 업적은 그야말로 특별한 문화적 성취였다. 하지만 친일부역자 신태악이 일평생 누린 영달은 친일 청산 작업이 제대로 이뤄지지 않은 한국 사회의 고질적인 비극이기도 하다.

안타깝게도 신태악이 보여준 삶의 궤적은 그다지 낯설어 보이지 않는다. 역사적으로 한국 사회주의 계열과 진보 진영 인사들이 보여준 수많은 훼절과 타락의 사례 중 하나일 뿐이다.

민주화를 염원하고 독재정권 타도에 앞장섰던 4.19 세대와 386 세대의 대다수가 훗날 보여준 행보들도 이와 크게 다르지 않다. 비극적이게도 신태악은 젊은 시절 혁명과 해방의 꿈을 간직했던 한국 지식인들의 '오래된 미래'였다.

# 민족의 서사를 화폭에 담은
# '코리안 랩소디'

**'한국의 미켈란젤로'라 불린 민족 화가, 이쾌대**(李快大, 1913~1965)

남들이 그렇게 좋다는 그림도 그저 맹탕으로 느끼는 사람이 있다. 화가의 명성이나 그림 가격도 보는 이의 마음을 움직이지 못한다. 하지만 미술에 문외한인 사람들에게까지 잠깐 보는 것만으로도 기운을 고양시키고 마음을 부풀게 하는 그림이 있다. 헛한 정신의 기갈을 깊이 채워주는 열정과 닫혔던 감각의 지평을 활짝 열게 해 주는 에너지를 간직하고 있는 그런 그림 말이다.

# 금기의 이름, '이쾌대'

하늘빛 두루마기를 입은
사내가 두 눈을 우뚝하게
뜨고 정면을 노려본다.
단단한 팔뚝이 드러난 오
른손엔 동양화 붓을 쥐
고, 왼손엔 유채(油彩)가
마구잡이로 섞여 있는 팔
레트를 들었다. 붓과 팔
레트 대신 횃불이나 깃발
을 들었어도 어울릴 법한
모습이다.

<두루마기를 입은 자화상>(1940년대, 캔버스에 유
채, 72x60cm)

앞섶을 과감하게 벌린 두루마기 자락과 회색 중절모가 동서양
의 기묘한 조화를 이룬다. 다부진 인물의 부리부리한 얼굴 표정
뒤로 아득하게 펼쳐진 이국적인 전원 풍경과 아랫녘 길을 머릿짐
지고 걸어가는 흰 옷 입은 조선 여인들의 대비는 경쾌한 긴장감을
자아낸다.

누구든 한 번 보면 잊기 힘들 만큼 강렬한 이 그림은, 해방과 전
쟁의 파도가 휘몰아치던 시절 역사의 현장 한복판에 위치한 한 화
가가 자신의 모습을 직접 그린 작품이다.

자화상의 주인공은 이쾌대(李快大, 1913~1965). 호방하고 화통한 그림 속 느낌을 그대로 담고 있는 이름이다. 하지만 이 이름은 불과 30년 전까지만 해도 우리 사회에서 '금기어'였다. 그 이름 앞에 따라붙는 '월북 화가'라는 수식어 때문이었다.

지난 1988년 우여곡절 끝에 해금됐지만 많은 이에게 '이쾌대'라는 이름은 여전히 낯설다.

이쾌대는 경북 칠곡에서 만석꾼 부잣집의 막내아들로 태어났다. 집 크기만 5천여 평에 달했다. 집안일을 보는 사람들의 이름을 다 알지 못할 정도였다. 가을이면 온 동리에서 거둬들인 볏섬 노적가리가 마당 한가운데 산처럼 쌓였다.

이쾌대의 가문은 조선 시대부터 대를 이어 내려오는 세도가이기도 했다. 할아버지 '이선형'은 지금의 검찰총장 격인 금부도사를 지냈고, 아버지 '이경옥'은 창원시장 격인 현감을 지냈다. 그러나 그의 집안은 전형적인 경북 지역 양반 가문의 분위기는 아니었다. 구한말 일찍이 개화사상과 기독교를 받아들였다. 집안에 예배당과 테니스 코트를 따로 만들 정도였다.

덕분에 이쾌대는 전통적인 유교 질서와 구학문의 족쇄에 얽매이지 않고 신식 교육을 받을 수 있었으며 화가를 직업으로 선택할수 있었다. 그렇더라도 조선 양반가의 뼈대 있는 가문 출신으로 '환쟁이'를 직업으로 선택한 그의 결심은 그 자체로 파격이었다.

그는 서울에서 휘문고보를 졸업한 뒤 일본으로 건너가 제국미술학교에서 서양화를 배웠다. 제국미술학교를 졸업한 1938년에 도쿄에서 열린 권위 있는 전람회 '니카텐(二科展)'에서 〈운명〉으로 입선하며 화단에 등장한다. 1939년과 1940년에도 같은 전시에서 잇달아 입선하며 일찌감치 전문 화가로서 입지를 굳혔다.

## 해방의 원체험을 생생하게 담아내다

동년배 화가인 '이중섭'과 '박수근'이 너무 어려운 형편으로 담뱃갑 은지(銀紙)나 조막만 한 종이에 그림을 그려야 했을 때, 폭 2미터가 넘는 실크 캔버스를 사용할 수 있었던 이쾌대는 전형적인 '모던보이'였다.

이쯤 되면 여유로운 삶을 즐기며 취미로 그림을 그리는 부잣집 도련님으로 살 수도 있었을 법하다. 그랬다면 이쾌대의 삶은 훨씬 더 평탄하고 안온했을지도 모른다.

하지만 이쾌대는 자신에게 주어진 넉넉한 형편을 누리는 대신 우리 민족이 겪고 있는 고통스럽고 억압된 현실을 직시했다. 조국의 해방과 민족 국가 건설을 위해 자신을 투신하는 '행동하는 예술가'의 길을 택했다.

〈두루마기를 입은 자화상〉과 함께 이쾌대의 대표작으로 꼽히는 〈군상〉 시리즈 가운데 첫 작품의 제목은 '해방고지(解放告知)'

&lt;군상 I –해방고지&gt;(1948년, 캔버스에 유채, 181x222.5cm)

이다. 제목 그대로 화면 왼편의 두 여성이 해방의 기쁨을 알리기 위해 달려오고 오른편 사람들은 그 소식을 듣는 순간을 묘사한 작품이다. 1945년 8월 15일 해방의 그날을 맞은 상황과 감정이 고스란히 전달되는 듯하다.

　예술가로서 이쾌대의 소명 의식과 실천적 노력이 집약된 작품이 바로 이 &lt;군상&gt; 시리즈이다. '해방고지'를 시작으로 &lt;군상&gt;이라는 제목으로만 넉 점의 대작을 남겼다. 모두 해방 공간의 혼란을 그대로 묘사하면서도 다가올 미래에 대한 희망을 담은 작품으로 평가받고 있다.

　&lt;군상&gt; 시리즈는 서양 르네상스 시대의 대표 화가 미켈란젤로 부오나로티(Michelangelo Buonarroti)의 &lt;천지창조&gt;를 떠오르

게 할 정도로 장엄하고 웅장한 분위기를 자아낸다. 또한 프랑스 대혁명 이후 격변기를 화폭에 담은 페르디낭 빅토르 외젠 들라크루아(Ferdinand Victor Eugène Delacroix)나 테어도르 제리코(Theodore Gericault)를 연상시키기도 한다.

이 그림들에 등장하는 인물들에게는 '기쁨'과 '환희'의 감정뿐만 아니라 '불안'과 '공포'의 느낌까지 담겨 있다. 새로운 세계를 열어젖힌 기대감과 앞으로 어떤 세상이 펼쳐질지 모를 두려움을 한 그림 안에 모두 표현해냈다는 공통점이 있다.

이쾌대의 〈군상〉 연작은 아직 민족 국가를 건설할 준비가 완료되지 않은 조선인들이 '도둑처럼 찾아온 해방'을 맞았을 때 분출한 날것 상태의 정념들을 하나도 숨기지 않고 고스란히 드러낸 역사의 실제, 즉 생생한 '코리안 랩소디'의 전형이었다.

격동기 한국인이 경험한 역사의 순간을 이토록 사실적이고 입체적인 방식으로 구현한 회화 작품이 또 있을까 싶다. 〈군상〉 시리즈는 해방기 한국인의 원체험을 포착해 서사적으로 집약한 작품이었다.


## 15:0으로 패배한 기억을 잊지 않겠다

"기어코 고대하던 우렁찬 북소리와 함께 감격의 날은 오고야 말았

이쾌대가 그림을 그리는 모습

습니다. 경성의 화가들도 '뭉
치자 엉키자 다투지 말자', '내
나라 새 역사(役事)에 조약돌이
되자' 이와 같은 고귀한 표언
밑에 단결되어 나라 일에 이바
지하고 있습니다." 36년간의
일제 식민 통치가 끝난 1945년 8월 15일 그날, 이쾌대는 선배 화
가 '진환(陳瓛)'에게 한 통의 편지를 보낸다. 해방의 감격에 고무된
마음이 한껏 드러난다. 물론 이 편지에는 향후 조선 미술이 나아
갈 방향에 대해 고민한 흔적도 짙게 배어 있다.

이쾌대는 유학을 마치고 돌아온 직후부터 일본 화단의 인사들
이 주도하던 '조선미술전람회'와 거리를 뒀다. 대신 조선인의 민족
정신이 담긴 '민족미술' 사조를 확립하는 데 힘을 쏟았다. 이를 위
해 이중섭, 최재덕 등과 함께 '신미술가협회'와 '조선미술문화협회'
등을 만들었고, 자신의 작업실에 '성북회화연구소'를 열고 앞으로
민족미술을 담당할 조선인 제자들을 가르치기도 했다.

이쾌대를 행동하는 예술가로 만든 책임감과 소명 의식은 학창
시절부터 그 잠재성을 싹틔우고 있었다. 이를 잘 드러내는 글이
한 편 있다. 1933년 휘문고보 문우회지인 〈휘문〉에 실린 학생
이쾌대의 글이다. '15대 0'이라는 특이한 제목을 달고 있다.

"여러분들은 벌써 잊었을지도 모른다. 그렇다! 잊음(忘)이라는

것이 이 경우에 필요한 것일 줄 안다. 좋은 일도 아닌 것을 남부끄러운 일을 기억한댓자 무슨 소용이 있으랴. 그곳에는 오직 잊음이 있어야 한다. 나는 사실로 이 글을 쓰고 싶지 않다. 나도 휘문아의 한 사람이어든 야구선수의 일인으로 출전하였거든 내가 왜 이 사실을 쓰고 싶으랴. 그러나 나는 내가 이 글을 씀으로 해서 이 사실을 기록하여 둠으로 해서 우리 후진에게 한 가지 도움이 될까 하는 생각으로 이 글을 씀을 제군은 양해해 달라."

이쾌대는 휘문고보 시절 야구부에서 유격수로 활약했다. 야구선수는 학창 시절 그의 꿈이기도 했다. 그런데 그가 주전으로 뛴 경기에서 휘문고보가 라이벌 중앙고보에 15대 0으로 굴욕적인 패배를 당했다. 전교생 급우들의 열렬한 응원 속에 참패를 당했던, 다시는 기억하고 싶지 않은 치욕의 경험이었다.

너무도 부끄러워 누구 한 사람 입에 올리는 것조차 금기시하던 그 아픈 기억을 이쾌대가 졸업을 앞두고 새삼 다시 꺼내놓은 것이다.

이유는 오직 하나, '이 사실을 기록하여 둠으로 해서 우리 후진에게 한 가지 도움이 될까 하는 생각으로'였다. 시련과 고난의 기억을 성장의 자원으로 삼으려던 소년 이쾌대의 결의를 짐작할 만하다. 이처럼 이쾌대는 민족공동체의 미래를 위해 기꺼이 자신을 헌신하고 희생할 각오를 아끼지 않는 민족 화가였다.

## 거제도 포로수용소의 '예술가 동지'

1988년 해금 조치로 '월북 화가' 이쾌대의 작품이 공개된 후 평단에선 "한국 근대미술사를 다시 써야 한다"는 자성의 목소리가 쏟아졌다. 이데올로기 대립과 분단을 이유로 해방 시점부터 한국전쟁 시기에 걸쳐 북으로 넘어간 예술가들의 업적과 성과는 모조리 부인되거나 감춰졌다. 시대가 바뀌고 예술 고유의 가치를 인정하는 분위기가 생겨나면서 이쾌대와 같은 화가도 비로소 수면 위로 떠오를 수 있었다.

해금 3년 뒤인 1991년엔 유족들이 다락방에 꽁꽁 숨겨 보관해 온 작품 150여 점을 모두 내놓아 한국에서 이쾌대의 첫 개인전이 열리기도 했다. 남쪽에 남아 있던 아내 '유갑봉(劉甲鳳)'이 긴 세월 동안 남편의 작품을 몰래 잘 간수했기 때문에, 이쾌대 작품의 진면목

젊은날의 이쾌대와 부인 유갑봉

이 뒤늦게나마 드러날 수 있었다.

유갑봉은 1981년 향년 67세로 작고했다.

첫 개인전 당시 크게 주목받았지만 많은 이에게 이쾌대는 여전

히 생경한 이름이다. 아직도 '월북 화가'의 삶과 작품을 이야기하는 것을 색안경 끼고 바라보는 탓이 크다. 정치적인 이유로 예술에 족쇄를 채우는 것에 대한 논란은 어제오늘의 일이 아니다.

그에 앞서 이쾌대가 과연 남한 사회의 체제와 이념을 부정해서 북한을 택한 것인지조차 명확히 알려져 있지 않은 실정이다. 그러나 월북 화가라는 이유로 이쾌대가 그동안 받아온 푸대접은 합당치 못하다는 게 화단과 평단의 중론이다.

체제의 정합성과 예술의 자율성은 별개이며, 정치가 예술을 억압할 수 없다는 인식이 점차 확산되고 있는 점은 그나마 다행이다.

해방 이후 남북 간 이념 대립이 심화될 무렵 이쾌대가 한때 좌익 계열의 미술단체에서 활동한 것은 부인할 수 없는 역사적 사실이다. 한국전쟁이 일어나고 서울이 인민군에 점령당한 뒤엔 북한이 만든 '조선미술동맹'에 가입해 활동한 이력도 기록에 남아 있다.

하지만 전쟁이 일어났을 때 서울에 머물며 피난하지 않은 까닭은 노모가 병상에 있고 아내는 만삭이었던 탓이었고, '조선미술동맹'에 가입한 것도 북한 지도부의 강요에 의한 것이라고 전해진다. 어찌 됐든 이쾌대는 국군이 서울을 탈환한 뒤 인민군 부역자로 체포돼 거제도 포로수용소에 수감됐고, 1953년 남북한 포로 교환 때 북한을 택해 떠났다.

이쾌대와 포로수용소 생활을 함께했던 사람들의 증언에 따르면 그의 월북은 당시의 복잡한 사연과 처지가 반영된 결과였다는 사실을 알 수 있다. 〈한겨레〉(2010년 10월 7일)에 따르면 이쾌대는 수용소에서도 타고난 미술 재능을 발휘해 두각을 드러냈다고 한다.

그는 수용소 일과 뒤 시간을 쪼개 인물이나 정물을 스케치하곤 했는데, 그 실력이 대단하다는 소문이 돌아 포로를 관리하던 미군들도 그림을 부탁하는 일이 많았다고 한다.

더구나 수용소 내의 원하는 이들 누구에게나 그림을 가르쳐 줄 정도로 덕성과 인품 또한 훌륭해, 포로들 사이에서도 '예술가 동지'로 불리며 신망이 두터웠다고 한다.

그런 연유로 과격한 반공포로들에게 가장 먼저 제거할 대상으로 점 찍혀 수용소 내부에서조차 항상 테러의 위협에 노출돼 있기도 했다.

휴전 직후 포로들의 행로를 결정할 송환 심사가 있기 전, 이쾌대는 자신의 행선지가 이미 북한으로 기울었다는 사실을 알고 있었다.

그의 친형 '이여성(李如星)'이 이름난 사회주의자로 일찌감치 월북을 감행해, 북한에서 사상가이자 정치가로 활동하고 있었기 때문이다. 또한 남한에 남게 되면 수용소 출신의 반공주의자들이 자신을 가만두지 않을 것이라는 두려움도 있었다.

이미 남한 사회에서 이쾌대에게 '빨갱이'라는 낙인을 찍어둔 것이다. 그의 월북은 생존을 위한 어쩔 수 없는 선택이었다.

이쾌대는 북한에 정착한 뒤에도 남한에 두고 온 아내와 가족들을 몹시 그리워했다. 그는 아내 유갑봉과 네 자녀에 대한 사랑이 각별했던 것으로 알려져 있다. 작품 활동 초기의 그림들 대부분은 아내를 모델로 했다. 포로수용소에서 보낸 그의 편지에는 가족에 대한 그리움과 걱정 속에 재회의 날만 기다리는 절절한 마음이 가득 담겨 있다.

"아껴 둔 나의 색채 등은 처분할 수 있는 대로 처분하시오. 그리고 책, 책상, 헌 캔버스, 그림들도 돈으로 바꾸어 아이들 주리지 않게 해주시오. 전운이 사라져서 우리 다시 만나면 그때는 또 그때대로 생활 설계를 새로 꾸며봅시다. 내 맘은 지금 우리집 식구들과 모여 있는 것 같습니다."

수용소 시절 제작한 작품 가운데 아직 남아 있는 나무조각상과 여인상이 아내 유갑봉을 그리워해 그녀의 모습을 형상화해 만든 것이라는 사실은 유명하다. 이 목상은 미군 전투화 바닥에 끼어 있는 쇳조각을 빼내 갈아 만든 조각도로 나무를 깎아 어렵게 만든 것이다. 이쾌대는 이 조각상을 두고 '내 혼이 깃든 전무후무한 작품'이라고 말할 정도였다. 그만큼 아내 유갑봉에 대한 사랑과 그리움이 짙었다고 볼 수 있다.

## '월북 화가' 주홍글씨, 남북 모두에게 배척당하다

월북 이후 이쾌대는 체제 편향적이고 이념 속에만 매몰된 북한 미술 전반의 분위기에 염증을 느끼고 공개적으로 비판하기도 했다. 북한의 화가들이 새로운 미술 세계를 건설하기는커녕 북한 체제를 옹호하고 김일성의 주체사상을 선전하는 활동에만 몰두하고 있다며 실망감을 토로했다.

이쾌대는 북으로 건너간 후에도 현역으로 활동했지만, 이런 기질과 태도를 공공연히 드러냈기 때문에 북한 미술계에서 그다지 인정받지 못했다.

우선, 김일성 주체사상을 선전하는 미술 일변도로 목표가 설정된 북한 미술계의 한계 속에서 이쾌대가 질적으로 크게 성장하기 어려웠을 것이란 점은 충분히 짐작할 수 있다. 설상가상으로 형 이여성이 김일성을 비판하다 1958년 종파분자로 몰려 숙청된 뒤엔 그 역시 북한 미술계에서 매장된 것이나 다름없는 신세가 됐다.

이쾌대는 북에서 1965년 위(胃) 천공 질환으로 사망한 것으로 발표됐지만, 1987년까지 살아 있었다는 설도 떠도는 등 이쾌대의 말년은 행적조차 제대로 알려져 있지 않다.

이쾌대를 설명할 수 있는 가장 강력한 수식어이기도 한 '월북 화가'라는 꼬리표는 우리 현대사의 가장 가슴 아프고 불편한 '분단'이라는 역사의 상처를 상기시킨다. 한국 미술계가 그동안 이쾌대를 애써 돌아보지 않은 건 이데올로기를 둘러싼 갈등과 대립 탓도 있지만, 이쾌대를 외면함으로써 여전히 진행 중인 분단의 아픈 현실 자체를 슬쩍 잊어버릴 수 있었기 때문인지도 모른다.

기억에서 지우고 싶었던 15대 0 대패의 치욕스러운 야구 경기처럼 말이다.

# 벌거벗은 운명에 맞서
# 자유를 꿈꾼 문학소녀

1960년대 고독한 영혼의 상징, 전혜린(田惠麟, 1934~1965)

## 아버지와 딸

아버지는 딸을 물끄러미 내려다봤다. 소공녀처럼 귀하게 키운 아이가 이제 곧 독일로 유학을 떠난다. 고단한 숲속 길을 홀로 걷게 내버려둔 것처럼 딸이 안쓰럽게 느껴졌다. 어렸을 때부터 자신의 기대와 요구에 한 치도 벗어남이 없었던 딸이다.

딸은 다른 아이들보다 일찍 말을 떼고, 다섯 살도 안 돼 한글과 일본어를 영민하게 구분해 쓸 줄 알았다. 조용하게 학교를 다녔음에도 최우등 성적을 놓친 적이 없었고, 아버지가 바라는 대로 서울대 법대에도 진학했다.

아버지에게 딸은 꼭 자신의 과거를 보는 듯 대견했다. 매사 수선스럽지 않고, 늘 신중하게 처신하며, 사람들에게 사려 깊은 모습을 보여주는 딸은 내내 미덥기만 했다. 슬하 8남매의 맏딸로 태어난 그녀는 아버지의 빛나는 인생에 가장 잘 어울리는 트로피 같은 존재였다.

딸은 아버지를 가만히 올려다봤다. 스무 살이 될 때까지 아버지는 딸에게 '살아 있는 신(神)'이자 '지상의 명령'이었다. 아버지의 그늘을 벗어나 혼자 헤쳐나가야 할 미래가 겁났지만 한편으로 아무런 감시나 방해 없이 스스로 모든 것을 결정하고 행할 수 있다는 기대에 묘한 설렘이 느껴지기도 했다.

이제부터 유학 생활을 할 독일 뮌헨이라는 도시는 어떤 곳일까. 공기는 어떤 냄새일까. 낯선 나라에서 누구를 만나, 어떤 대화를 나누게 될까. 앞으로 맞닥뜨릴 모든 상황이 걱정됐지만, 이제 그 어떤 것도 두려워만 할 수 없는 처지였다. 딸은 다시 한번 눈을 질끈 감았다 크게 떴다.

아버지는 일제강점기 사법·행정 양 고시를 동시에 통과하고 총독부 고위직을 두루 거친 뒤, 해방 후에는 대한민국 군사경찰의 수뇌로 근무했던 전봉덕(田鳳德, 1910~1998)이다. 딸은 1960년대 한국 사회에 센세이션을 일으킨 문학소녀의 대명사 전혜린(田惠

전혜린

麟, 1934~1965)이다.

전봉덕은 한국 근현대사 속에서 찾아볼 수 있는 몇 안 되는 입신출세주의자의 전형적인 인물이었다. 격동하던 20세기에서 때로는 역사의 파고를 넘나들고 한편으로는 시대의 흐름과 유착하며, 성공하고 끝까지 살아남았다. 어떤 사람들은 그를 '친일부역자'로 부르기도 하고, 다른 누군가는 '체제의 수호자'라고 칭하기도 한다.

전혜린은 그런 아버지가 만들어놓은 '따뜻한 앞마당'과 '시원한 그늘'이 달콤하면서도 두려웠다. 어린 시절부터 아버지의 바람대로 '교양'을 갖추고 '지식'을 익혔지만, 늘 '자유'와 '해방'에 대한 허기는 채워지지 않았다. 스스로 자유롭지 않은 세상에서 '간판'이나 '배경'은 모두 헛것에 지나지 않았다.

전혜린에게 천재라 불린 불세출의 아버지가 만들어놓은 '앞마당'은 가끔 너무 부담스러웠고, 그 안에 펼쳐진 '나무그늘'도 서늘할 정도로 냉기가 도는 죽은 풍경이었을지도 모른다.

# 독일 뮌헨 슈바빙에서의 유학 생활

뮌헨대학교와 슈바빙 전경

독일 뮌헨의 슈바빙(Schwabing) 거리는 6월이 되면 울울해진 가로수들이 짙은 그늘을 드리운다. '예술가들의 마을'로도 불리는 이곳은 카페와 극장, 화랑, 서점이 많다. 어느 때고 슈바빙은 개와 함께 산책에 나선 사람들이나 노천 카페에 앉아 웃음을 나누는 연인들로 가득하다. 지금은 전 세계의 젊은이들이 즐겨 찾는 여행지로 매력적인 장소이기도 하다.

전혜린은 뮌헨대학교 유학 시절 5년 동안 매일같이 슈바빙 거리를 걸어 다녔다. 그녀에게 슈바빙은 그토록 동경하던 '미지의 세계'이자 언제나 떠나고 싶었던 '아주 먼 곳'이기도 했지만, 영문을 알 수 없이 밀려오는 '우울'이나 고향과 가족에 대한 '그리움'을 증폭시키는 적요한 고장이기도 했다.

홀쩍 떠나온 독일 유학 생활은 고단함의 연속이었다. 집에서 생활비를 보내줬지만 넉넉한 형편은 못됐다. 그녀로서는 주머니 사정이 딱한 고학생의 삶을 처음으로 경험하는 순간이었다. 하루의 끼니를 빵 한 조각과 커피 한 잔만으로 때워야 하는 경우도 많았고, 책을 사기 위해 옷을 사지 못하거나 난방을 포기해야 하는 때도 있었다. 하지만 내핍을 생활화해야 한다는 것은 이미 각오한 뒤였기 때문에 아무렇지 않았다.

다만 유학 생활 5년 동안은 지금까지 자신의 인생이 어떠했는지에 대한 성찰의 시간이기도 한 동시에 앞으로 어떻게 살 것인가에 대한 깊은 고민의 순간이기도 했다. 전혜린의 유명한 수필집 『그리고 아무 말도 하지 않았다』에는 독일 유학 시절 생활하며 느낀 청춘의 쓸쓸한 애환과 낯선 존재로서의 외로움, 부정한 세계를 살아가며 겪었던 내면의 갈등이 세밀하게 드러나 있다.

## 문학소녀의 대명사 vs. 과장된 명성

대학에서 법학을 전공했지만 전혜린은 그 시절에도 문학 수업이 더 좋았다. 날카로운 감수성을 지닌 그녀에게 '문학소녀'라는 별명이 잘 어울린다. 그런데 오늘날 '문학소녀'라는 호명은 멸칭에 가

전혜린

깝다. 세상의 이치나 실상은 모른 채, 그저 자기만의 세계에 유폐된 채 상상 속에서 살아가는 책벌레 소녀를 듣기 좋게 부르는 말처럼 들리기까지 한다.

하지만 취미를 묻는 말에 독서라고 대답하는 사람이 40% 이상 됐던 1960년대 우리나라에서 문학소녀는 어디서나 눈에 띄는 흔한 존재였다. 문학소녀는 '지식'과 '교양'에 대한 강박이 생활 속에서 연성화된 방식으로 작동하며 생겨났다.

평생을 문학소녀인 채로 살아가는 진성 낭만주의자는 별로 없다. 어른이 되면서 풍진세상을 살다 보면 자연히 '문학'도 멀어지고 '소녀'는 더더구나 온데간데없이 사라지고 말기 때문이다. 그런 차원에서 문학소녀는 어쩌면 타락하기 전의 천사의 모습을 하고 있다고 말할 수도 있겠다.

전혜린은 1960년대 엄혹했던 시절, 쉽게 만질 수 없고 맛보기 어려운 세상 저편에 있다는 '자유'와 '낭만'의 값을 더욱 뛰게 만드는 불쏘시개의 공급자였다. 그 시절 국가대표급 문학소녀라고 부를 수 있던 그녀는 많은 사람이 주목하는 당대의 아이콘이기도 했다.

명망가 아버지와 서울대 학벌, 독일 유학 경험, 번역과 수필과 시. 합의이혼, 갓 서른의 여교수이자 젊고 싱그러운 대학생 제자와의 연애까지. 그녀가 두르고 있던 온갖 치장들은 1960년대 사람들이 동경하고 비밀스럽게 꿈꾸던 이상적인 모델의 화려한 옷자락처럼 보였다.

그녀가 일평생 보여준 선택과 행동은 그런 차원에서 더욱 주목받았고, 그녀가 남긴 여러 성과와 흔적들은 더욱 부풀려 과장돼 보이는 결과를 초래하기도 했다.

그 시절 그녀가 남긴 시와 수필을 지금 다시 읽어 보면, 머리가 쭈뼛 서는 경험을 하게 된다. 하지만 그 놀라움이란 기대한 것과 성질이 전혀 다른 맥락에서 발생하기 때문에 뜨악하기까지 하다. 그렇게 유명한 그녀의 수필집과 시집 속의 글들이 거의 대부분 '중2병 돋는' 감성과 그저 그런 문장의 나열로 이뤄져 있기 때문이다.

전혜린에 대해 명성으로만 전해 들어 알고 있던 독자들은 실제로 그녀의 책(『그리고 아무 말도 하지 않았다』『이 모든 괴로움을 또 다시』

등)을 읽고 많이 실망했다고 말하곤 한다. 전혜린이라는 탁월한 인물의 남다른 생각과 번뜩이는 재능을 확인하려고 했는데, 치기 어린 문학소녀의 설익은 생각과 풋내 나는 문장만을 보게 되니 그 실망의 사정은 십분 이해되고도 남는다.

그렇다면 전혜린이라는 존재 그 자체와 또 그녀가 남긴 많은 글이 1960년대 왜 그렇게 주목받고 화제가 되었는지가 궁금할 수밖에 없다. 그녀는 당시에도 '사유의 밀도' 혹은 '문학적 성숙'의 측면에서 인정받는 작가는 아니었다.

그녀는 1960년대 '성장'과 '발전'을 추동하는 이 세계의 질서 반대편에 놓여 있는 '순수'와 '낭만'의 마지막 상징으로서 소환됐다. '자유'와 '해방'의 감정을 격발하는 전혜린의 삶과 글은 많은 이에게 '노동'이나 '공부' 같은 생산적인 활동에 몰두한 뒤 먹는 달콤한 간식 같은 것이었는지도 모르겠다.

당시 그녀가 남성 지식인들 혹은 대중들에게 어떤 방식으로 소비되었는지를 살펴보면, 마냥 성공한 듯 보였던 그녀의 삶도 실상은 허상에 지나지 않았다는 사실을 알 수 있다. 그녀는 운 좋게도 주류 질서에 의해 예외적 존재로 호명돼 자유를 허락받았지만, 그 사이 다른 많은 한국 여성의 삶은 더욱 초라하고 지지부진할 수밖에 없었다.

비정한 세계에서 자유와 낭만을 홀로 만끽한 듯 보였던 그녀는 실상 벌거벗은 운명 앞에 놓여 있는 인형 같은 존재였는지도 모른다. 그녀가 평생 호소한 '권태'와 '우울'의 감정이 이해되는 대목이다.

유년 시절에는 아버지의 기대와 요구에 따르는 삶을 살 수밖에 없었고, 성년이 돼서도 호사가 지식인 남성들의 기호품으로 소진될 수밖에 없었던 처량한 신세였다. 그래서 그녀는 일평생 고독하고 쓸쓸했다.

---

**어떤 날**

나의 운명이 고독이라면,
그렇다, 그것도 좋다.
이 거대한 도회의 기구 속에서
나는 허무를 뼛속까지 씹어보자.
몇 번씩 몇 번씩
나는 죽고 죽음 속에서,
또 새로운 누에가 눈뜨듯
또 한 번,
또 한 번!
하면서
나는 고쳐 사는 것이다.
다시 더!
하고 소리치며

나는 웃고 다시 사는 것이다.

과거는 그림자 같은 것, 창백한 것,

본질은 나이고

현실은, 태양은 나인 것이다.

모든 것은 나의 분신,

자아의 반사에 불과했던 것이다.

–전혜린(1960년 7월 25일)

## "세코날 마흔 알을 흰 걸로 구했어"

문학소녀라는 호명은 어떤 면에서 보면 상대를 유아적 세계관 속에 가둬두려는 음험한 의도이자 지속적으로 상대의 성장을 방해하거나 정체시키려는 모종의 기획에 가까울지도 모르겠다.

'인생은 고행'이라는 법칙이 유예될수록, 훗날 만나게 될 차가운 현실의 벽은 더욱 크게 느껴지는 법이다. 냉혹한 세계의 질서는 문학소녀의 삶 전체를 참담한 비극으로 끝장내버리기도 한다.

'지성'과 '교양'을 추구하던 시대였던 만큼 그에 꼭 어울리는 삶을 산 전혜린은 사람들로부터 찬사와 부러움을 동시에 받는 존재였다. 1959년 독일 유학을 끝내고 귀국해 서울대학교, 이화여자대학교, 성균관대학교에서 문학과 교양 수업의 강의를 맡는 한편 번역 작업에 몰두하기도 했다.

헤르만 헤세, 하인리히 뵐, 에리히 케스트너, 루이제 린저 등 빛나는 독일 작가들의 작품이 전혜린의 번역으로 소개됐다. 그녀는 사람들이 가장 동경하는 유럽 본고장의 교양과 지식을 습득하고 체화한 성숙한 문학자로 보였다.

전혜린이 갓 서른을 넘긴 이 시기는 지성 못지않게 육체적 아름다움도 꽃피던 시절이었던 만큼, 그녀가 품은 어두운 우울과 근원적 불안을 눈치채는 이는 많지 않았다. 그녀는 여느 날처럼 김승옥, 이호철과 같은 당대에 가장 주목받던 문인, 예술가들과 어울려 대학로의 '학림다방'과 명동의 '은성', 더 늦게는 신도호텔의 살롱에까지 몰려가 밤늦도록 흠뻑 취했다.

그날의 술자리에서 전혜린은 담배를 피며 노래를 흥얼거리고, 말도 평소보다 더 많이 했다. 이따금씩 카운터로 가 어디론가 전화를 하는 것처럼 보였지만 약간 들떠 있을 뿐 평소와 다를 바 없었다.

전혜린과 그녀의 딸

그 자리에서 그녀는 대학 후배이자 마음을 터놓고 지낸 친구 '이덕희'에게 "세코날 마흔 알을 흰 걸로 구했어"라고 속삭였다. 가끔씩 "어느 조용한 황혼에 길가의 주막에 쓰러져 있는 집시가 있거든 나라고 알아줘!"라고 말하는 등 죽음에 대한 문학적 비유를 자주 표현하던 그녀였기에 주변 사람들은 수면제를 샀다는 그 말도 대수롭지 않게 여겼다. 그저 일상의 권태로움을 드러내는 표현으로만 받아들였다.

다음 날인 1965년 1월 10일 일요일, 찬 겨울의 아침 집에서 그녀가 시신으로 발견되자 사람들은 몹시 놀랐다. '희귀한 여류 법철학도요, 독일 문학가'의 사망 소식이 일간지에 실리기도 했다. '수면제의 과용으로 인한 변사'로 판정된 그녀의 죽음은 사람들에게 '광기와 재능을 지닌 천재의 요절'이란 풍문을 다시 떠올리게 할 만한 충격적인 사건이었다.

예쁘고 사랑스러운 어린 딸을 남겨두고 서른밖에 되지 않은 여성이 스스로 죽음을 택했다는 사실은 사람들에게 믿겨지지 않는 소식이었다.

전혜린의 죽음은 개인과 가족에게는 더할 나위 없이 비극적인 사건이었으나, 사회 차원에서는 의도치 않게 낭만적으로 해석됐다. 그녀의 죽음에 대한 반향이 얼마나 컸던지 그녀의 죽음을 모방하는 사람들이 나타나기 시작했을 정도였다. 수면제 복용이 유행처럼 번져 나갔다.

특히 1960년대 여학생들에게 전혜린은 몹시도 동경하는 우상이었기 때문에 흠모하고 연정하던 대상의 죽음에 동조하는 반응이 그다지 낯선 것은 아니다. 전혜린이 모든 것을 내려놓고 훌쩍 유학을 떠나거나 절정의 순간에 스스로 세상을 등진 행위는 당대의 젊은 여성들에게 격정과 애상을 불러일으켰다.

전혜린의 사망 직후, 여학생의 가출이 기하급수적으로 늘어나고 심지어 전혜린처럼 약을 먹고 죽으려는 사람들도 많아져 사회 문제로 비화되기도 했다. 이 현상들은 한국 사회가 강하게 추동했던 생산 담론과 발전주의 이데올로기에 대한 반작용인 동시에 탐욕스럽게 추구했던 지식과 교양의 허약성을 드러내는 증거이기도 하다.

1960년대 한국은 정치적·경제적으로 팽팽히 긴장돼 있었지만 정서적으로는 빈곤함에 허덕이는 불안정한 사회였다.


## 그녀의 죽음은 마지막 저항인가, 굴복인가


전혜린의 삶을 그 누구도 온전하게 설명할 수 없듯이, 그녀의 죽음 역시 살아남은 자들에게는 불가해의 영역일 뿐이다. 그녀가 젊은 나이에 스스로 생을 마감한 일은 지극히 개인적인 사정과 선택에 의한 것이었다. 다만, 그녀의 결단은 한국 사회의 복합적이고 다차원적인 측면들과 결부돼 있기 때문에 사회적이며 대중의 정서를 크게 격발했다는 점에서 문화적 사건이라고 말할 수도 있겠다.

그날 밤 그녀가 얼마나 오래도록 고민하고 방황했는지는 그 누구도 알 수 없다. 애정을 쏟으며 키웠던 어린 딸도 그토록 대단했던 아버지도 그리고 교수라는 사회적 지위도 그녀의 우울과 괴로움을 정지시키지 못했다.

역설적으로 전혜린은 자신의 죽음을 통해 한국 사회가 해결하지 못한 탈식민의 과제와 가부장제의 모순, 계급 차별의 구조적 문제 따위를 동시에 고발한 셈이다.

사람들은 아직까지 전혜린을 반짝이고 특출난 존재로만 기억한다. 그녀는 아주 오랫동안 방황하는 청춘들의 상징이자 외롭고 고단한 젊은 영혼들의 동반자였다. 하지만 그녀는 실상 너무나 잘난 아버지를 둔 대가로 타율적인 삶을 강요받았으며 대리 인생을 살아야 했던 가엾은 운명의 짐을 진 자이기도 했다.

그녀의 문학에 대한 애정이 어떤 삶의 맥락에서 비롯됐으며, 삶을 버리고 죽음을 택할 정도로 괴로웠던 그녀의 정념이 최후에는 세계의 어느 지점을 타격한 것이었는지를 다시 생각해볼 필요가 있다.

그녀의 죽음은 1960년대 한국 사회의 정치적 무의식과 남성 지식인 주류 문화가 구축한 세계의 질서에 대한 마지막 저항 혹은 굴복의 한 장면일 수도 있기 때문이다.

# 야누스와도 같은
# 천재 건축가의 두 얼굴

'공간'과 '대공분실'을 모두 설계한, 김수근(金壽根, 1931~1986)

## 도시를 완성하는 건축

도시의 구조와 경관은 건축으로 완성된다. 파리의 '에펠탑'이나 뉴욕의 '엠파이어 스테이트 빌딩', 바르셀로나의 '사그라다 파밀리아 성당' 등등. 건축물 자체가 한 도시의 상징이 된 사례는 무수히 많다. 이름난 건축가가 남긴 건축물을 보기 위해 기꺼이 다른 나라의 도시로 여행을 떠난다는 사람이 있을 정도이다.

그러한 건축물들은 면면히 이어져 내려온 도시의 역사와 전통을 담고 있으며, 그 안에서 살아가고 있는 사람들의 정서와 마음이 집약된 거처이기도 하다. 현대인들에게 건축은 가장 인공적인 자연이다.

세계의 다른 대도시에 비해 우리나라 서울을 상징하는 뚜렷한 건축물이 없다고 탓하는 사람들이 있다.

'광화문'을 내세우자니 뭔가 부족해 보이고, 남산의 '서울타워'나 여의도 '63스퀘어(63빌딩)'도 마뜩잖다. 그렇다고 'DDP(동대문디자인플라자)'를 꼽자니 너무 새것이고 외국인 건축가가 지은 것이라 무안하다. 화재 이후 새로 지어 매끈한 모습이 외려 어색한 '숭례문'도 서울의 상징으로 치켜세우기에는 겸연쩍은 구석이 있다. 덕수궁 근정전과 고궁 정원이 시청 앞 우뚝 솟은 빌딩들과 조화를 이뤄 멋지긴 하다만 이 역시 어느 한 건축물을 꼬집어 내세울 수 없다는 점에서 대표로 삼기에는 아쉬운 감이 있다.


## '공간', 서울의 고고한 자존심

사정이 이럴진대, 서울 종로구 원서동 '공간' 사옥 앞을 지날 때마다 뿌듯한 기분을 느낀다는 사람들이 제법 있다는 점은 썩 다행이다. 설계자의 말에 따르면 '나이를 곱게 먹은' 그 자그마한 건물이 사람들에게 어떤 감흥을 주는지 정확하게 짚어내긴 쉽지 않다.

계절을 가리지 않고 잿빛 돌벽을 타고 무성하게 자라나 있는 담쟁이덩굴은 마치 건물이 누리는 고고한 자존심처럼 보인다. 외벽에 하얗고 큰 글씨로 '空間 SPACE'라고 새겨 있는 모습도 그저 단출하기 이를 데 없다. 휘황한 서울의 스카이라인에도 아랑곳하지 않고 언제나 고즈넉하게 제 자리를 지키고 서 있는 모습은 당당히 서울의 과거와 현재를 집약하는 정수라 할 만하다.

'공간' 사옥을 설계한 이는 한국의 대표적 건축가 김수근(金壽根, 1931~1986)이다. 더해 그는 이 건물을 직접 짓고 사용하기도 했다. 김수근이라는 건축가의 명성은, 작고 까만 이 건물을 1970년대부터 50년이 훌쩍 지난 지금까지도 단연 돋보이게 만들기에 충분하다. '공간'은 바로 옆에 서 있는 웅장한 '현대그룹 사옥'과 비교하면 초라할 정도로 작지만, 그럼에도 불구하고 안국동에서 이화동으로 넘어가는 얕은 언덕을 지나는 사람들은 기꺼이 '공간'에 눈길을 준다.

'공간'은 김수근 특유의 '둘러싸여 있으나 막히지 않은 공간'이라는 정신을 구현한 건축물이다. 김수근이 1966년 11월 창간한 문화예술 종합월간지 〈공간〉과 동명(同名)이며 잡지사의 사옥으로 쓰이기도 했던 이 건물은 한국 현대건축사의 정신과 문화가 오롯이 담겨 있다. 김수근은 잡지 〈공간〉과 건축물 '공간'이 한국 전통문화의 가치를 이어받으며 현대적 예술 흐름에도 뒤처지지 않는 한국 현대건축의 사표(師表)가 되길 바랐다.

**294**

'공간'(空間, SPACE)

『나의 문화유산 답사기』 시리즈로 유명하고 문화재청장을 지내기도 한 유홍준 교수도 〈공간〉 출신이다. 그와 깊게 우정을 나눈 공옥진과 김덕수가 한국 예술문화 역사에 이정표가 된 '병신춤'과 '사물놀이'를 세상에 최초로 공개한 장소도 '공간'이었다.

'공간'은 조선 시대 한옥과 고려 시대 석탑, 잿빛 벽돌과 투명한 유리가 묘한 조화를 이루며 공거한다. 이제 '공간'은 더 이상 〈공간〉 사옥이 아닌 백남준, 권오상, 바바라 쿠르거, 신디 셔먼, 트레이시 에민, 수보르 굽타, 키스 해링, 마크 퀸과 같은 세계적 아티스트의 작품 4천여 점을 소장하고 있는 현대미술관(아라리오 뮤지엄)으로 사용되고 있다.

세월이 지나 건축물의 용도는 바뀌었으나, '공간'이 태생부터 지니고 있던 예술적 지향만은 변함없는 셈이다.

# 서울의 도시계획과 '흑역사'로 남은 세운상가

김수근은 누가 뭐래도 한국에서 가장 유명하고 뛰어난 건축가이다. 운이 좋아 살아생전 온갖 명예와 부를 누렸다. 보기 드물게 학계는 물론 정부와 시민 모두가 애정하는 건축가이기도 했다. 최근 들어 세계를 무대로 활동하고 있는 젊은 건축가들이 없는 것은 아니지만, 20세기 한국 현대사의 질곡과 반환점을 떠올릴 때 그 배경이 되는 건축물 중 김수근의 손이 미치지 않은 게 별로 없다.

예를 들면, 5.16 쿠데타로 정권을 장악한 박정희가 여의도 개발을 구상할 때 가장 먼저 부른 사람이 김수근이었다. 일제강점기부터 공항으로 쓰이던 모래톱 섬을 고층빌딩이 즐비한 첨단 도시로 탈바꿈시키고 '군사혁명'을 기념하기 위한 광장도 조성했다. 여의도 광장의 애초 이름은 '5.16 광장'이었다.

10.26으로 박정희 정권이 종말을 고한 뒤, 12.12 사태를 거쳐 전두환 신(新)군부가 등장했다. 권력자는 또다시 김수근을 찾았다. 신군부는 전(前) 정권과의 차별성을 드러내고 민심을 다독이려 문화통치를 표방했다.

여의도 광장을 시민들을 위한 공원으로 바꾸는 작업을 지시했다. '예술의전당'(김석철 건축)과 '국립현대미술관'(김태수 건축) 등도 만들어 예술과 문화를 애호하는 부드러운 이미지를 갖추기를 바랐다. 정권의 입맛에 맞춰 큰 그림을 그려준 이가 김수근이었다.

이밖에도 김수근은 박정희와 전두환 군사독재 정부가 의뢰한 '부여박물관'과 '세운상가', '올림픽 주경기장' 등을 내리 설계하고 지었다.

완공된 세운상가를 둘러보고 있는 박정희 전 대통령과 안내하는 김현옥 전 서울시장

김수근의 작품들은 대개 한국적 미학과 전통을 살려 건축물 본연의 목적과 잘 결합시킨 건물이라는 평을 받는다. 한편 정권의 기세와 위용을 드러내기 위해 필요 이상으로 웅장하고 거대하게 만들었다는 지적을 받기도 한다.

김수근은 유명세와 능력 때문에 피치 못하게 관제 사업에 동원되는 경우가 많았다. '세운상가'의 경우 '불도저 시장 김현옥'이 재임하던 서울시에서 지하철 1호선 개통과 종로 재개발에 맞춰 상징적인 성과를 드러내기 위해 당장 며칠 만에 결실을 내놓으라고 재촉한 결과물이었다. 실제로 세운상가는 김수근의 다른 작품과는 달리, 너무 정형화되고 투박한 형태라 그의 작품 중에서 '흑역사'로 간주되는 건축물이기도 하다.

세운상가의 문제점은 이뿐만이 아니다. 서울시민들의 역사적 터전인 종로 한가운데 기괴하고 거대한 집합건축물을 떡하고 세웠으니, 수백 년 이어져 온 장소들과의 인접성과 연결성이 순식간에 파괴됐다.

종로가 청계천, 을지로와 인위적으로 분리된 계기도 세운상가가 기다랗게 들어섰기 때문이었다. 그도 그럴 것이 세운상가는 연면적 20만 제곱미터가 넘는 땅에 2천 개가 넘는 점포, 호텔 객실 177개, 800세대가 넘는 아파트 등 상상을 초월하는 규모로 지어진 한국 최초의 거대 주상복합건축물이었다.

세운상가를 만들면서 한국전쟁 이후 자연발생적으로 형성된 청계천의 판잣집들은 모두 사라지고 빈민들은 모두 도시 밖으로 내쫓겼다. 더불어 종로의 이야기를 만들어 온 수많은 노포(老鋪)들과 전통 상인들마저 순식간에 사라지고 말았다.

물론 세운상가를 현대 모더니즘 건축의 정수이자 르 코르뷔지에(Le Corbusier)의 미래도시 구상을 실현한 우수한 건축물이라고 치켜세우는 경우도 있다. 거주와 생활이 동시에 가능하도록 주택과 상가가 공존하며, 건물들 사이를 잇는 공중보도(空中步道)와 건물들 사이의 자동차 전용 통로 등은 시대를 앞선 개념이 분명했다.

하지만 사람들은 굳이 건물 위로 새로 난 길에 올라 걷지 않았고, 자동차 전용 통로는 터널처럼 어둡고 음습해 환영받지 못했다. 이처럼 세운상가는 명백히 실패한 건축물이었다. 태생적으로 권력의 눈에 들기 위해 지어진 건물의 운명은 가혹했다.

훗날 세운상가는 해적판 포르노 비디오테이프와 조잡한 도청 장치 같은 온갖 싸구려 전자제품 판매의 집산지가 됐다. 21세기 들어 '서울 르네상스' 계획이 세워질 때 가장 먼저 세운상가 철거

계획이 입안됐고, 2008년 끝내 역사 속으로 사라지고 말았다.

훗날 어떤 이는 세운상가가 김수근이 권력의 무리한 요청에 부러 조악한 결과물로 응수한 것이라 주장하기도 한다. 일종의 고의적인 태작(駄作)일 수도 있다는 말이다.

그가 아낀 후배 건축가이자 동료이기도 했던 윤승중의 회고(『윤승중 구술집』 마티, 2014)에 따르면, 김수근은 하루 만에 뚝딱 만들어 가져오라는 듯 독단적이고 권위적인 방식으로 지시한 세운상가 설계를 매우 못마땅해 했단다. 김수근은 세운상가가 완공된 이후로도 그 근처를 지나는 것조차 꺼려 했다는 일화가 남아 있다.

물론 이는 김수근의 독재정권 부역 사실을 감추고 그의 명예를 보호하려는 이들의 일방적 주장일 뿐이다. 세운상가는 박정희(군인 출신 대통령)-김현옥(행정가)-김수근(건축가) 삼각체제가 공모한 산물이라는 평가가 우세하다.

## 야누스와도 같은 천재 건축가의 두 얼굴

지금도 김수근이 독재정권의 프로파간다 조작에 미학적으로 복무했다는 비판은 끊이지 않는다. 5.16 쿠데타 세력은 물론 신군부와도 깊은 친연성을 보이며 가까이 지낸 내력을 부인하기 어렵다.

1960~70년대 '인천-부평-부천-목동-여의도-마포-시청-종로'를

잇는 한국 근대 도시의 발전 축도를 그가 구상했다는 사실은, 한 편으로 위대해 보이기도 하지만 성장과 발전에만 목맨 직선적 사고방식이 수도 서울을 '경인고속도로'와 '지하철 1호선' 라인으로만 집중시켰다는 볼멘소리가 나올 법하다.

이러한 구상은 누군가에게는 '선택'과 '집중'이었겠지만, 다른 누군가에게는 '차별'과 '배제'일 수밖에 없기 때문이다. 철근콘크리트와 아스팔트, 시멘트로 덮여 있는 회색 도시의 구조와 경관은 한 번 구축되면 회복이 쉽지 않기 때문에 첫 설계와 구상이 중요하다.

김수근이 남긴 건축물들을 찬찬히 살펴보면 더욱 뜨악한 면모를 발견할 때가 있다. 대표적으로 남영동 '대공분실'이 그렇다. 몇 해 전 개봉한 영화 〈1987〉(장준환 감독, 2017)을 통해 사람들은 군사정권 시절 악명 높았던 대공분실을 다시 환기했다. 현재 남영동 대공분실은 역설적이게도 서울경찰청에서 운영하는 인권보호센터로 변해 있다.

남영동 대공분실도 김수근이 만든 건축물이라는 사실을 알곤 의아해하는 경우가 많다. 한국의 가장 뛰어난 건축가가 군사독재정권 시절 겪은 어쩔 수 없는 치욕 같은 것이려니 하고 넘어가야 한다고 주장하는 사람도 있다.

하지만 대공분실에 적용된 건축기법과 설계 의도를 살펴보면 겉으로 드러난 것보다 더 관변성이 짙었던 삶을 살아왔던 김수근의 삶이 새삼 엿보인다.

**300**

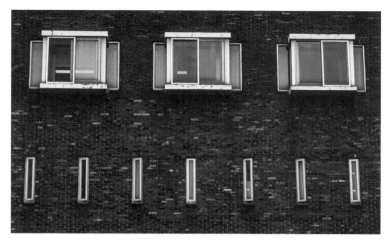

남영동 대공분실, 5층 폭이 좁은 창문이 눈에 띈다

　대공분실은 수감자들에게 최대의 공포와 억압을 줄 수 있도록 만들어낸 정교한 폭력 장치였다. 그곳에서 박종철, 김근태 같은 민주화 열사와 노동운동가들을 숱하게 고문했다.

　어슷하게 배치한 철제문들로 뒤덮인 길고 좁은 복도. 조사를 받으러 끌려 올라갈 때 자신의 삶이 어떻게 훼손될지 모를 두려움에 떨게 만든 나선형의 좁은 계단. 더해 폐쇄적이고 개별적으로 조성된 각 방들은 공조장치와 수도·배관 시설까지 따로 마련돼 있어 그 용도를 충분히 짐작케 한다.

　내부 시설의 꾸밈도 그렇거니와 다른 층과 달리 전문적인 취조실로 쓰였던 5층은 특히 다양하고 정교한 고문장치가 집중적으로 배치된 곳이었다. 가장 눈길을 끄는 건, 5층 각 방의 외벽에 다른 층의 크고 넓은 창과는 달리 아주 좁고 가느다란 세로창을 내어

놓았다는 점이다. 너무나 유별나게 특이해 외부에서 대충 훑어봐도 뭔가 기이한 목적을 겨냥해 마련된 시설이라는 느낌을 강하게 받는다.

완벽하게 차단하지 않고, 미세한 틈을 열어둬 여지를 남기는 방식. 고문의 목적과 사용에 적확하게 들어맞는 건축물을 이토록 정교하게 구상해냈다는 점이 여러 가지 면에서 놀라울 정도다.

그 시절 그곳에서 고문당하던 많은 젊은이는 좁고 날카로운 세로창을 보며 깊이를 알 수 없는 공포와 불안을 느꼈을 것이다. 남산 '자유센터'와 '미국대사관'뿐만 아니라 정부에서 발주한 허다한 대형 건축물의 설계와 시공에 깊이 관여한 건축가 김수근이 남영동 대공분실을 설계하며 느꼈을 감정은 또한 어떠했을까.

건축으로 한 인간의 생사여탈을 관장할 수 있다는 희열 혹은 쾌감 속에서 이 건물을 디자인했을까. 아니면 국가를 위해 복무해야 한다는 사명감에 사로잡힌 채 그저 하나의 '건축 기계'가 되었을 따름일까.

김수근은 대공분실 건물의 담장까지도 특유의 미감으로 정돈하고 마감할 정도로 치밀했다. 발주자의 의도에 따라 설계했을 뿐이라고 이제 와 발을 빼기도 어렵다. '억압'과 '폭력'에 더한 '불안'과 '공포'마저 그의 건축 미학 속의 한 부분을 차지하고 있다는 사실을 부인하기 어려운 이유다.

# 한국적 미학과 예술성을 담아낸 벽돌 건축

건축이란 단순히 설계를 하고 건물을 짓는 행위만을 포함하지 않는다. 좋은 건축을 하기 위해서는 건축물이 들어설 장소를 찾아 주변의 자연 환경과 지역의 역사부터 이해해야 한다. 장소성을 올바르게 반영해야만 훌륭한 건축이 완성될 수 있다. 그래서 김수근은 "건축은 건축가와 대지가 대화를 나눈 결과"라고 말하기도 했다.

김수근은 건축 작업 중에 스케치와 모형 만들기를 특히 좋아하고 잘했다고 한다. 즉, 그는 타고난 설계자이자 발명가였다. 수백 장의 도면을 반복해 그려야 완벽한 하나의 작품이 나왔다. 그의 도면이 얼마나 정확하고 빈틈이 없었는지, 비가 오면 계단 참 아래로 빗방울이 흐르는 모양까지도 설계도에 표현했다. 완공된 후 비 오는 날, 물 흐르는 모습이 도면에 나온 그대로였다고 한다.

사람들에게 재미와 편안함을 주는 공간을 최고의 건축으로 생각한 김수근은 '모태공간'이라는 독창적 건축이론을 창안해내기도 했다. 말년으로 갈수록 그가 설계한 건물들은 원형을 띠고 부드러운 곡선을 많이 차용하고 있다. 그는 따스하고 표정이 많은 건물을 지어야 한다며 벽돌을 주요 재료로 사용하기도 했다.

그가 설계한 건축물 중 사람들이 많이 좋아하는 '경동교회'와 '마산 양덕성당', '문예회관(대학로 아르코미술관)', '구미 문화예술회관', '샘터사옥' 등이 조적(組積) 방식으로 지어져 있다. 그는 벽돌 건물

본인이 설계한 서울올림픽주경기장 안에서 포즈를 취하고 있는 김수근

이야말로 세월에 따라 자연스럽게 나이를 먹고 건물이 앉아 있는
자리의 역사가 고스란히 스며든다고 말했다. 그래서인지 그는 자
신의 대표작 '공간'의 벽돌부 사랑채를 사무실로 쓰기도 했다.

　김수근은 한국 현대건축의 1세대였다. 1950년대 서울대 건축
학과를 졸업하고 일본으로 건너가 도쿄예술대와 도쿄대에서 건축
이론을 공부했다. 일본에서 건축 공부를 한 이력 때문에 '부여박물
관' 같은 건축물은 왜색 논란이 빚어지기도 했다.

　정부 수립 이후 남산에 세우기로 했던 '국회의사당' 건축설계 공
모에서 그가 응모한 설계안이 1등으로 뽑혔는데, 여의도로 장소

가 변경됨에 따라 그의 설계안은 자연 폐기됐다. 하지만 이때부터 그는 한국 최고의 건축가로 명성을 점차 높여 나갔다.

김수근이 활동한 시기는 독재정권의 서슬이 퍼렇던 시절이었다. 엘리트 건축가로서 국가에 동원됐던 그의 이력은 차고 넘친다. 그의 행위들이 자발적인 협력이었다며, 그를 끝내 한국의 대표 건축가로 인정하지 못하겠다는 사람도 여전히 많다.

하지만 김수근이 한국의 전통 미학과 고유한 예술성을 건축에 녹여내기 위해 평생 애를 쓴 것도 분명한 사실이다. 독재정권에 건축가로서 협력했다는 지적 등 숱한 비판 속에서도 김수근이 여전히 한국에서 가장 유명하고 뛰어난 건축가로 평가받는 이유가 있다.

야누스와도 같았던 그의 두 얼굴이 가장 깊게 패여 있는 자리는 아마도 그가 남긴 건축물들일 것이다. 그가 설계한 건축물들을 유심히 다시 살펴봐야 하는 까닭이 여기에 있다.

# 4.19 직후
# 혜성처럼 등장한 천재 작가

**한국 문학의 찬란히 빛나는 별, 김승옥**(金承玉, 1941~ )

## 4.19 혁명과 김승옥의 등장

1960년대 한국 문학의 현장은 매우 은성한 식탁과 같다. 양과 질의 면에서 가장 풍성하고 윤택한 문학적 성과들이 쏟아져 나왔다. 4.19 혁명 이후 젊은 대학생과 청년들은 특유의 청신한 감각으로 새로운 세계를 향한 동경의 마음과 무참하게 무너질 수밖에 없었던 좌절감을 동시에 문학으로 표현했다.

4.19라는 역사적 분기점은 식민지 시기 말 태어난 청년 세대들

에게 전례 없는 승리와 패배의 경험을 함께 선사했다. 4.19는 부정선거를 바로 잡고 독재자를 권좌에서 밀어내는 등 진짜 민주주의가 무엇인지를 청년들이 스스로 인식하게 하는 계기였으나, 한편으로는 또 다른 독재 권력에게 정권을 고스란히 넘겨줄 수밖에 없게 된 미숙한 청년들이 스스로의 정치적 한계를 각인한 뼈아픈 경험이기도 했다.

이처럼 4.19는 '희망'인 동시에 '좌절'이었다. 당시 대학생들은 4.19를 이끌었던 주역이다. 그중에서도 서울대 문리대 학생들은 최선두에서 자유와 민주주의를 외쳤다. "우리는 캄캄한 밤중에 자유의 종을 난타하는 타수의 일익임을 자랑한다"라는 구절로 유명한 '4.19 선언문'을 직접 쓰고 발표하기도 했다.

서울대 문리대 학생들은 승리에 도취된 이들과 열패감에 사로잡힌 이들이 한데 섞여, 변혁과 도전을 목청 높여 이야기하고 때로는 상실과 슬픔을 토로하기도 했다. 혼란스러운 정념들이 마구 뒤섞인 채로 청년들이 자신의 역량을 힘껏 발휘해 써낸 이 시기의 문학 작품들이 한국 현대문학사에서 가장 화려하게 빛을 발하고 있는 것은 어쩌면 당연한 일이다.

4.19 당시 서울대 문리대 학생들 중에서는 이름난 천재들이 많았다. 그중에서도 가장 주목을 받은 학생이 있었으니, 단연 김승옥(金承玉, 1941~ )이다.

불문과 출신의 김승옥은 대학생 시절 「무진기행」, 「누이를 이해

1960년대 혜성처럼 등장한 김승옥은 단편소설 한 편을 완성하기 위해 여관에 틀어박혀 며칠이고 담배를 태우며 글을 썼다

하기 위하여」, 「서울, 1964년 겨울」 같은 소설을 썼다. 당시 활동하던 선배 작가들도 김승옥의 등장에 갑작스럽게 벼락을 맞은 것처럼 어리둥절했을 정도였다.[*]

이런 김승옥도 여관 방에 한 달씩 틀어박혀 '메리야스가 누렇게 될 때까지' 독한 담배를 태워 가며 수많은 파지를 양산한 뒤에야 소설 한 편을 완성할 수 있었다. 사람들이 모두 천재라 불렀지만, 그도 소설을 쓰는 게 쉬운 일은 아니었다.

4.19 이후 혜성같이 등장한 김승옥은 그 이름과 작품의 제목만으로도 독자의 마음을 설레게 하는 작가가 됐다. 1960~70년대 찬란히 빛나다 일순간 문학계를 떠나버린 그는 이제 박제가 된 신화로 남아 있다.

지금도 한국 최고 권위의 문학상으로 평가받는 1977년 제1회 이상문학상 대상 수상작으로 김승옥의 「서울의 달빛 0장」이 뽑힌

---

[*] 당시 중진작가였던 김광주의 회고. 김광주는 작가 김훈의 아버지이기도 하다.

일화는 문학계에서 매우 유명하다.

김승옥이 미완성 작품으로 내버려둔 것을 평론가들이 먼저 발견하고 1장이 시작되기 전의 '0장'이라는 말을 삽입해 제목을 고쳐 달고 대상을 안겨준 것이다. 작가 스스로 미완성이라 했지만, 평론가들은 이미 써둔 것만으로도 충분히 한 편의 작품으로서 완성도를 갖췄다고 판단한 셈이다.

이후 수많은 문학청년에게 이글거리는 열망을 선사하고 또 그처럼 쓸 수 없음에 무수히 많은 작가 지망생에게 좌절감을 안겨주기도 했던 김승옥은, 어느 때라도 다시 만나기 어려운 전설과도 같은 존재였다.

이런 평가를 받는 인물이니, 김승옥을 객관적으로 꿰뚫어 보기란 여간 힘든 일이 아니다.

그의 문체 미학과 도저히 따라갈 수 없는 새로운 감수성은 여러 평론가들에게 이미 충분히 추앙받았다. 김승옥의 소설을 접하고 열병을 끙끙 앓다가 문학의 길에 들어섰다고 공공연히 말하는 작가들을 보는 것도 어렵지 않을 정도이다.

## 「무진기행」이 던진 윤리적 질문

김승옥의 「무진기행」(1964)을 설명할 때 '좋았기에 훌륭하다'는 세간의 평판은 이미 공론이 된 지 오래다. 이 때문에 '좋다'와 '훌륭하다'라는 술어를 떠받치고 있는 주어(작품 혹은 문체)는 별다른 의심 없이 같은 것으로 취급됐다.

김승옥이 지닌 청신한 감각과 새로운 문체가 자연히 작품의 내용과 질을 담보하게 된 현상에 반론을 제기하기란 쉽지 않다. 그래서 「무진기행」은 김승옥이란 작가를 한국 현대문학 최고의 신화로 만든 불멸의 작품으로 평가받는다.

김승옥이 「무진기행」을 통해 1960년대를, 아니 한국 현대문학사의 전반을 통틀어 선취하고 있는 것들은 무엇인가. 그것은 또어김없이 문체의 새로움이다. 다만 그의 문체는 문학의 제요소 중하나의 형식으로서만 존재하는 것이 아니다.

그가 보여준 낯설고 매혹적인 문체가 지닌 본질적인 의미는 혁명의 승리와 좌절을 동시적으로 경험한 세대가 이제 앞으로 '어떻게 살아야 할 것인가'라는 질문에 대해 답변하기 곤혹스러운 처지를 드러내고 있다는 데 있다. 새로운 문체는 이런 윤리적 고민을 드러내는 가장 효과적인 방법론이었다.

김승옥의 문체가 형식미학적으로 완전한 것은 아니다. 피로하고 선득한 느낌을 주는 문장들을 그저 나열한다고 하나의 작품이 완성될 리 없다.

그의 문체는 윤리적 거짓말들이 자연화되는 내용을 표현하고 있기 때문에 비로소 청신하게 느껴지는 것이다.

1960년대 초입 발생한 4.19 혁명이라는 시대적 전변은 생활인이 감당해야 할 윤리적 고민의 무게를 크게 늘려놓았다. 당시 한국 청년들에게 윤리의 문제는 '어떻게 해야 한다'라는 당위명령이 아니라, 책임 회피의 순간 뒤쪽에서 자신의 이름이 호명되었을 때 누가 더 유연하게 돌아보느냐의 게임과도 같았다.

2004년 문학동네에서 김승옥의 소설 전체를 한데 묶어 전집을 출간했다

1960년대 한국 사회는 누구나 속화된 삶을 살아가야 하는 분위기였다. 산업화와 도시화의 속도와 압력이 강하던 시절, '어떻게 사는 것이 가장 올바른 삶이냐'는 질문은 사치나 허위에 가까웠다.

그렇다고 이런 중요한 윤리 문제를 노골적으로 회피하는 것은 청년세대들에게 더 큰 괴로움을 주는 일이기도 했다.

그렇기에 당시 4.19와 5.16을 경험한 청년들은 최대한 부드럽고 아름답게 돌아보는 연습을 해야 했다. 이는 승리와 좌절이 범벅된 시대의 청년들이 감당해야 할 불가피한 화두였다.

# 「무진기행」과 산문시대

김승옥의 「무진기행」은 일찍이 비평가 유종호로부터 '감수성의 혁명'으로 불리며 한국문학의 오래 지속될 미래의 현현처럼 떠받들어졌다. 김승옥의 문체는 한국문학의 대세가 시의 세계에서 산문의 세계로 완전하게 이동하게 만드는 파괴적 계기였다. 피동형과 수식의 도치가 난무하는 그의 새로운 문장들은 당대 한글세대가 느끼는 혼란한 사유와 현실 정치의 파국을 드러내기에 더없이 효과적인 문학적 수사처럼 여겨졌다.

김승옥이 열어젖힌 이 변화를 흔히 '산문시대'의 서막이라고 부른다. 〈산문시대〉는 1960년대 초 김승옥과 비평가 김현 등이 함께 만든 문학 동인의 이름이기도 하며, 훗날 정통 문예지로 자리 잡은 〈문학과 지성(문학과 사회)〉의 전신이기도 하다.

김승옥은 「무진기행」에서 상상적으로 구성해낸 공간('무진')과 인물('윤희중', '하인숙')을 통해 독자들에게 말을 걸어온다. 우리 모두의 책임을 조금 덜어줄 그런 거짓말을 마련하고서 말이다.

그는 「무진기행」의 모든 인물과 사건을 '여귀가 뿜어내놓은 입김' 같은 안개 속으로 흩뜨려 놓는다. 창녀의 죽음, 속물들 사이에서 부르던 노래 〈목포의 눈물〉, '하인숙'과의 서울행 약속 따위는 모두 부옇게 처리된 거짓말의 연속이자 윤리적 강박의 의장들이다. '윤희중'은 서울의 제약회사 전무 자리를 담보하기 위해 무진행을 택했다.

'무진'에서 '윤희중'이 늘어놓은 거의 모든 말들은 거짓이다. '기행'이라는 그의 애초 기획은 거짓말을 통해 계속적으로 지탱된다. 다만 '윤희중'은 무진행을 통해 자신의 유폐된 과거를 지속적으로 소거하며 현실 속에서 맺고 있는 속물들과의 관계를 지워나가려고 한다. 비참했던 한국전쟁의 경험을 떨쳐내고 산업화·도시화로 훼손된 자아를 회복하려는 몸부림이었다.

하지만 '기행'이라는 말이 암시하듯, 그에게는 다시 돌아가야 할 속된 세계가 배경으로 놓여 있다. 무진에서 새로 맺은 모든 관계를 청산하고 도망치듯 서울로 돌아가는 주인공의 모습으로 소설이 끝나는 이유이다.

소설 속 인물이 과거와 단절하거나 현재의 처지를 단속하려는 의지는 김승옥의 문체를 통해 구체화된다. ① '~이리라' '~듯 싶다'라는 판단유보의 서술 전략, ② '~라는 생각이 들었다' '나는 ~ 생각되었다'라는 자기를 대상들 속에 간접화시키는 방식, ③ '~었었다'라는 대과거의 사용으로 현재를 과거에 의무부담 지으려는 의도.

①, ②, ③의 방식은 김승옥의 문체가 '어떻게 살아야 할 것인가'라는 문제를 계속적으로 회피하는 듯하면서도, 그것을 가장 중요한 과제로 인식하고 있음을 역설적으로 드러낸다. 미문(美文)의 전범이 된 「무진기행」의 몇몇 장면은 하나같이 이러한 문체들을 사용한 대목들이다.

그런 생각을 하자 나는 쓴웃음이 나왔다. 동시에 무진이 가까웠다는 것이 실감되었다. 무진에 오기만 하면 내가 하는 생각이란 항상 그렇게 엉뚱한 공상들이었고 뒤죽박죽이었던 것이다. 다른 어느 곳에서도 하지 않았던 엉뚱한 생각을 나는 무진에서는 아무런 부끄럼 없이, 거침없이 해내곤 했었던 것이다. 아니 무진에서는 내가 무엇을 생각하고 어쩌고 하는 게 아니라 어떤 생각들이 나의 밖에서 제멋대로 이루어진 뒤 나의 머릿속으로 밀고 들어오는 듯했었다.

"당신 안색이 아주 나빠져서 큰일 났어요. 어머님 산소에 다녀온다는 핑계를 대고 무진에 며칠 동안 계시다가 오세요. 주주총회에서의 일은 아버지하고 저하고 다 꾸며 놓을게요. 당신은 오랜만에 신선한 공기를 쐬고 그리고 돌아와 보면 대회생제약회사의 전무님이 되어 있을 게 아니에요?"라고, 며칠 전날 밤, 아내가 나의 파자마 깃을 손가락으로 만지작거리며 나에게 진심에서 나온 권유를 했을 때 가기 싫은 심부름을 억지로 갈 때 아이들이 불평을 하듯이 내가 몇 마디 입안엣 소리로 투덜댄 것도 무진에서는 항상 자신을 상실하지 않을 수 없었던 과거의 경험에 의한 조건반사였었다.

(김승옥, 「무진기행」『김승옥소설전집』, 문학동네, 2004, 159~160면)

314

이뿐 아니라 안개에 대한 묘사와 과거에 대한 회상 장면 등이 거의 모두 이러한 문체로 기술돼 있다. 「무진기행」의 문체가 단순한 형식이 아니라 내용을 획득한 하나의 물적 질료로 평가돼야 한다는 사실을 말해준다. 혼란스러운 1960년대적 시대 상황에서 무거운 윤리적 과제를 받아 안아야 했던 젊은 작가의 고뇌가 특유의 문체를 통해 비로소 온전하게 부상할 수 있게 된 것이다.

김승옥의 문체는 늘 경배의 대상이었으며 평가의 범위를 넘어선 정전(Canon, 正典)의 위상을 점유하고 있다. 그의 문체는 형식 미학으로서만 빛나고 있는 것이 아니라 당대 윤리적 고민의 무게를 감당하는 젊은 작가의 심리적 증상이기도 한 셈이다. 문체가 내용을 아득히 감싸 안는 그 자리에 김승옥의 「무진기행」과 그가 새롭게 개척한 '산문시대'가 펼쳐져 있다.

## 1960년대 한국의 르네상스인

김승옥은 문학의 영역 외에도 여러 분야에서 범상치 않은 족적을 남긴 1960년대 한국의 르네상스인이기도 했다. 예를 들면, 김승옥이 대학 시절 「파고다 영감」이라는 만화를 신문에 연재한 사실은 잘 알려져 있지 않다.

1960년 4.19가 일어나고 민주화에 대한 열망이 분출된 이후

1961년 5.16으로 그 분위기가 잦
아들기 전까지 약 400일 동안, 김
승옥은 〈서울경제신문〉에 「파고
다 영감」이라는 시사만화를 연재
했다.

'김이구'란 필명으로 신문에 연재한 시사만
화 「파고다 영감」

　본인이 직접 만화를 그리고 '김
이구(金二究)'라는 필명을 달아 신
문사에 편지를 보내 연재의 뜻을
밝혔다. '파고다 영감'의 촌철살인
과 풍자정신은 당대 많은 신문독
자들의 이목을 사로잡았다.

　4.19를 직접 경험한 서울대 문
리대 불문과 대학생이 급박한 시
기에 네 컷 시사만화를 매일 그려
신문에 연재했다는 사실은, 김승
옥이 진보적으로 매체의 속성을
이해하고 있었으며 예술 장르 간
위계에도 구애받지 않고 가장 효
과적인 형식을 택해 현실 문제를
날카롭게 돌파하려 애썼던 존재임을 알 수 있다.

　한편 김승옥은 한국 영화 발전의 숨겨진 주역이기도 했다. 일찍이 영화에 흠뻑 빠져 있었던 김승옥은 영화 제작이나 시나리오 작업에 직접 참여해 한 차원 수준 높은 영화들을 만들어내는 데 크게 기여했다.

그는 「무진기행」을 영화화한 〈안개〉(김수용 감독, 1967) 제작 당시 직접 각색에 참여하는 등 자신의 소설이 영화화되는 것에 상당히 적극적이었다. 문학과 영화가 교호하고 상호 침투하는 매체라는 사실을 알고 있었던 것이다. 그는 영화가 문학을 뛰어넘어 예술 장르의 패권을 차지하리라는 것을 일찌감치 깨쳤다.

1970년대 접어들어 이제 김승옥은 소설가라기보다 영화계 인사라는 말이 더 어울릴 정도로 영화산업에 깊이 투신한다. 〈영자의 전성시대〉(김호선 감독, 1975), 〈겨울여자〉(김호선 감독, 1977), 〈도시로 간 처녀〉(김수용 감독, 1981) 등 직접 시나리오를 쓰거나 제작에 참여한 작품들의 목록은 1960년대 작가 시절 발표한 소설 못지않게 화려하다.

김승옥이 관여한 영화들은 당대 한국 여성들이 겪는 열악한 처우와 부조리한 사회적 관계 등을 폭로한다는 공통점이 있다. 김승옥은 당시 한국 사회의 질감에 대한 현실적 묘사가 여성들이 경험하는 수난과 고통을 통해서만 드러날 수 있다고 생각한 듯하다.

물론 여성을 학대하고 여성의 삶을 마구 할퀴는 김승옥의 서사와 묘사는 요즘 같이 젠더 감각이 예민한 시대에는 그 장면을 보는 것만으로도 불편함을 준다. 1970년대라는 시대적 정서를 감안

김승옥의 소설 「무진기행」을 영화화한 <안개>, 김승옥이 직접 각색했다

하더라도 지금으로서는 견디기 어려운 볼썽사나운 모습일 수 있다.

그러나 아이러니하게도 이런 점 때문에 김승옥의 영화들은 1970~80년대 한국 여성들의 사회적 위치나 현실적 조건을 되짚어보는 데 매우 효과적인 텍스트로 기능하고 있다.


## 문학을 사랑하는 이들이 꼽은 단 하나의 보석

50년이 훌쩍 더 지났지만 김승옥이 남긴 문학 작품은 여전히 찬란하고 매혹적인 빛을 발하고 있다. 김승옥은 1980년에 접어들며 절필을 선언하고 기독교 전도사의 길로 나섰다. 그의 절필은 신군부의 검열 강도가 거세지면서 지면 얻을 기회가 사라진 사정과 관련이 있다.

검열 조치 때문에 글을 쓸 수 없게 된 그는 하릴없이 교회에 나가 앉아 있다, 엄청난 영적 체험을 하며 기독교에 급속히 귀의한다. 뜬금없고 기이한 일이었다.

천재 작가의 갑작스러운 절필은 여러 문인과 독자에게 아쉬운 마음을 갖게 했다. 하지만 이러한 절필이 젊은 시절 그의 문학을 더욱 화려하고 돋보이게 하는 것도 사실이다. 그의 초기 문학을 접하는 것은 당시 지식인 대학생이 사회를 바라보는 관점과 현실 인식 태도를 알 수 있는 첩경이기도 하다.

독자들에게 익히 알려져 있는 작품들 말고도 데뷔작인 「생명연습」과 「환상수첩」, 「역사(力士)」, 「다산성」 등과 같은 작품들도 모두 한국어로 사유하고 한국어로 글을 쓴 최초의 세대다운 감각을 보여준다.

김승옥은 1960년대 다른 대학생 소설가나 비평가와는 사뭇 다른 격과 높이를 간직하고 있었다. 4.19의 충격과 5.16의 좌절감을 문학적으로 형상화하려는 시도는 다른 작가들도 많이 보여주고 있지만 김승옥만큼 새롭고 돌연한 방식으로 그 세계를 주조한 이는 찾아보기 어렵다.

동시대 다른 작가들은 4.19 혁명의 과정과 끝내 5.16으로 실패한 후과를 묘사함에 있어, '아비'의 부정이라든지 여체에 대한 고의적 훼손 등 한국 문학이 오랫동안 관습적으로 동원했던 남성 중심적 폭력성을 고스란히 드러냈다.

이에 반해 김승옥은 4.19와 5.16 이후 자신이 맞서야 할 세계를 명확하게 인식하고 있었으며 그 환멸에서 극복까지 문학적 형상화에 여실하게 성공하고 있다. 어떻게 살아야 할 것인가에 대한 윤리적 고민의 문제를 부여잡고 진지하게 성찰하는 서사는 그렇게 만들어졌다.

서울대 문리대에 있었던 또 다른 천재들인 김지하, 조동일, 김현 등은 이렇게 말하곤 했다. "김승옥과 비교하면 다른 작가들은 치기 어린 수준에 불과하다." 다른 천재들이 보기에도 김승옥만큼 글 잘 쓰고 새로운 감각을 보여줄 수 있는 이는 드물었던 모양이다. 당연하게도 김승옥의 작품을 읽고 문학을 향한 열병을 앓게 된 이들은 지금도 여전히 많다.

# 유신정권과 개발독재가
# 낳은 괴물

만들어진 '무등산 타잔', 박흥숙(朴興塾, 1957~1980)

## 가난한 독학생이 잔혹한 살인범으로

박흥숙(朴興塾, 1957~1980)은 1977년 4월 20일 광주 무등산 덕산 골에서 쇠망치로 사내 넷을 죽였다. 살해당한 이들은 무등산 일대 의 무허가 주택을 철거하고자 나온 광주시 동구청 건축과 녹지계 소속 철거반원들이었다. 출동한 철거반원 일곱 명 중 일찌감치 빠 져나간 한 명을 제외하고 여섯 명을 모조리 때려죽이려 했다.

박흥숙은 살인 및 살인미수 혐의로 1977년 9월 일심 재판에서

박흥숙의 체포 소식을 전하는 신문기자(<경향신문>, 1977년 4월 23일)

사형 판결을 받았다. 이후 고등법원에서도 항소는 기각됐고 대법원 역시 원심을 받아들여 사형이 확정됐다. 광주교도소에서 3년 동안 수감 생활을 하다 1980년 12월 24일 형 집행을 당했다. 광주 민주화운동이 일어난 그해 겨울 광주에서 일어난 최초의 사형 집행이었다.

이 사건은 집을 잃은 철거민의 절규와 막다른 길에 내몰린 빈민의 마지막 저항이라는 관점으로 다뤄지지 않았다. 호사가들은 살해범 박흥숙을 '무등산 타잔'이라 불렀다. 당시 언론 보도에 따르면 박흥숙은 '무등산을 날다시피 뛰어오르고', '흉내 낼 수 없는 무공을 익혀 이소룡도 당하지 못할' 정도의 대단한 무술가로 묘사됐다.

그러나 실제로 그는 165cm가 채 되지 않는 키에 마른 몸을 가진, 당시 한국 남성의 평균 신체 조건에도 미치지 못하는 왜소한 사내였다. 그가 날다람쥐마냥 무등산을 탈 수밖에 없었던 이유는, 집이 몹시 가난해 광주 시내에 기거할 집이 마땅치 않아 산 깊숙한 곳에 토막을 짓고 살 수밖에 없었던 형편 때문이었다.

대단하다고 알려진 무술 솜씨 역시 어린 시절 굶주려 허약해진 몸을 단련하기 위해 매일같이 운동 및 수련에 힘썼던 결과가 부풀려 전해진 이야기다.

살인이라는 행위 자체는 결코 옹호될 수 없지만, 박흥숙 사건은 무리한 철거 집행으로 삶의 터전을 잃어버린 빈민이 극단적으로 저항하다 벌어진 참극이라는 점을 주목해야 한다. 그런데도 관과 언론은 비참하게 내쫓긴 철거민의 실상은 숨기고, 사제 총과 '오함마' 등 자극적 소재만을 앞세워 그를 극악무도한 살인범으로 연출했다.

설상가상으로 검거 이후 그에게는 용공 혐의마저 추가됐다. 평소 영험한 기운이 많은 것으로 알려진 무등산에서 무당들이 굿하는 것을 뒤치다꺼리했던 그의 어머니에게는 미신 풍습이라는 전근대적 야만성마저 덧씌웠다. 그렇게 '무당골의 타잔'이란 괴물이 만들어졌다.

## "가난한 사람은 이 나라 국민이 아니란 말인가"

무등산 자락에는 광주 시내에서 거주지를 마련하지 못해 도심에서 밀려난 빈민들이 모여 살고 있었다. 박흥숙은 그중에서도 무당들이 집단으로 모여 살던 무등산의 가장 외진 곳이었던 덕산골 일대의 험지에 자리를 틀었다.

어머니는 무당들이 굿을 할 때 제사 상차림을 돕는 대가로 남은 음식을 얻거나, 의식이나 재물로 쓰고 남은 비단, 명주, 실 따위를 수습해 푼푼이 돈을 모았다. 1974년부터 자리 잡고 살기 시작한 토막집에 이태 전부터 철거 계고장이 날아들어 왔지만, 박흥숙과 그의 가족들은 그것이 어떤 의미인지 자세히 알지 못했다.

20여 호가 모여 살던 빈민촌에 여덟 가구만 남게 되었을 때, 박흥숙도 이제 곧 덕산골을 떠나야 할 때가 올 거라고 생각했다. 철거반원들이 들이닥친 1977년 4월의 그날, 박흥숙은 당혹스러웠음에도 불구하고 철거 집행에 순순히 응했다고 한다. 그런데 철거반원들은 가재도구를 끌어낼 시간도 주지 않고 집안에 다짜고짜 불부터 놓았다.

당시 어렵게 모은 전 재산 30만 원을 천장에 숨겨놓았던 어머니가 집이 활활 불타는 모습을 보고 실성한 듯 돈을 꺼내려 불이 난 집으로 달려들었다. 철거반원들이 그런 어머니를 거칠게 가로막았다. 박흥숙의 어머니는 숨겨놓았던 돈도 꺼내지 못하고 철거반원들에 의해 바닥으로 밀쳐 넘어져 흙투성이가 됐다.

이때까지만 해도 그는 "저들도 위에서 시키는 일을 하는 것일 뿐"이라며 철거반원들을 원망하지 말자고 어머니께 말했다고 한다. 손수 지은 집이 타버리고 어머니가 힘들게 모았던 전 재산 30만 원마저 찾을 수 없게 된 절망적 상황에서도 이성의 끈을 놓지 않았다.

박흥숙이 철거반원들에게 요구한 것은 단 한 가지였다. 위쪽 골짜기에 늙고 병든 부부가 함께 사는 움막이 있는데, 그 집만은 불태우지 말아 달라는 부탁이었다. 자신들은 어떻게든 다시 일어설 수 있지만, 그 노부부는 움막을 잃게 되면 완전히 끝장날 것을 염려했기 때문이었다.

하지만 철거반원들은 그의 마지막 부탁을 매몰차게 무시했다. "젊은 놈이 가만 놔두니 계속 나선다"며 욕을 하고는 기어코 노부부의 움막에까지 내처 불을 질렀다.

여기까지 이르자 크게 분노한 박흥숙은 사제 총을 가져와 철거반원들을 위협하고 그들을 전부 포박했다. 그렇게 해야만 철거반원들의 행위를 멈추게 할 수 있었다. 그는 철거반원들을 제압만 하고 폭행을 가하지는 않았다. 철거반원들에게 광주시장을 함께 찾아가 가난한 사람들의 집을 불태우는 것이 정당한 일인지 따져 묻자고 말했을 뿐이었다.

하지만 안타깝게도 철거반원들은 박흥숙의 인내력과 절제심을

박흥숙이 쇠망치로 철거반원들을 내리치
는 장면을 재현하는 현장 검증

다른 방식으로 이용했다. 상황
이 그렇게 위험하지 않다는 것
을 눈치챈 철거반원들은 스스
로 포승을 풀며 "어쩔 셈이냐?"
며 또다시 그를 자극했다.

그는 마지막까지 인내심을
가지고 철거반원들에게 집을
불태운 것과 폭력을 행사한 것
에 대한 사과를 요구했으나, 철
거반원들은 끝까지 미안하다
말하지 않았다. 철거반원들이
계속 조롱하는 것에 흥분한 그는 구덩이에 철거반원들을 거칠게
몰아넣었다. 박흥숙은 "가난한 사람은 이 나라 국민이 아니란 말
인가"라고 절규하며 철거반원들의 머리를 하나씩 쇠망치로 내리찍
었다.

## 가난과 공부, 그 모순과 아이러니

전라남도 영광(靈光) 태생인 박흥숙은 지독하게 가난한 집안의 장
남이었다. 그의 집안은 증조할아버지가 동학운동 때 관군의 총에

맞아 죽은 이후 급격히 어려워졌다고 한다. 그의 부모가 노변의 집에 딸린 허름한 구멍가게를 운영했지만, 가난 때문에 굶주리는 일이 다반사였다.

박홍숙에게는 형이 있었으나 일찍 죽었고, 초등학교 5학년 때는 아버지마저 병으로 돌아가셨다. 기울어진 가세 탓에 제대로 먹지 못해 신체의 성장과 발육이 남들만 못했지만, 초등학교 학업 성적만은 언제나 최우등이었다. 생활기록부에는 '두뇌가 명석하고 부지런하며 독립심이 강하다'는 평이 기록돼 있다.

중등 입학시험을 수석으로 합격해 장학금을 받기로 돼 있었고 교과서도 무상으로 제공받았지만, 박홍숙은 가정 형편 때문에 진학을 끝내 포기할 수밖에 없었다. 부친 사망 후 더욱 나빠진 가정 형편 탓에 초등학교도 겨우 마칠 수 있었다.

이후 어머니는 가난한 살림에 입 하나라도 덜고자 그의 여동생을 데리고 내장산의 절로 들어갔다. 어머니와 여동생은 사찰의 허드렛일을 도와주는 불목하니로 지내며 겨우겨우 연명했다고 한다.

그는 이모가 살고 있는 광주로 옮겨가 열네 살 때부터 가게 점원과 열쇠수리공으로 일했다. 사건 당시 사용했던 사제 총도 이때 익히고 배운 철공 기술을 통해 만들어낸 결과물이었다.

몇 년 동안이나 뿔뿔이 흩어졌던 어머니와 여동생들이 모두 모여 함께 살 수 있게 된 것은 장남 박홍숙의 결심 덕분이었다. 그렇지만 광주 시내에 가난한 그의 가족이 모여 살 집은 없었다. 변두

박흥숙이 쌍절곤을 이용해 체력을 단련하는 모습

리의 사글세조차 감당할 수 없었던 박흥숙은 무등산으로 들어가 손수 집을 짓기로 한다.

한겨울 마르고 언 땅을 고르고 돌을 모아 벽을 세운 뒤 그러모은 흙은 물에 개어 벽에 발랐다. 손이 부르터 피가 터졌으나 크림이나 연고를 바를 처지가 못 됐다.

60일 만에 방 한 칸과 부엌 한 칸짜리 집이 완성됐다. 그렇게 마련한 집은 돼지 움막보다 못한 토막이었지만 가족이 모두 함께 지낼 수 있다는 생각에 그저 뿌듯했다. 이때만 해도 그는 개발제한구역이었던 덕산골이 훗날 무등산에 설치될 케이블카 조망권으로 들어올 줄은 꿈에도 짐작하지 못했다.

박흥숙은 낮에는 철공소에서 일하고 밤에는 집으로 돌아와 공부했다. 주경야독이었다. 틈틈이 검정고시를 준비해 다섯 달 만에 중학교와 고등학교 졸업 자격을 얻었다. 이후 그가 선택한 건 사법시험이었다. 대한민국의 법이 가난한 사람들을 제대로 보호하지 못한다고 생각했기 때문이다.

박흥숙은 공부를 하는 중간에 틈틈이 신체 단련에도 매진했다. 어린 시절 너무 가난해 제대로 먹지 못해 남보다 작은 체구를 극복하기 위한 수련이었다. 공부를 더 오래 집중해서 하기 위해 체력을 기르는 것이 좋겠다는 판단도 작용했다.

그는 산속에 구덩이를 파서 공부방으로 써야 할 정도로 어려운 형편에서 공부를 이어갔다. 그렇지만 비극적이게도 철거반원들을 살해한 장소가 돼버린 그 구덩이는 황색 언론들에 의해 무장공비의 '비트' 혹은 '벙커'로 호도되기도 했다.

## 성장과 개발의 어두운 그림자

박흥숙 사건은 유신정권 말기 도시 빈민의 거주 문제와 무분별한 도시 재개발 정책, 관료들의 전시 행정 야욕이 겹쳐 만들어낸 어두운 그림자였다. 압축적 성장과 무분별한 도시 개발의 이면에는 언제나 철거민과 빈민들의 고통이 숨겨져 있었다.

1960년대 말부터 건설되기 시작한 경부고속도로를 축으로 수도권과 영남 지역의 경제 성장은 급속도로 이뤄졌다. 하지만 그밖의 지역은 개발에서 철저하게 소외됐다. 경부고속도로는 '압축적 성장의 젖줄'이기도 했지만 '차별적 성장의 경계'이기도 했다.

1970년대까지 전라도 지역의 저발전은 유독 심각했다. 이로 인해 반(反) 박정희 정서는 빠르게 호남 전체로 확산됐다. 박정희 정권은 전라도민의 성난 민심을 잠재우기 위해 호남 지역 개발 정책을 마구잡이로 내놓았다.

하지만 중앙정부에서 예산을 제대로 지원하지 않아, 호남 개발 정책은 허울에 불과했을 뿐 제대로 시행된 것이 별로 없었다. 1972년에 발표한 '무등산 도립공원 지정'이 대표적이다. 도립공원으로 지정된 지 다섯 해가 지나도록 무등산 일대는 이전과 다를 바 없이 개발제한구역으로 묶여 방치돼 있었다.

그러던 차에 광주가 1978년 전국체전의 개최지로 정해지면서, 그동안 방치됐던 무등산 개발 사업에도 박차를 가하기로 했다. 광주 시내 곳곳에 경기장을 짓고 무등산에는 케이블카를 설치하기로 결정했다. 그와 함께 무등산 일대의 지역 정비 작업과 경관 개선 사업을 벌여나가기로 했다.

사건 이후 살아남은 철거반원이 진술한 바에 따르면, 이날은 전국체전 준비 상황을 점검하기 위해 박정희 대통령의 헬기 순시가 예정돼 있었다고 한다. 대통령이 탄 헬기가 무등산 일대를 지날 수 있으니, 경관을 해치는 덕산골의 무허가 주택을 일소하라는 상부 명령을 받았다.

철거반원들도 평소에는 '계고 후 철거'의 원칙을 준수하면서도 철거민들의 특별히 딱한 사정은 어느 정도 눈감아 줄 법했겠으나,

그날은 긴급한 명령에 따라 하는 수 없이 덕산골 빈민들의 주택을 무차별적으로 '소각'할 수밖에 없었다. 철거민들이 집을 잃고 당장 갈 곳을 잃는 것에 연민을 느끼기보다 상부의 명령을 수행하는 게 더 중요했던 것이다.

헬리콥터를 타고 직접 호남과 광주를 방문할 박정희 대통령의 시선에 무등산 자락에 자리한 가난한 사람들의 움막이 눈에 띄면 절대로 안 됐기 때문이다. 당시 대한민국은 경제 성장과 도시 개발을 위해서라면 약자들의 희생은 감수해야 한다는 생각이 지배하는 사회였다.

## 도시 빈민 문제의 사회화

박흥숙의 법 공부와 무술 단련이 무엇을 지향했는지는 자명하다. 그에게 법이란 시민으로서 자신의 권리를 정당하게 주장하고 약자들을 대변하는 수단이었으며, 독학으로 지속한 법 공부는 세상의 가혹한 폭력으로부터 제 자신을 지키고 가족과 이웃을 보호하려는 의지의 발현이었다.

집이 불에 타고 전 재산을 잃게 된 순간에도 그는 국가와 법이 공정하게 해결해줄 것이라고 순진하게 믿었다. 그가 철거반원들을 포박한 이유도 강제 집행을 멈추고 함께 시청으로 찾아가 집을

소각한 것이 정당한 행위인지를 따져 묻고자 했던 것임을 상기해
보면, 그의 법 공부가 어떤 믿음 속에서 이어져 왔는지를 알 수 있다.

그날의 비극은 독학을 통해서라도 이루고자 했던 사회적 약자
의 순수한 꿈이 끝내 좌절된 순간에 발생했다. 박홍숙은 철거반원
을 살해한 직후 무작정 광주를 벗어나 도망쳤다. 하지만 불과 이
틀 만에 서울에서 체포된다. 그는 사실 경찰의 수사에 의해 붙잡
힌 게 아니라 자수를 했다.

그런데 박홍숙이 자수를 한 이유가 기가 막히다. 이틀 동안 도
망을 다니면서 고속버스에서 우연히 만난 수상한 사람을 간첩 용
의자로 신고하고자 서울의 중앙정보부를 스스로 찾아갔다. 살인
을 저지르고 도망하는 와중에도 간첩 신고를 끝내 외면하지 못했
던 것이다.

도망 다니던 살인 용의자가 간첩 신고를 하려다 자수를 하게 된
어처구니없는 상황이 발생한 것은 이 때문이었다.

'사회질서를 파괴한 잔혹한 살인마' 박홍숙이 그간 익히고 배워
몸에 밴 상식과 교양이란, 아이러니하게도 지배 권력이 주입한 규
율에서 한 치도 벗어나지 못한 교과서적인 것이기도 했다.

재판정에서 박홍숙은 자신의 죄를 깊이 뉘우친다고 말했다. 살
인을 저지른 자신의 죄를 순순히 인정하고 자기는 죽어 마땅하다
고 최후 진술하기도 했다.

물론 그의 불우한 유년 시절과 사건 당일 그의 가족과 이웃이

이웃주민들이 박흥숙에 대한 선처를 요구하는 구명운동을 펼치고 재판장 앞으로 탄원서를 보내기도 했다

당한 치욕에 공감해 동정심을 베풀어야 한다는 사람들도 있었다. 덕산골의 주민을 비롯해 광주의 여러 시민과 이웃들이 그를 구명하기 위해 나서기도 했지만, 사형 판결을 끝내 막을 수는 없었다.

이 사건은 유신독재의 민낯과 개발주의의 부작용을 만천하에 드러내는 대표적인 사례로 오래도록 회자됐다. 그 후 사람들은 '철거민'의 생존권을 의식하게 됐고 개발만이 능사가 아니라는 점도 생각할 줄 알게 됐다. 박흥숙 사건이 도시 빈민 문제를 사회화하는 데 큰 기여를 한 셈이다.

형장의 이슬로 사라진 박흥숙의 법 공부가 우리 사회에서 끝내 제대로 쓰이지 못한 사정이야말로 시대의 비극이자 대한민국의 법과 정의 사이의 결렬을 보여주는 씁쓸한 자화상일 것이다.

그로부터 한 세대가 더 지난 지금까지도 집 없는 사람들이 겪는 설움은 여전하고, 건물주와 세입자 사이에서 벌어지는 숱한 갈등을 보기도 어렵지 않다.

부동산 가격 폭등으로 서민들이 겪게 된 전세난과 월세난, 그리고 도심 재개발 정책으로 가난한 청년과 예술가들이 도처에서 쫓겨나고 있는 '젠트리피케이션(gentrification)' 현상은 21세기 판 박홍숙 사건의 또 다른 전조일 수도 있겠다.

# 역사에 불꽃처럼 맞선 자들

**초판 1쇄 발행** 2022년 5월 18일

**지은이** 강부원
**펴낸곳** 믹스커피
**펴낸이** 오운영
**경영총괄** 박종명
**편집** 김형욱 최윤정 이광민 양희준
**디자인** 윤지예 이영재
**마케팅** 문준영 이지은 박미애
**등록번호** 제2018-000146호(2018년 1월 23일)
**주소** 04091 서울시 마포구 토정로 222 한국출판콘텐츠센터 319호 (신수동)
**전화** (02)719-7735 | **팩스** (02)719-7736
**이메일** onobooks2018@naver.com | **블로그** blog.naver.com/onobooks2018
**값** 17,000원
**ISBN** 979-11-7043-306-4 03910